KB093809

A/Z

미국
어학연수를
시작하다

미국 **어학연수**를 시작하다

2019 개정판 1쇄 인쇄 | 2018년 11월 21일   **2019 개정판 1쇄 발행** | 2018년 11월 29일
지은이 | 신은수
펴낸이 | 변태식   **펴낸곳** | (주)부즈펌
사진제공 | 송예경 김명철 원혜리 김대현 이명현 강은영 권준영 김사형 곽케니

편집책임 | 김현진   **책임디자인** | 김미지
총괄 | 박승열   **마케팅사업부** | 김대성   **경영관리부** | 강나율
제작 | (주)지에스테크   **종이** | 성진페이퍼

주소 | 서울시 강남구 테헤란로77길 11–12 9층 (삼성동, 아라타워)
전화 | 02-564-6006   **팩스** | 02-564-8626
이메일 | editor@voozfirm.com
출판등록 | 2005년 12월 8일 제 16-3790호

ISBN 979-11-87504-58-0 (13740)

:: 파본은 구입하신 서점에서 교환하여 드립니다.
:: 이 책은 저작권법에 의해 보호를 받는 저작물이므로 무단 전재와 복제를 금합니다.

♥ 라이카미는 ㈜부즈펌의 새로운 브랜드입니다.

철저하게 준비하고
거침없이 떠나라!

- 미국 어학연수, 결심하기
- 미국 어학연수, 준비하기
- 미국 어학연수 효과, 200% 뽑아내기
- 학생 만족도가 가장 높은 어학원 Best 14

A / Z

미국
어학연수를
시작하다

글 사진 **신은수**

Prologue

《미국 어학연수를 시작하다》가 처음 세상에 나온 지도 벌써 5년이 지났습니다.
처음 글을 쓰기 시작했을 때, 저에게는 딱 한 가지 목표가 있었습니다.
'내 동생, 내 가족을 유학 보낸다는 마음'으로 미국 어학연수에 관해 내가 알고 있는 모든
지식을 정확하게 전달하자!

그 뜻이 제대로 이루어진 것인지, 책이 출간된 이후 정말 많은 학생들과 학부모님들께 어
학연수를 준비하는 데 너무나 큰 도움이 되었다며 감사 인사를 받았고, 분에 넘치는 칭찬
에 오히려 제가 더 감사했습니다.
또 아이클레버 서울본사와 뉴욕지사 사무실, 그리고 수많은 미국 내 어학기관에서 만난 학
생들로부터 "제가 지냈던 도시도 정말 멋지고 좋으니까 꼭 소개해 주세요.", "제가 다니는
어학원은 왜 'Best 어학기관'에 뽑히지 못한 거예요?" 같은 적극적인 이야기를 들을 때면
행복감에 가슴이 벅차올랐습니다.
게다가 놀랍게도 미국 어학기관들이 먼저 나서서 책 후반부에 실린 '어학원 Best 14'에 포
함되려면 어떤 요건을 충족해야 하는지를 묻고, 이 책에 소개되기 위해 경쟁하듯 새로운
프로그램을 만들어내고 적극적으로 장점을 어필하는 뿌듯한 일까지 생겨났지요.

이처럼 국내 학생들뿐만 아니라 미국 어학연수 업계에서도 주목과 칭찬을 한 몸에 받았던
《미국 어학연수를 시작하다》를 3번째 '개정판'으로 다시 선보이게 되었습니다.

새롭게 바뀐 내용의 대표적인 예로, 지난 5년 간 미국 어학기관들 사이에서 가장 뜨거운
이슈였던 'PART 04. 학생 만족도가 가장 높은 어학원'의 정보와 순위를 개편하였습니다.
학생들의 호평을 받은 어학원을 추가하고 전에 비해 만족도가 떨어진 어학원은 제외한 다
음, 순위까지 냉정하게 다시 정리했습니다.
그리고 많은 분들이 관심을 보인 미국 대학 입학 방법 '패스웨이 프로그램'은 그 사이 인
지도 높은 유명 대학들이 앞 다투어 이 프로그램으로 국제 학생들을 선발하기 시작하면서
많은 변화가 있었습니다. 따라서 새롭게 추가된 대학과 각 대학의 특징을 최신 자료로 수
정했습니다.

안타깝게도 여전히 많은 학생들이 유학원에서 고작 1시간 남짓 받은 상담 하나에 의존하여 대충 나라를 정하고 지역을 선정하고 어학원을 결정한 뒤, 막연한 설렘만 끌어안고 비행기에 오르고 있습니다. 미국에 도착해서는 어떻게 공부해야 하는지, 어떤 식으로 생활해야 더 많은 친구를 사귈 수 있고, 영어 실력을 빨리 향상시킬 수 있는지에 대한 구체적인 지식도 갖추지 못한 채 말이지요. 그리고 수많은 시행착오를 온몸으로 경험한 뒤 뒤늦게 SOS를 요청하고 있습니다.

이 책은 그래서 시작되었습니다. 나의 후배들이 단 한 명의 예외도 없이 미국 어학연수에 성공할 수 있도록 친형, 친오빠의 마음으로 애정을 담아 한 자 한 자 적어내려 갔습니다.

그러니까 유학원을 통하기 전에, 이 책으로 먼저 어학연수를 준비하세요. 어떤 곳에서도 들을 수 없는 정확하고 유용한 정보들을 이 안에 자세하게 담아 놓았습니다.

처음 책을 출판할 때, 저는 이런 글을 적었습니다.

'마음 같아서는 여러분이 고민할 때, 항상 같이 상의하고 준비 과정을 함께 챙기며 일일이 끌어주고 싶습니다. 손을 잡고 미국까지 동행하고 싶고요. 일생일대의 투자인 여러분의 미국 어학연수가 꼭 성공하기를 진심으로 소망하기 때문입니다.'

2019 개정판을 출판하는 지금 이 순간, 저의 그 바람은 더욱 강렬하기만 합니다. 중요한 순간마다, 이 책이 제 마음을 대신해 여러분과 동행할 것입니다.

여러분, 꼭 성공하세요!

미국 전문 아이클레버 유학원 대표
신은수 드림

Contents

Contents

Contents

PART 04. 학생 만족도가 가장 높은 어학원 Best 14

PART 01.

미국 어학연수,
결심하기

1 어학연수 꼭 가야 할까?

이 시대를 살아가는 대학생들에게 없어서는 안 될 필수 능력을 하나 꼽으라면, 거의 모두가 '영어'를 꼽을 것입니다. 세계의 중심에 서기 위해 무한경쟁을 하고 있는 기업들에게 '세계와 소통할 수 있는 언어'는 필수 요건이고, 그러자면 인재를 채용할 때 영어를 기본 중의 기본 조건으로 고려하게 되니까요.

결국 영어는 출신학교나 학점, 자격증, 경력 등 자신이 지닌 모든 스펙의 불리한 점을 극복할 수 있는 단 하나의 조건이자, 내 가치를 더욱 빛나게 하는 능력이 됩니다. 그래서 모두들 영어, 영어 하며 찬란한 20대를 도서관과 영어 학원에서 보내고 있는 것이지요.

그러나 문제 유형을 분석하고 달달 외워서 만든 '토익 점수'로 승부하던 시대는 이미 끝나버린 지 오래입니다. 우리에게 필요한 것은 더 이상 '토익 만점'이 아닙니다. 외국인과 자연스럽게 영어로 커뮤니케이션할 수 있는 '실전 회화 능력'이지요.

문제를 맞추기 위한 영어가 아닌 살아있는 진짜 회화 실력을 갖추려면, 책상머리 공부를 집어치우고 빨리 해외로 나가 몇 달이고 외국인들과 직접 부대끼며 몸으로 익히는 것이 최고의 방법임을 누구나 알고 있습니다. 상황이 이렇다 보니, 20대 대학생들 사이에서는 '어학연수 1년'이 대학생활의 필수 코스가 되고 말았지요.

그런데 한 번 어학연수를 떠나려면 삼사천만 원이나 들고, 남들은 자격증이다 뭐다 스펙 관리에 집중하는 시간을 오로지 어학연수에 쏟아부어야 하니, 불안한 마음에 주저할 수밖에 없는 것도 사실입니다.

'실패하면 어떡해. 기둥뿌리만 뽑고 끝나는 건데?'

2 그래! 어학연수, 꼭 가자!

너무 과한 투자를 하는 것은 아닌지 싶어 멈칫하게 되는 것은 자연스러운 현상입니다.

하지만 제대로 된 영어를 배우고 싶다면, 능청스러울 정도로 외국인들과 자유롭게 커뮤니케이션을 하고 싶다면, 그래서 자신의 인생을 완전히 업그레이드 하고 싶다면, 지금 결단을 내려야 합니다.

언어는 수학처럼 단순한 기호와 공식으로 정해진 것이 아닙니다. '살아 움직이고 변화하는 것'이지요.

언어에는 그 나라의 문화와 그 나라 사람들의 삶이 고스란히 배어 있어서, 그것을 느끼고 체험한 사람만이 그 언어를 보다 자연스럽고 완전하게 구사할 수 있습니다. 그러니 영어를 제대로 익히기 위해서는 영어를 모국어로 사용하는 사람들의 생각과 문화를 직접 체험할 수 있는 곳으로 떠나, 매일매일 영어만을 듣고 말하며 온몸으로 배워야 합니다.
이것이 바로 '어학연수'가 꼭 필요한 이유이지요!

책에 활자로 박제되어 있는 죽은 영어,
시대에 뒤처지는 낡은 영어를 붙잡고 씨름했던 선배들과 달리 '살아 숨쉬는' 영어를 유창하게 구사하고 싶다면, 여러분은 지금 어학연수를 과감하게 결심하고 실행에 옮겨야만 합니다.

3 떠나면, 보일 것이다!

어학연수는 결코 영어 하나만을 위해서 가는 것이
아님도 알아야 합니다.

어릴 때부터 해외여행을 자주 다녀본 사람과 한 번도
가지 못한 사람은 세상을 바라보는 시야에서부터 엄청
난 차이를 보일 수밖에 없습니다.
하물며 단순한 여행이 아니라 1년 동안 해외에서 생활
하며 수많은 사람들을 만나고 다양한 체험을 하고 돌
아온다면, 그 경험이 앞으로의 인생에 미치게 될 영향
력은 얼마나 큰 것일까요?

어학연수를 다녀온 학생과 그렇지 못한 학생의 세계관
에는 결코 극복할 수 없는 수준 차이가 발생하게 됩니
다.
세상은 하루에도 상상할 수 없을 만큼 변화하고, 놀라
운 속도로 발전하고 있습니다. 우리나라보다 몇 십 년
이나 앞서 있다고 평가되는 선진국에 가서 언어를 익
히고, 그들의 진보된 사회와 문화를 먼저 경험하는 것,
그것은 마치 타임머신을 타고 미래 사회를 체험해 보
고 돌아오는 것과 같습니다. 그래서 선진국에서 어학
연수를 하고 돌아온 학생들이 같은 또래 친구들에 비
해 엄청난 자신감을 지니게 되는 것이고, 인생 역시도
확연히 달라지는 것이지요.

'아는 만큼 보인다'고 했습니다.
더 많은 것을 보고 더욱 풍요로운 인생을 살 수 있도
록, 단 한 번의 어학연수를 통해 자신의 미래를 송두리
째 뒤바꿀 수 있도록, 더 이상 주저하지 말고 과감하게
떠나세요.
떠나면, 보일 것입니다.

4 왜 미국으로 가야 할까?

　　영어를 배우기 위해 떠나는 대표적인 나라로는 미국, 캐나다, 영국, 호주, 뉴질랜드를 들 수 있습니다. 하지만 이왕 가는 어학연수라면, '너무나 당연하게' 미국으로 가야 합니다.

많은 학생들이 '미국 어학연수' 하면 비용이 많이 들까 봐 지레 겁을 먹고 포기하곤 하는데요. 그것은 오해입니다. 어떤 나라로 가든지 실제 들어가는 비용은 크게 차이가 없거든요. 또 환율의 변동으로 인해 오히려 미국 어학연수 비용이 더 적게 드는 경우도 있답니다.
그렇다면 당연히 세계의 중심이 되는 나라, 만국 공통어인 '영어'의 기준이 되는 나라, 가장 발전되고 보고 배울 것이 많은 나라인 미국으로 가야지요!

여러분이 꼭 알아야 하는 사실이 있습니다.
미국과 지리적으로 가장 가까운 캐나다의 젊은이들은 가능하면 미국에 가서 공부하고 직장을 구하고 싶어 합니다. 영연방 국가인 뉴질랜드 젊은이들은 호주에서 생활하는 것을 동경하고, 호주 젊은이들은 영국으로 진출하는 것을 꿈꾸지요.
그렇다면, 영국의 젊은이들은 어떨까요? 아이러니하게도 그들 역시 세계 최강대국인 미국에 가서 공부하고, 그곳에서 직업을 구해 살고 싶어 합니다.
세상의 모든 젊은이들은 자기 나라보다 더 큰 세계, 더 발전된 사회를 경험하고 싶어 하기 때문이지요.
이런 상황에서 어떤 나라로 어학연수를 갈지 고민하다니요.
당연히 미국으로 가는 것이 지혜로운 결정 아닐까요?
지금 세상의 중심이 어디입니까!

5 어학연수, 어떻게 준비할까?

인터넷에는 미국 어학연수와 관련된 정보들이 하루에도 수백 건씩 올라옵니다. 인터넷 유학 카페나 양질의 콘텐츠가 있는 좋은 블로그를 찾아 차분히 살펴보면 나에게 필요한 정보들을 어렵지 않게 접할 수 있지요. 그럼에도 불구하고 어학연수의 모든 준비절차를 혼자서 진행하는 것은 불가능한 일이랍니다. 미국의 어학원에 입학 신청도 해야 하고, 학생비자 인터뷰 준비 등 전문적인 도움을 꼭 필요로 하는 부분들이 많기 때문이에요. 게다가 인터넷에서 접한 정보들은 확실한 것이 아닐 수도 있기 때문에 주의가 필요합니다.

따라서 신뢰할 수 있는 좋은 유학원을 잘 골라서 수속 절차 진행을 의뢰하는 것이 가장 안전하고 지혜로운 방법입니다.

대부분의 유학원들은 미국의 어학원들로부터 홍보비를 지원받기 때문에, 무료로 학생들의 수속 절차를 지원하고 있습니다. 다양한 프로모션 혜택을 제공하기도 하고, 출국 후에도 꾸준하게 도움을 주는 경우가 많으니 마다할 이유가 없습니다. 이런 상황에서 굳이 유학원의 도움을 받지 않고, 모든 절차를 혼자 처리한다는 것은 오히려 미련한 행동이지요.

하지만 좋은 유학원을 선택하기 위해서는 우리 스스로 어학연수에 대한 기본 지식을 어느 정도 갖춰두어야 합니다. 그 유학원이 정확한 정보를 객관적인 자세로 제공하는지를 정확하게 판단할 수 있어야 하니까요.

또한 유학원에서 받을 수 있는 한 시간 남짓의 짧은 상담만으로는 필요한 모든 정보를 채울 수도 없습니다. 결국 유학원에 모든 수속을 맡길지라도, 우리는 어학연수의 모든 준비 과정에 대해 적극적으로 공부를 해야 합니다.

그것이 '나'를 위한 최선의 방법이니까요.

6 결심했다면, 이제 시작이다!

　고민에 고민을 거듭한 끝에 이제 미국으로 떠날 것을 결심했다면, 바로 시작하면 됩니다!
지금부터 해야 할 일은 단 하나의 후회도 남기지 않기 위해 철저하게 준비하는 것, 그리고 뒤돌아보지 않고 거침없이 떠나는 것입니다.

이 책에는 여러분이 어학연수를 준비할 때 꼭 필요한 모든 정보부터 미국에서 가장 효율적으로 공부하는 방법, 그리고 다양한 미국인 친구를 사귀는 비결에 이르기까지, '어학연수가 성공할 수밖에 없는 모든 비법'이 고스란히 담겨 있습니다.

이 책의 한 페이지, 한 페이지를 꼼꼼하게 읽고 실천하세요.
그리고 각 분야별로 여러분께 맞는 최적의 선택을 하고, 최선을 다해 생활하고 공부하면 됩니다. 여러분이 해야 할 일은 오직 이것뿐이에요.
그러면 자신도 모르는 사이에 최선의 결과가 값진 열매를 맺는 것을 두 눈으로 확인하게 될 것입니다.

낯선 도시, 낯선 문화, 낯선 사람, 그리고 낯선 언어 속에서도 언제나 자기 자신을 믿고, 사랑하며, 강건해지기를!
여러분은 이미 놀라운 미래를 향해 빛나는 질주를 시작한 것입니다.

PART 02.

미국 어학연수,
똑똑하게 준비하기

check 01.
지역 고르기

1. 어학연수, 어디로 가야 할까?

'어느 지역으로 어학연수를 갈 것인가'는 많은 학생들이 어학연수를 준비하면서 가장 먼저 고민하게 되는 문제입니다. 이왕이면 최고의 결과를 얻을 수 있는 지역으로 가야 하니까요.

학생들이 지역 선택의 기준으로 삼는 주된 요소들은 다음과 같습니다.

한국인 비율이 낮아서 영어를 최대한 많이 사용할 수 있는 곳인가
문화적인 콘텐츠가 풍성해서 다양한 체험을 할 수 있는가
대중교통 등의 기반시설이 잘 갖추어져 있는가
물가가 저렴한 편인가
인종차별적 분위기가 없고 치안이 안전한가

대부분은 가능하면 이 모든 조건들을 두루 갖춘 '완벽한 지역'을 찾기 위해 노력합니다. 그러나 그런 곳은 '절대' 없습니다. 만일 그런 곳이 있다면 누구나 그곳으로 몰릴 테고, 곧 그 지역은 학생들이 가장 피하고 싶어 하는 '한국 학생들로 넘쳐나는 곳'이 되어버릴 테니까요. 따라서 어학연수 지역을 고를 때에는 '최고의 지역'을 찾으려고 하기보다 '최

적의 지역'을 선택하는 지혜가 필요합니다.

다음 3가지 항목에 대해서 스스로 냉정하게 판단해 보세요.

> 내가 어학연수를 통해서 얻고자 하는 성과는 무엇인가
> 나의 성격과 성향이 미국의 어떤 지역(환경)과 잘 맞는가
> 지역 선택 시 고려하는 여러 가지 요소들 중 나에게 가장 중요한 것은 무엇인가

이 질문의 답에 해당하는 지역들을 추려서, 그중 최선의 선택을 하면 됩니다. 이때 가장 경계해야 할 것은 '다른 사람의 조언을 너무 곧이곧대로 받아들이는 것'이에요.

예를 하나 들겠습니다. 미국으로 어학연수를 가는 A라는 학생이 있습니다. A는 이번 기회에 영어 실력을 향상시키고, 동시에 넓은 세상과 다양한 문화를 체험하고 돌아오는 것이 목표입니다.

A는 서울에서만 살았기 때문에, 어학연수도 뉴욕이나 샌프란시스코 같은 대도시에서 하는 편이 적응도 쉽고 만족도도 높을 거라 생각했어요. 그런데 한 선배가 말하길 '영어가 확실히 늘려면, 무조건 한국인도 없고 공부 외에는 할 것이 전혀 없는 곳으로 가야 한다'고 조언했지요. A는 고민 끝에 결국 선배의 말대로 외딴 시골마을을 택했습니다. 어학연수의 최우선 목적은 뭐니 뭐니 해도 영어 실력을 늘리는 것이니까요. 과연 A는 자신의 선택에 100% 만족했을까요?

현실적으로는 '아닐' 가능성이 매우 높습니다. 미국의 시골마을은 우리가 상상하는 그 이상으로 광대하고, 거주 인구가 적으며, 별다른 시설이랄 것이 없습니다. A가 생활하던 대도시와는 너무나 다른 환경이지요. 이 때문에 A는 적응하느라 매우 힘든 나날을 보낼 수 있고, 적응했다 하더라도 다양한 문화 체험에 대한 욕구를 충족시키지 못해 내내 불만족스러워할 수 있습니다. 결국 A의 어학연수는 아쉬움만 잔뜩 남기고 끝날 가능성이 높은 것이지요.

A가 위에서 말한 3가지 항목으로 자신을 냉정하게 판단해 보았더라면, 자신에게 맞는 지역이 최소한 중소도시 이상이라는 것을 알 수 있었을 것입니다. 하지만 유경험자의 말은 언제나 우리의 마음을 뒤흔들어 놓지요. 이때 '나와 타인은 같은 사람이 아니라는 점'을 명심해야 합니다. 아무리 직접 경험한 내용을 바탕으로 조언하는 것이라고 해도, 그것이 나와 잘 맞는 것인가를 냉정하게 판단해야 한다는 이야기지요!

'어떤 지역을 선택하는가에 따라 어학연수가 달라진다'는 말은 결코 과장이 아닙니다. 생활은 모든 것의 기본이 되니까요. 이렇게나 중요한 어학연수 지역 선정에서 절대 실패하지 않는 비법! 그것은 바로 나 자신의 스타일을 파악하고, 그에 가장 잘 맞는 최적의 지역을 선택해서, 긍정적인 마인드로 최선을 다해 공부하고 생활하는 것입니다.

엠바시 샌디에이고 센터

2. 한국 학생이 많은 곳과 적은 곳

어학연수 상담을 할 때면, 100이면 100, 꼭 받게 되는 질문이 있습니다.
"한국 학생이 적으면서 어학연수 하기 좋은 곳은 어디인가요?"

그만큼 우리나라 학생들은 어학연수 지역을 선정하는 데 있어서 '한국 학생의 비율'에 예민한 편입니다. 현지에서 영어를 최대한 많이 사용하기 위해서 머나먼 미국까지 가는 것인데, 한국인이 많으면 자칫 어학연수가 아무런 소용이 없지 않을까 걱정하기 때문이지요. 그런데 한국 학생의 비율은 정말 그렇게 중요한 문제일까요? 그럼 왜 한국 학생들이 많이 찾는 지역으로 유명한 몇몇 도시들은 계속해서 인기를 끄는 반면, 한국 학생들이 거의 없는 지역에는 여전히 어학연수를 가지 않는 것일까요?
여기에는 아주 당연한 이유가 있습니다.

1

한국인이 많은 곳에는 '그럴 만한' 이유가 있다

브로드웨이, 뉴욕

보스턴의 지하철

모두들 한국 학생이 별로 없기를 바라면서도 정작 그런 지역으로 어학연수를 가지 않는 이유는 매우 간단합니다. 그런 곳에는 어학연수를 하는 데 장애가 되는 요소들이 오히려 더 많기 때문이지요.

우선, 미국에는 자가용이 없어도 생활에 큰 불편이 없을 만큼 대중교통 시스템이 잘 갖추어진 도시가 그리 많지 않습니다. 그래서 자가용을 한 대 장만할 생각이 아니라면, 대중교통 시스템이 편리한 지역을 찾아야 합니다. 그리고 이왕 미국까지 가는데, 한국에서 경험할 수 없었던 많은 것들을 보고 듣고 체험하고 돌아와야 하지 않을까요? 그러니 생활이 단조롭고 지루할 게 뻔한 곳보다는, 한국 학생이 많아도 문화적인 콘텐츠가 풍성한 지역이 인기가 많을 수밖에 없습니다.

치안과 인종차별적 분위기도 매우 중요합니다. 처음에는 막연히 한국 학생이 적은 지역을 바라다가도, 막상 그런 곳에 대해 알아보다 보면 지역 이름도 생소하고 구체적인 정보도 구하기 어렵다는 것을 알게 됩니다. 그러면 최종 선택을 할 때 상당한 부담을 느끼게 되지요. 아무래도 한국 학생이 적으면 한국어를 사용할 일이 줄어들기야 하겠지만, 무언가 어려운 일이 생기거나 위험한 상황에 처했을 때 도움을 청할 사람이 적다는 의미이기도 하니까요.

이러한 이유 때문에 결국은 한국 학생들이 적은 지역보다는 오히려 한국 학생들이 어느 정도 있는 검증된 지역으로 어학연수를 가게 되는 것이랍니다.

2

한국 학생들이 많으면 다른 나라 학생들도 많다

한 학생이 이렇게 물은 적이 있습니다.

"뉴욕이나 샌프란시스코에는 한국인이 너무 많아서 길을 걷다 보면 한국말만 들린다던데, 정말 그런가요? 아니겠죠?"

당연히, 아닙니다. 어떤 나라 사람이든 낯선 외국에서 모국어가 들리면 귀가 쫑긋할 수밖에 없습니다. 하물며 어학연수를 시작한 지 얼마 되지 않은 상황에서는 시끌벅적한 영어 속에서도 아주 작게 들리는 한국말이 귀에 쏙쏙 들어오겠지요.

아무리 뉴욕과 샌프란시스코가 한국 학생들이 가장 선호하는 어학연수지라고 해도, 그 큰 도시에 설마 우리나라 사람들만 가득할까요? 어학연수생만 보아도, 세계 각지에서 온 외국인 학생들이 훨씬 더 많을 것입니다.

한 가지 중요한 사실을 말씀드리면, 우리가 어학연수를 많이 가는 지역에는 다른 나라에서 온 학생들도 아주 많다는 거예요. 우리가 선택하지 않는 곳은 다른 나라 학생들도 거의 가지 않지요. 어학연수 지역을 선정하는 데 있어 우리에게 중요한 문제들은 그들에게도 역시 중요한 부분이기 때문입니다.

따라서 어학연수라는 같은 목적을 가진 외국인 친구들과 함께 어울려 놀고 공부하고 대화를 나누고 싶다면, 오히려 '한국 학생들이 많은 지역'을 찾는 것이 좋습니다.

3
문제는 한국인의 비율이 아니라 '나 자신의 의지'다

사실 실제 어학연수 현장에서 한국 학생이 많고 적음은 영어 공부에 큰 영향을 미치지 않습니다. 한국 학생들과 '열심히 어울려 다니지만 않는다면'요.

한국 학생들과 어울려 다니느냐, 아니냐는 분명 자신의 의지에 달린 일입니다. 아무리 한국인이 적은 지역으로 간다고 해도, 단 한 명의 한국인 친구와 내내 같이 다니며 한국말을 사용한다면 굳이 한국인이 적은 곳을 찾아간 보람이 없겠지요. 반대로 한국 학생들이 많은 뉴욕으로 어학연수를 갔다고 해도 외국인 친구들과의 만남을 만들고 항상 영어만 사용하려고 노력한다면, 회화 실력을 충분히 키울 수 있습니다.

동양 학생이 많은 낮은 레벨

유럽 학생이 많은 높은 레벨

"하지만 어학원에 한국 학생들이 많으면, 영어 공부를 하는 데 방해가 되지 않을까요? 아무리 어울려 다니지 않으려고 해도, 어쩔 수가 없잖아요."

일반적으로 어학연수를 하기 좋은 지역, 다시 말해 한국 학생들이 많기로 유명한 지역에 있는 어학원이라 할지라도, 한국 학생의 비율은 겨우 20~30%에 불과합니다. 생각보다 훨씬 적지요?
그런데 그 학생들이 모든 레벨의 반에 고루 퍼져 있는 것이 아니라는 점이 중요합니다. 한국 학생들은 보통 중간이나 중간보다 약간 낮은 레벨의 반에서 어학연수를 시작합니다. 그래서 반 편성을 위해 실시되는 영어 레벨 테스트에서 중간이나 그 이하 그룹으로 평가되면, 한국 학생의 대부분이 모여 있는 반에서 수업을 받게 되지요. 당연히 한국 학생의 비율이 매우 높게 느껴질 수밖에 없습니다. 하지만 레벨이 상승하면 점점 한국 학생들이 없는 반에서 공부를 하게 됩니다. 나의 노력으로 어학연수 환경을 업그레이드시킬 수 있는 것이지요!

한국 학생들이 많이 찾는 어학연수 지역에는 분명 그럴 만한 이유가 있습니다. 본인이 강한 의지를 가지고 열심히 공부한다면, 염려하는 부분을 모두 다 상쇄시킬 만한 장점을 가지고 있는 곳들이지요. 그래서 많은 학생들이 처음에는 한국인이 적은 지역에 관심을 보이다가도 마지막 순간에는 전통적으로 한국 학생들이 많이 가는 지역을 선택하게 되는 것입니다.

아무리 한국 학생이 적은 지역으로 어학연수를 간다고 해도, 자기 노력 없이 영어 실력이 느는 일은 절대 없습니다. 영어 실력을 최대한 향상시키려면, 이를 악물고 모든 의사 표현을 영어로 하려고 노력해야 합니다. 그곳이 한국인이 많은 지역이건 적은 지역이건 간에 영어 실력 향상은 결국 본인의 피나는 노력에 달려 있다는 것을 명심하세요!

3. 대도시와 중소도시, 그리고 시골의 차이

미국 어학연수를 준비하는 학생들을 상담하다 보면 열에 일곱 정도가 대도시를 선호하고, 두세 명 정도가 유명한 대도시보다는 소박한 중소도시에 관심을 가집니다. 그리고 드물지만 아예 시골로 갈까, 고민하는 학생도 있지요.

대도시와 중소도시, 시골에서 어학연수를 할 때, 구체적으로 어떤 차이가 있을까요? 어떤 곳으로 가야 어학연수 생활이 만족스러울까요?

1
대도시
보다 더 많은 것을
보고, 듣고, 느끼고 싶다면!

어학연수를 통해서 영어 실력 향상만이 아니라 미국의 발전된 시스템과 문화를 체험하고 세계를 바라보는 시야를 넓히고 싶다면, 미국 안에서도 가장 발달된 도시로 가는 것이 좋습니다. 동부의 뉴욕 New York과 보스턴 Boston, 서부의 샌프란시스코 San Francisco와 샌디에이고 San Diego, 그리고 중부의 시카고 Chicago 정도가 여러 대도시들 중에서도 가장 인기가 높은 곳이지요.

저도 개인적으로 미국 어학연수를 실속 있게 하려면 대도시로 가야 한다고 생각합니다. 실제로 제 사촌동생들도 조금도 고민하지 않고 대도시로 어학연수를 보냈고요. 그 이유는 대도시가 가진 풍부한 문화 콘텐츠야말로 영어 실력을 폭발적으로 늘릴 수 있는 가장 유용한 도구가 되기 때문입니다.

어학원의 하루 수업시간은 길어 봐야 6시간 정도밖에 되지 않습니다. 즉, 수업 외의 시간을 어떻게 활용하느냐에 따라서 영어가 많이 늘 수도 있고 아닐 수도 있다는 뜻이지요. 영어가 빨리, 많이 늘려면 수업시간 외에도 계속해서 외국인 친구들과 대화를 나누고 함께 어울려 놀아야 합니다. 그래야 수업 시간에 배운 영어를 실제 생활 속에서 사용할 수 있고, 시간이 갈수록 대화의 양과 주제가 늘어나면서 영어 실력도 폭발적으로 향상되니까요.

그런데 매일 같이 카페, 식당, 공원 등에서 대화를 나누기에는 한계가 있습니다. 새로운 화젯거리를 찾기도 어렵고, 대화를 위한 대화는 금세 지루해지고 말거든요. 그래서 박물관이나 전시회장, 음악회, 뮤지컬, 각종 페스티벌 등 무언가 함께 참여하면서 서로 자연스럽게 대화를 나눌 수 있는 소재들이 꼭 필요합니다. 이러한 문화적 콘텐츠가 많으면 많을수록 외국인 친구들과 자연스럽게 어울리기가 쉬워지고, 그만큼 더 많은 시간을 함께 하면서 회화 연습을 충분히 할 수 있겠지요.

뉴욕 자연사 박물관

뉴욕의 다양한 퍼레이드 행사

뉴욕의 브로드웨이 뮤지컬

2
중소도시
**평범한 미국인들의
삶 속에 들어가고 싶다면!**

지나치게 복잡하고 번화한 환경보다는 조용하고 깨끗한 도시에서 안전하게 어학연수를 하고 싶다면 오리건 주의 포틀랜드 Portland나 워싱턴 주의 시애틀 Seattle, 캘리포니아 주의 버클리 Berkeley, 유타 주의 솔트레이크시티 Salt Lake City, 콜로라도 주의 덴버 Denver, 미국의 행정수도인 워싱턴 D.C. Washington D.C., 그리고 플로리다 주의 마이애미 Miami와 포트 로더데일 Fort Lauderdale 같은 중소도시가 좋습니다.

이 도시들의 공통된 특징은 규모는 대도시보다 확실히 작지만, 어학연수를 하는 동안 생활면에서 특별히 불편함을 느낄 수 없고 초기 적응이 어렵지 않다는 점이에요. 또 대도시에 비해 문화적 콘텐츠가 적긴 하지만 외국인 친구들과 자연스러운 교류가 불가능할 정도로 부족하지는 않아서 큰 문제가 되지 않습니다. 오히려 지극히 평범한 미국인들의 일상을 가까이에서 살펴볼 수 있고, 그 안에 동화되어 함께 생활할 수 있다는 점에서는 중소도시가 더 유리한 면도 있지요.

안전하고 깨끗한 도시, 포틀랜드

단, 대도시에서만큼 다양한 활동을 즐길 수 없기 때문에, 사람들과 함께 할 수 있는 취미를 한 가지 이상 꼭 갖는 것이 좋습니다. 그림이나 악기, 댄스 등을 배워도 좋고 운동을 즐겨도 좋아요. 그러면 미국인들과 어울릴 기회를 더 많이 가질 수 있고, 자칫 단조로울 수 있는 어학연수 기간을 항상 즐겁고 생기 넘치게 보낼 수 있으니까요.

전형적인 소도시, 락해븐

3
시골
가보면 후회할지도!

미국 어학연수를 준비하면서 정보를 모으다 보면, 누군가가 꼭 이런 말을 합니다.

"생각해 봐. 영어 하나라도 확실히 늘어서 돌아오려면 놀 것 없고 할 것이라곤 공부밖에 없는 시골로 가야지."

이 말은 사실일까요?

미국의 전형적인 시골 풍경

아니요. 앞서 말했듯 미국의 시골마을은 우리나라와는 비교할 수 없을 정도로 광대하고, 거주 인구가 턱없이 적습니다. 사설 어학원도 거의 없어서 그 지역의 대학에서 운영하는 부설 어학원밖에 선택할 수 없는데, 그마저도 깊은 산속에 외따로 있거나 드넓은 벌판에 덩그러니 있는 경우가 대부분이지요. 기껏 미국까지 가서, 미국 사람들조차 별로 살지 않는 곳에서 영어를 공부하는 것이 과연 어떤 의미가 있을까요?

여러분이 분명히 알아두어야 하는 사실이 있습니다. **시골 지역에서 어학연수를 했던 학생들은 친구들에게 절대 시골을 추천하지 않는다는 것입니다.** 시골 지역을 추천하는 학생들은 정작 자신은 도시에서 어학연수를 했지만, 기대만큼 영어 실력이 늘지 않은 이유를 '여러 가지 유혹이 많은 도시 생활 탓'으로 돌리는 경우가 대부분이지요.
그러니 시골 지역에서 어학연수를 하면 영어 실력이 많이 늘어서 돌아올 것이라는 착각과 오해는 이제 그만 버리세요. 어학연수 기간 동안 놀지 않는 것이 능사가 아닙니다. **오히려 잘 놀아야 투자한 이상을 거둘 수 있지요.**

어느 외국인 대학생이 우리나라로 어학연수를 오려고 합니다. 여러분은 그 친구에게 한국의 어느 지역을 어학연수지로 권하고 싶나요? 서울인가요? 아니면 부산이나 광주? 조금 더 작은 청주나 강릉도 있고, 아주 조용한 강원도 산골마을도 있고요.
여러분은 아마 한 지역을 추천하기에 앞서 표준어를 배우기 좋은 곳은 어디인지, 어떤 곳이 한국의 문화를 가장 생생하게 체험하기에 좋은지, 생활하기 편리한 곳은 어디인지 등을 따져 생각하게 될 것입니다.
우리가 미국에 어학연수를 가면서 지역과 도시를 선정하고자 고민할 때도 같은 기준으로 생각하면 됩니다. 어때요? 판단을 내리는 데, 도움이 되었나요? 이 기준을 잊지 마세요!

4. 1석 2조의 효과, 지역 이동하기

어학연수를 하는 동안, 항상 초심을 잃지 않고 즐겁게 생활하면서 영어 공부에 매진할 수 있다면 얼마나 좋을까요?

하지만 어학연수를 다녀온 학생들의 이야기를 들어 보면, 대부분 4~5개월이 지날 무렵부터 심각한 매너리즘에 빠져서 힘든 시간을 보냈다고 합니다. 처음에는 전 세계에서 모인 친구들과 새로 사귀고 체험하는 모든 것들이 너무나 흥분되고 신 나지만, 몇 달이 지나면 더 이상 새로울 게 없어 시들해지는 것이지요.

이런 매너리즘은 긴장감을 상실시켜서, 가장 중요한 영어수업에까지도 나쁜 영향을 미치게 됩니다.

따라서 이럴 경우를 대비해, 어학연수를 하는 중간에 지역을 한 번 이동하게끔 계획을 세우는 것도 아주 좋은 방법입니다. 환경을 새롭게 바꿈으로써 마음을 다잡을 수 있으니까요. 또 2곳에서 어학연수를 하면 한 곳에 머무는 것보다 미국을 폭넓게 경험할 수 있으니, 1석 2조의 효과를 거둘 수 있습니다.

그럼 어떻게 해야 효과적으로 지역을 이동할 수 있을까요?

방법 01 ☑
최소 9개월 이상,
장기일 때만 고려한다

지역 이동은 어학연수 기간이 최소 9개월에서 1년 이상일 때만 고려해야 합니다. 겨우 6개월 동안 2곳에서 어학연수를 해야 한다면 조급한 마음에 적응이 어려울 수 있고, 각각의 지역에서 경험할 수 있는 많은 것들을 제대로 소화하지 못하는 역효과가 발생할 수 있기 때문이에요.

따라서 **지역 이동을 위해서는 충분한 어학연수 기간이 확보되어야 하며, 2곳에서 각각 6개월씩 머무는 일정이 가장 무난합니다.**

방법 02 ☑
동에서 서로, 서에서 동으로,
크게 이동한다

많은 학생들이 되도록 미국의 모든 것을 경험하고 돌아오려고 욕심을 내지만, 미국은 우리가 상상하는 것보다 훨씬 넓은 나라예요. 대한민국보다 100배나 넓고, 50개의 독립된 주마다 각기 다른 지역적 색채와 문화적 차이를 가지고 있을 만큼 다양한 얼굴을 가진 나라이지요.

그러므로 미국에서 어학연수를 하는 동안 그 넓은 나라를 모두 경험한다는 것은 불가능한 일입니다. 하지만 동부에서 서부로, 서부에서 동부로, 이렇게 크게 이동하면 어느 정도 그 욕심을 충족시킬 수 있습니다.

같은 동부지역, 서부지역 내의 도시들은 주말이나 방학을 이용해서 충분히 둘러볼 수 있습니다. 실제로 뉴욕에서 어학연수를 하는 학생들은 같은 동부지역인 보스턴, 워싱턴 D.C., 필라델피아 Philadelphia로 자주 여행을 가고, 샌프란시스코에 있는 학생들은 같은 서부지역인 시애틀, 포틀랜드, 버클리, 샌디에이고, 로스앤젤레스 Los Angeles로 주말여행을 즐기지요. 따라서 **지역 이동은 크고, 과감하게 하는 것이 좋습니다.**

방법 03 ☑
규모가 작은 지역에서 큰 지역으로 이동한다

또 하나. 지역 이동은 처음 어학연수를 시작한 곳보다 규모가 더 크고 볼거리가 풍부한 곳으로 하는 것이 훨씬 효과적입니다.

큰 도시에서 어학연수를 하다 보면, 시간이 갈수록 작은 도시에 대한 기대감이 줄게 됩니다. 그래서 지역 이동에 대한 마음이 시들해지는 경우도 많고, 이동을 한다 해도 만족감이 적어서 큰 효과를 보기도 어렵지요. 반면 작은 도시에서 큰 도시로 이동한 학생들은 마치 새로 어학연수를 시작한 것처럼 큰 만족감을 느낍니다.

그래서 많은 학생들이 '샌프란시스코 6개월 ⇨ 뉴욕 6개월'을 선택하고, 최근에는 '포틀랜드나 시애틀, 마이애미 3~6개월 ⇨ 뉴욕 6~9개월' 과정도 많이 선택하는 편이에요.

예외도 있습니다. 반대로 대도시에서 다양한 문화생활을 누리면서 영어공부를 충분히 한 다음, 영어 실력이 어느 정도 수준에 다다랐을 때 중소도시로 이동하는 방식인데요. 대도시보다 한국인이 적은 곳으로 이동해, 현지 주민들과 어울리면서 어학연수 효과를 극대화시키고자 하는 작전이지요. 흔한 경우는 아니지만, 첫 지역에서 영어 실력을 아주 많이 향상시킨 학생이라면 이 방법도 추천합니다.

방법 04 ☑
지역마다 센터를 운영하는 대형 사설 어학원을 택한다

미국 어학연수 중 지역을 이동하기로 결정했다면, 2곳에 모두 센터를 운영하는 대형 사설 어학원에 등록하는 편이 여러 가지로 유리합니다.

우선 첫 지역에서 인정받은 영어 레벨이 그대로 적용되기 때문에 수업을 이어서 들을 수 있습니다. 그리고 수업 방식이나 체계도 달라질 것이 없으니, 애써 적응하느라 시간을 낭비할 필요도 없지요.

무엇보다 가장 좋은 점은 '경제적인 부분'입니다. 대부분의 사설 어학원들은 장기 등록을 할 경우 학비를 상당 부분 할인해줍니다. 그런데 학생들은 한 어학원에 오래 다니면 자칫 긴장감이 풀어질까봐 비싸도 단기로 등록하려는 경향이 있습니다. 하지만 장기로 등록하고 지역을 이동하면 학비를 할인받으면서 분위기 전환까지 할 수 있으니, 정말 여러 모로 좋은 방법이지요?

미국의 철도, 암트랙(Amtrak)

어학연수 도중 지역을 옮기는 일은 아무래도 생활환경이 크게 바뀌는 일이라서 번거롭지는 않을까, 괜한 일은 아닐까, 잘 적응할 수 있을까, 걱정하는 학생들도 많습니다. 하지만 작은 도전 의지로 결심만 한다면, 지역 이동은 결코 어려운 일이 아니랍니다.

단지 새로운 도시에서 다시 적응해야 하는 것이 조금 부담스러울 수 있지만, 더 많은 것을 보고 느끼고 체험하기 위한 것이니까 새로 적응하는 과정도 행복할 것입니다. 또 어학연수를 한 번 더 새로 시작하는 것 같은 묘한 흥분도 느끼게 될 것이고요.

주저하지 말고, 도전하세요. 지역 이동으로 미국 어학연수 기간을 더 알차고 풍요롭게 보낼 수 있습니다.

5. 미국 동부 · 서부 · 중부 주요 도시들의 차이

동부^{東部}지역

미국의 동부지역은 전통적으로 한국 학생들이 어학연수를 가장 많이 가는 인기 지역입니다. 그 이유는 서부나 중부 지역에 비해 생활의 편리함, 문화적 혜택의 질, 학습 환경 등 어학연수에 필요한 모든 면들이 아주 잘 갖춰져 있기 때문이에요.

동부지역은 대부분 우리나라 서울처럼 다운타운을 중심으로 도시화가 잘 이루어져 있어서 어렵지 않게 적응할 수 있습니다. 또 지하철이나 버스 등의 대중교통 시스템도 잘 갖추어져 있어서, 어학연수를 하는 동안 개인 차량 없이도 편리하게 생활할 수 있지요. 이런 점들이 서부나 중부와는 확연히 구분되는 가장 큰 차이입니다.

그리고 미국은 초기에 동부지역을 중심으로 시작해, 서쪽으로 계속해서 영토를 확장해온 나라입니다. 그래서 동부지역의 주요 도시들은 짧지만 강렬했던 미국의 역사를 고스란히 품고 있고, 자연스레 미술관이나 박물관 등의 다양한 문화시설도 많이 갖추어져 있습니다. 덕분에 어학연수 기간 동안 문화 혜택을 충분히 누릴 수 있다는 점도 동부지역의 매력이지요.

또 하나, 소위 '아이비리그^{Ivy League}'라고 불리는 미국 최고의 명문대학들을 비롯해, 세계적으로 인지도가 높은 미국 대학들의 대부분이 보스턴과 뉴욕을 중심으로 동부지역에 몰려 있습니다. 그렇다 보니 미국인들 역시 자녀가 동부지역의 대학으로 진학하기를 바랄 정도로, 동부지역은 '교육환경이 좋은 곳'이라는 이미지를 가지고 있습니다. 그래서 차분하고 학구적인 분위기에서 진지하게 영어 공부를 하고 싶어 하는 학생들은 동부지역을 선호하는 것이지요.

1
뉴욕
다른 말이 필요 없는
세계 No.1 도시

뉴욕^{New York}은 디자이너, 건축가, 음악가, 배우 등 전 세계에서 가장 뛰어난 예술가들이 모여서 글로벌 트렌드를 이끌어가는 창조적인 도시입니다. 연일 앞다투어 열리는 각종 전시회와 공연 등은 그 수가 너무 많아서 모두 경험하기 벅찰 정도이지요. 그만큼 뉴욕은 세계에서 가장 젊고 활기찬 도시랍니다.

어학원 수업이 끝난 뒤 달리 할 일이 없어서 숙소나 도서관에만 있고 싶지 않다면, 뉴욕을 추천합니다. 방과 후 외국인 친구들과 함께 수없이 다양한 문화생활을 즐기다 보

타임스스퀘어

엠파이어스테이트빌딩

면, 자연스럽게 살아 있는 영어를 익히게 됩니다. 뉴욕에서 신 나게 즐기고 노는 것 자체가 생생한 공부가 되는 것이지요! 이것이 바로 뉴욕 어학연수가 지닌 엄청난 장점입니다.

또 다른 도시에 비해 물가가 많이 비쌀까 봐 걱정하는 학생들도 많은데, 며칠만 머무는 여행객들과 달리 학생들은 1주일에 한 번씩 대형마트에 가서 식료품과 생필품을 대량으로 구입하기 때문에 실질적으로 생활비가 더 들거나 하지는 않습니다. 단지 다양한 공연 등을 접할 수 있는 기회가 상대적으로 많기 때문에, 그 비용이 더 드는 것일 뿐이에요.

그러니 어학연수 기간 동안 영어 공부와 더불어 세상을 보는 시야를 넓히고 세계 최고의 도시에서 많은 경험을 쌓고 싶다면, 고민하지 말고 뉴욕으로 가세요. 그게 정답이니까요!

2
보스턴
학생의, 학생에 의한, 학생을 위한 도시

보스턴Boston에는 세계 최고의 대학인 하버드 대학교Harvard University를 비롯해서 MIT Massachusetts Institute of Technology와 보스턴 대학교Boston University 등 많은 명문대학들이 집중적으로 모여 있는 미국 최고의 '교육 도시'입니다. 미국인들도 자기 자녀가 보스턴에 있는 대학에 다니면 정말 자랑스럽게 여길 정도이지요.

그렇다 보니 조금 과장해서 말하면 보스턴은 전체 인구 중 50%가 학생이고 나머지는 그 학생들을 대상으로 비즈니스를 하면서 사는 사람들이라고 할 수 있을 정도로, 도시 전체가 학생들이 중심이 되는 분위기를 가지고 있습니다. 그래서 도시 자체가 매우 차분하고, 안전하며, 젊은 학생들로 인해 풋풋한 느낌을 풍기는 편입니다. 한마디로 보스턴은

하버드 대학교 서점

보스턴의 다운타운

'젊은 대학생들의 도시'인 것이지요!

그런 분위기 덕에 보스턴은 어학연수를 가는 학생들에게 인기가 아주 높습니다. 도시 전체에 학구적인 분위기가 조성돼 있어 공부하기에도 좋고, 전 세계에서 모여든 대학생들과 함께 생활하면서 대학가의 생동감 넘치는 분위기를 경험할 수 있으니까요. 또 다수의 대학들이 모여 있다 보니, 어학원도 대학도 모두 입학이나 편입에 대한 '진학 관련 서비스'를 잘 갖추고 있습니다. 그래서 보스턴은 어학연수를 넘어 향후 미국 대학에 진학하려는 학생들에게 최적의 어학연수지랍니다.

3

워싱턴 D.C.
미국의 파워를 실감할 수 있는 미국의 수도

국회의사당

링컨 기념관

역사와 정치에 관심이 많은 학생이라면, 워싱턴 D.C. Washington D.C.에서 어학연수를 하는 것도 좋습니다.

워싱턴 D.C.는 미국의 50개 주 어느 곳에도 속하지 않는 특별 행정구역으로서, 대통령이 거주하는 백악관을 비롯해 행정부 소속 각 기관들과 미국을 상징하는 대표적인 건축물인 국회의사당이 있는 곳입니다. 그렇다 보니 워싱턴 D.C.에서 생활하면 미국뿐만 아니라 전 세계의 정치 · 경제 · 사회 · 문화적 이슈들과 관련된 다양한 행사들을 자주 접하게 됩니다. 도시 전반에 그런 사회적 이슈들과 관련된 문화가 널리 퍼져 있기 때문이지요. 이것이 미국의 다른 도시들에서는 느낄 수 없는 워싱턴 D.C.만의 독특한 특징이라고 할 수 있습니다.

또한 워싱턴 D.C.에는 미국이 얼마나 강력한 힘을 가진 국가인가를 실감할 수 있는 각종 대형 건축물과 세계사적 기념비들이 정말 많이 있습니다. 또한 자연 · 과학 · 역사 등을 소재로 한 초대형 박물관들과 세계 최고 수준의 미술관도 있고요. 단순히 몇 시간의 관광으로 살펴볼 수 있는 규모가 아니므로, 어학연수를 하면서 외국인 친구들과 매주 한 번씩 방문해서 문화적인 식견을 넓히는 동시에 영어회화를 훈련하는 공간으로 활용하면 정말 유용합니다.

4
필라델피아
건국의 역사를 고스란히
간직하고 있는 도시

현재 미국의 수도는 워싱턴 D.C.이지만, 그 전에는 필라델피아Philadelphia가 미국의 수도였답니다.

필라델피아는 미국 독립전쟁을 전후해 독립군의 최대 거점이었고, 1776년 미국이 영국으로부터 독립을 선언했던 곳이며, 19세기 초까지는 미국의 정치·경제·사회·문화의 중심에 서 있던 가장 큰 도시였어요. 그래서 필라델피아에는 미국의 독립전쟁과 건국 당시의 역사를 고스란히 간직하고 있는 유적들이 아주 우아하고 멋진 모습으로 잘 보존되어 있습니다. 전 세계에서 손꼽히는 대형 박물관과 유명 미술관도 많지만, 특히 역사적인 측면에서 다양한 볼거리들을 풍부하게 갖추고 있는 도시이지요. 그래서 누구나 미국 여행을 가면 필라델피아를 꼭 방문하고 싶어 하는 것이랍니다.

미국 독립기념관

독립을 선언하며 친 '자유의 종'

필라델피아는 미국 동부의 다른 도시들과 다르게 지나치게 번화하지 않고 깨끗해서 어학연수를 하기에도 좋아요. 특히 뉴욕, 워싱턴 D.C., 볼티모어Baltimore, 애틀랜틱시티Atlantic City가 버스로 2~3시간 거리에 위치하고 있기 때문에, 주말을 이용해서 동부지역의 다른 도시들을 여행하기에도 좋지요.

문화적인 혜택을 풍부하게 누리면서, 어학연수를 지루하지 않게 해나갈 수 있는 매력적인 도시가 바로 필라델피아입니다.

5
마이애미
한국인 비율이 낮아서 더 특별한 미국 본토의 하와이!

마이애미 공항의 독특한 장식

마이애미Miami는 가까이에 있는 쿠바와 멕시코의 이국적인 문화가 풍부하게 녹아 있어서, 도시 전체 분위기가 아주 멋스럽고 아름답습니다. 게다가 우리나라의 여름 같은 날씨가 1년 내내 지속되는 아열대성 기후라서, 해양 스포츠를 비롯한 다양한 액티비티를 즐기기에 최적의 장소이지요. 미국 본토의 하와이Hawaii라는 별명이 괜한 소리가 아니랍니다.

또한 마이애미는 버스와 지하철, 그리고 다운타운 지역을 순환하는 무료 전기열차Metro Mover 등 대중교통도 잘 갖추어져 있어서 생활하기에도 크게 불편하지 않은 편입니다.

하지만 뭐니 뭐니 해도 가장 특별한 점은 '한국을 비롯한 동양계 학생의 비율이 낮다'는 점입니다.

마이애미는 수많은 영화와 드라마를 통해 우리에게 아름답고 화려한 이미지로 익숙한 도시이지만, 그동안 마이애미로 어학연수를 간 한국 학생은 매우 드물었습니다. 사실 우리뿐 아니라 동양계 학생들이 거의 없었지요. 반면 유럽이나 중남미 학생들에게는 어학연수지로 인기가 높은 곳 중 하나라서, 마이애미에는 어떤 어학원이든 간에 유럽이나 중남미 출신 학생들로 가득하답니다. 우리에게는 아주 보석 같은 어학연수지인 것이지요!

한 가지 단점이라면 도시의 규모가 그리 크지 않아서, 3~6개월 정도 지나면 지루함을 느낄 수 있다는 것입니다. 그렇기 때문에 마이애미에서는 최대 6개월까지만 생활하고, 그 이후에는 뉴욕이나 보스턴, 샌프란시스코와 같은 대도시로 이동하도록 계획하는 것이 좋습니다.

서부 西部 지역

하늘을 향해 곧게 뻗은 야자수들, 새파란 하늘과 그림처럼 새하얀 뭉게구름, 태평양 연안의 아름다운 해안, 끝없이 펼쳐진 모래사장, 낮은 건물과 널따란 도로, 스페인풍의 이국적인 건물들, 1년 내내 이어지는 초여름 날씨. 바로 미국 서부지역 하면 떠오르는 풍광들입니다.

미국 서부지역은 한마디로 '아름다운 자연과 느긋한 생활'이라는 말로 표현할 수 있습니다. 우리나라와는 기후도, 환경도, 분위기도 완전히 달라서 많은 학생들이 동부지역 다음으로 어학연수를 많이 가고 있지요.

사실 학생들이 서부지역, 특히 캘리포니아 지역을 선호하는 가장 큰 이유는 특유의 온화한 날씨 때문인 경우가 대부분입니다. 1년 내내 겨울이 없는 온화한 날씨는 어학연수를 하는 학생들에게는 정말 매력적이니까요. 나름의 4계절이 있긴 하지만 캘리포니아의 겨울은 아무리 추워도 우리나라의 가을 날씨 정도이기 때문에, 1년 내내 야외활동을 하는 데 전혀 지장이 없습니다.

다만 샌프란시스코, 시애틀, 포틀랜드 정도를 제외하면 대중교통이 잘 갖추어져 있는 지역이 드물어 불편할 수 있습니다. 또 서부지역은 동부지역에 비해 상대적으로 매우 짧은 역사를 가지고 있기 때문에, 그 지역만의 전통이나 문화적 특색이 뚜렷하지 않은 곳이 많답니다.

그래서 서부지역에서는 다양한 액티비티보다는 좋은 날씨와 아름다운 해변, 그리고 푸른 자연을 만끽하면서 그 지역의 주민이 되었다는 마음가짐으로 즐기듯이 영어를 공부하는 것이 좋습니다.

1 샌프란시스코
일상이 영화가 되는 로맨틱한 도시

샌프란시스코 San Francisco는 서부지역의 도시답지 않게 대중교통이 매우 잘 갖추어져 있습니다. 그래서 현지 주민들도 자가용보다는 버스와 지하철을 많이 이용합니다. 뿐만 아니라 종소리를 땡땡 울리면서 도심의 크고 작은 언덕을 오가는 케이블카를 타고 출퇴근을 하는 모습을 보면, 샌프란시스코를 사랑하지 않을 수 없습니다. 일상의 한 장면이 마치 영화처럼 보이니까요.

샌프란시스코는 미국 서부지역 최고의 관광도시로 꼽힐 만

큰 기본적인 관광 요소를 다양하게 갖추고 있습니다. 또 전 세계에서 온 이민자들이 섞여 살고 있기 때문에, 한 도시 안에서 정말 다양한 문화 체험을 할 수 있지요.

히피 문화의 발원지였기 때문일까요? 샌프란시스코는 그 이름만으로도 누구에게나 왠지 모를 로맨틱한 감흥을 불러일으킵니다. 그리고 1년 내내 온화하고 좋은 날씨로 누구와도 쉽게 친해질 수 있도록 마법을 걸지요.

환경이 사람을 만들어준다는 말이 맞는다면, 샌프란시스코에서는 지금까지 수줍음을 많이 타며 살아온 학생조차도 생기 넘치고 활달한 성격으로 바뀌게 될 거예요. 누구든지 열린 마음으로 외국인 친구와 적극적으로 교류하게 되는 최고의 도시랍니다.

2
샌디에이고
캘리포니아의 풍요로움과
멕시코의 열정이 녹아 있는 곳

1년 내내 거의 비가 오지 않는 샌디에이고 San Diego에서는 눈이 시리게 파란 하늘과 새하얀 뭉개 구름을 매일 볼 수 있습니다. 버스로 20분만 가면 티후아나 Tijuana라는 멕시코의 도시에도 갈 수 있을 정도로 멕시코와 가깝기 때문에, 중남미 사람들의 낙천적이고 정열적인 문화가 도시 곳곳에 스며들어 있지요. 칵테일을 사랑하고 파티를 즐기는 풍류가 살아 있는 재미있는 도시가 바로 샌디에이고랍니다.

샌디에이고는 말로 설명하기 힘든 이국적인 매력이 가득한 곳이라서, 전 세계에서 많은 학생들이 어학연수를 하기 위해 모여드는 인기 도시입니다. 그래서 도시 규모에 비해 상대적으로 많은 어학원들이 다운타운과 라호야 La Jolla 비치를 중심으로 자리 잡고 있지요.

특히 샌디에이고에는 테솔 TESOL, 외국인에게 영어를 가르칠 수 있는 자격 이수 코스 과정의 일종인 '테플 TEFL' 과정으로 미국에서 가장 유명한 UCSD 샌디에이고 주립대학교, University of California San

Diego가 있어서, 어학연수를 마치고 테플 과정까지 이수하려는 야심찬 계획을 세운 학생들에게 인기가 높습니다.

1년 내내 아름다운 해변이 선사하는 평화로운 분위기를 만끽하며 영어를 공부하고 싶다면, 샌디에이고를 눈여겨보세요.

3
산타바바라
동화처럼 아름다운
캘리포니아의 숨은 진주

푸른 바다와 아름다운 해변, 하얀색 벽과 주황색 기와지붕으로 이루어진 스페인풍의 멋진 건물들. 도보로 다니기에 불편하지 않은 아담한 다운타운에는 부티크 숍을 연상시키는 예쁜 가게들과 맛집으로 소문난 레스토랑들이 오밀조밀 모여 있고, 나지막한 언덕을 따라 멋스러운 주택들이 이어지며 동화 같은 분위기를 만들어 내는 곳, 바로 산타바바라 Santa Barbara의 독특한 매력이랍니다.

18세기 말 스페인계 이민자들에 의해 개척된 도시의 전통이 잘 보존되어 있어 첫인상은 남유럽에 온 것 같은 착각을 불러일으키지만, 수직으로 곧게 뻗은 야자수와 연중 온화하고 화창한 날씨는 이곳이 캘리포니아라고 분명히 말해줍니다. 이런 매력 때문에 미국인들도 산타바바라를 최고의 휴양도시로 손꼽지요.

산타바바라 다운타운

산타바바라 비치

그럼에도 불구하고 산타바바라는 아직까지 한국 학생들에게 널리 알려진 편이 아니어서, 어학기관마다 유럽과 남미 학생들이 주류를 이루고 한국 학생의 비율은 상당히 낮다는 장점이 있습니다. 또 휴양도시답게 사람들이 매우 친절하고 치안도 상당히 안전하기 때문에, 어학연수를 하러 가기에 참 좋은 도시이지요. 단 물가가 약간 비싼 편이라는 점과 도시의 규모가 작아 3개월 이상 머물 때에는 자칫 지루함을 느낄 수 있다는 점은 주의할 필요가 있습니다.

산타바바라 시티 칼리지 운동장

아담한 규모의 도시에서 캘리포니아의 정취를 만끽하며 평온하게 단기 어학연수를 하고 싶은 분들, 또는 어학연수 중 지역을 이동한다는 계획 아래 안전하면서도 매력적인 첫 도시를 찾는 분들에게는 산타바바라가 최적의 환경이 될 것입니다.

4
포틀랜드
세금이 전혀 없는, 미국 안의 작은 유럽 마을

포틀랜드 Portland는 캘리포니아 주 바로 위에 있는 오리건 주에 위치한 작고 아름다운 도시입니다. 해마다 미국 최대의 장미축제가 열리는 장미의 도시이지요. 그리고 세금Tax이 없어서 물가가 가장 저렴한 도시 중 하나랍니다. 미국에서는 모든 물건을 살 때 7~15% 정도를 세금으로 내야 하는데, 포틀랜드에서는 주거비부터 시작해 식비, 교통비, 통신비, 간식비까지 모든 부분에서 세금이 면제되기 때문에 생각보다 많은 돈을 아낄 수 있거든요.

포틀랜드는 대중교통 시스템이 편리하게 잘 갖추어져 있고, 치안 문제도 크게 걱정할 필요가 없습니다. 또 각종 공연문화가 발달되어 있어서 문화생활도 충분히 즐길 수 있고, 다른 도시들보다 도시 개발이 아주 세련되게 잘 되어 있어서 마치 유럽의 작은 도시에서 생활하는 기분을 느낄 수 있지요. 그래서 최근 몇 년 사이, 학생들 사이에서 포틀랜드가 어학연수를 하기에 아주 좋은 도시라고 입소문이 나고 있답니다.

단지 도시 규모가 그렇게 큰 편이 아니기 때문에, 6개월 이상 어학연수를 하기에는 약간 지루한 면이 있습니다. 따라서 1년 정도 어학연수를 계획하는데 그중 첫 6개월 정도를 안전하고 쾌적한 환경에서 영어 공부에 집중하고 싶다면, 첫 도시를 포틀랜드로 선택하는 것이 좋다고 추천합니다.

안전하고 살기 좋은 도시

5
시애틀
소박하면서도
분위기가 멋스러운 도시

배우 현빈과 탕웨이가 주연한 영화 《만추》와 미국 드라마 《그레이 아나토미 Grey's Anatomy》의 배경이 된 도시, 시애틀 Seattle.

시애틀이 많은 영화와 드라마의 배경이 되는 이유는 그만큼 시애틀에 다양한 모습과 문화들이 공존하고 있기 때문일 거예요. 크게 화려하지 않은 듯 소박하면서도 미국 서부 최고의 야경을 자랑하는 도시, 산과 바다가 절묘하게 어우러져 다양한 액티비티가 가능한 천의 얼굴을 가진 도시, 기타의 신 지미 핸드릭스 Jimi Hendrix와 스타벅스 STARBUCKS 커피의 고향, 겨울이면 연일 비가 계속 되는 우기로 인해 사람의 감성을 극대화시키는 분위기 있는 도시가 바로 시애틀이니까요.

스타벅스 1호점의 텀블러

시애틀은 꾸준히 많은 학생들이 어학연수를 가는 도시입니다. 특히 어학연수 이후에 장기적으로 대학 진학까지 고려하는 학생들이 차분하고 안전한 환경에서 공부하기 위해서 선택하는 최적의 어학연수 도시지요. 도시 규모가 크지 않기 때문에 생활이 불편하지 않은데다가, 다운타운에서 버스로 15분 거리에는 워싱턴 주립대학교 University of Washington 를 중심으로 대규모 대학가가 형성되어 있어서, 현지 대학생들과 어울리며 재미있게 어학연수를 할 수 있다는 장점도 빼놓을 수 없습니다.

시애틀 음악 박물관

겨울에 비가 너무 많이 와서 침울해질 수 있다는 점만 감수한다면, 시애틀에서 6개월 정도 어학연수를 하는 것도 정말 매력적인 선택이 될 거예요.

최후의 인디언 추장 '시애틀'

6
로스앤젤레스
다양한 문화를 경험할 수 있는 미국 서부 최대의 도시

유니버설 스튜디오

꿈과 낭만의 디즈니랜드

로스앤젤레스Los Angeles에는 100만 명 이상의 한국인이 사는 상당히 큰 규모의 한인 타운이 있습니다. 가히 '미국 안의 작은 한국'이라고 할 만한 규모라서, 그 안에 들어가면 한국에 있는 느낌이 들 정도이지요.

이런 이유로 로스앤젤레스를 어학연수지로 택하는 한국 학생들은 매우 적은 편입니다. 하지만 다른 나라의 학생들에게 로스앤젤레스는 매우 인기가 높은 도시랍니다. 다양한 인종이 모여 사는 만큼 다채로운 문화를 경험할 수 있고 할리우드와 유니버설 스튜디오, 비벌리힐스, 로데오 거리, 그리고 디즈니랜드 등 미국을 대표하는 엔터테인먼트 산업과 문화를 만끽할 수 있는 곳이니까요.

특히 일본과 유럽 학생들은 동부의 뉴욕만큼이나 로스앤젤레스를 선호합니다. 뉴욕에 비해 로스앤젤레스는 1년 내내 맑고 온화한 날씨를 유지하는데다가 넓고 아름다운 해변이 지척에 펼쳐져 있어서 야외활동을 하기에도 너무나 좋거든요. 다만 가까이 있는 샌프란시스코와 비교할 때 대중교통이 그리 편리한 환경은 아니지만, 그럼에도 로스앤젤레스는 어학연수를 하기에 참 매력적인 도시랍니다.

한국 학생들은 한인 타운의 규모에 지레 겁을 먹고 로스앤젤레스를 어학연수지 후보에서 아예 배제하곤 하는데요. 바로 그 이유 때문에 로스앤젤레스에 있는 어학원들의 한국 학생 비율이 상대적으로 낮다는 점도 한 번쯤 고려해봐야겠지요?

중부^{中部} 지역

50개로 이루어진 미국의 많은 주들 가운데 태평양을 바라보고 있는 서쪽의 워싱턴 주, 오리건 주, 캘리포니아 주를 대표적으로 서부지역이라고 부르고, 대서양 연안에 자리 잡은 동북부의 뉴욕 주, 뉴저지 주, 매사추세츠 주, 펜실베이니아 주를 중심으로 동남부의 플로리다 주까지 동부지역이라고 지칭합니다. 그리고 편의상 그 이외의 모든 지역을 통틀어서 중부지역이라고 부릅니다.

그런데 이 중부지역은 한국 학생들이 많이 찾는 어학연수지는 아닙니다. 그 이유가 몇 가지 있는데요.

첫째, 중부지역은 시카고 정도를 제외하면 동부나 서부의 주요 도시들에 비해 도시 규모가 매우 작은 편입니다. 그 말은 각각의 도시들이 가지고 있는 문화적인 요소들 역시 상대적으로 빈약하다는 뜻이 되지요.

둘째, 중부지역은 드넓은 대륙에 도시들이 뿔뿔이 흩어져 있습니다. 그래서 주말이나 방학을 이용해 주변의 도시들을 여행하기가 쉽지 않습니다. 버스나 기차로 이동할 수 있는 가까운 거리에는 유명한 도시가 없기 때문에, 결국 비싼 비행기를 타고 더 먼 곳에 있는 도시로 나가야 합니다.

셋째, 시카고와 솔트레이크시티 정도를 제외하면 대중교통 상황이 그리 좋지 않기 때문에 자가용이 필요합니다. 어학연수를 1년 미만으로 가는 학생들에게는 부담스러울 수밖에 없지요.

이런 이유로 사실 중부지역은 어학연수지로는 부족한 점이 많다는 평가를 받는 지역입니다. 하지만 그중 시카고는 생활편의성·대중교통·교육환경 등에서 좋은 평가를 받고 있고, 덴버나 솔트레이크시티는 산악 캠핑이나 트레킹 등 야외 활동을 좋아하는 학생들에게 인기가 있으니 잘 살펴보세요.

1
시카고
정통 미국식 영어발음을
배울 수 있는
아름다운 도시

동부의 뉴욕, 서부의 로스앤젤레스에 이어 미국의 3대 도시로 꼽히는 곳이자, 중부권 최대의 도시인 시카고^{Chicago}는 중부지역으로의 어학연수를 계획하는 학생이라면 제일 첫 번째로 고려해야 할 멋진 도시입니다.

시카고는 동부나 서부 도시들과 비교해도 빠지지 않을 만

도시공학의 교본, 시카고

큼 대중교통도 매우 편리하고, 시카고 미술관을 비롯해서 세계 최대의 규모를 자랑하는 셰드 수족관, 천문학 박물관과 현대 미술관 등 문화적 콘텐츠도 아주 풍부합니다. 액티비티를 하기에 최적의 조건을 갖추고 있지요. 게다가 건축학이나 도시공학에서는 시카고를 최고의 교본 도시로 손꼽을 만큼 미적 · 실용적 측면에서 완벽한 도시로 평가되고 있습니다.

그리고 무엇보다 시카고가 어학연수지로 좋은 이유는 바로 '사람들' 때문입니다. 미국인들은 시카고 사람에게 유독 '나이스Nice하다'고 칭찬하곤 하는데, 유난히 매너가 좋고 친절하며 성격이 매우 긍정적이거든요. 그리고 도시가 미국 중심부에 위치한 덕에 이민자들의 유입이 적어서, 아직까지 미국 표준영어에 가장 가까운 영어발음을 구사합니다. 즉, 미국 전역에서 가장 정확한 발음을 듣고 배울 수 있는 어학연수지라는 뜻이지요.

단지 '바람의 도시Windy City'라고 불릴 정도로 긴 겨울 동안 찬바람이 아주 매섭기 때문에 11월부터 4월까지는 피하는 편이 좋습니다. 그러나 그 외의 봄 · 여름 · 가을은 어학연수를 하기에 너무나 멋진 도시라고 '강력 추천'하고 싶은 곳이 바로 시카고랍니다.

2
덴버
때 묻지 않은 순수한 자연을 만끽할 수 있는 고산 도시

미국 한가운데 있는 콜로라도 주의 주도州都인 덴버Denver는 서쪽으로는 1년 내내 흰 눈이 쌓여있는 로키산맥의 절경이 아름답고, 동쪽으로는 끝없는 지평선이 광활하게 펼쳐져 있는 곳입니다. 그리고 세계에서 가장 맑고 깨끗한 물로 만들어서 깔끔한 맛을 자랑한다는 쿠어스Coors 맥주의 생산 공장이 있는 도시로도 유명하지요. 그만큼 때 묻지 않

깨끗한 환경의 덴버

덴버의 다운타운

은 천혜의 자연환경으로 유명한 도시가 덴버입니다.

덴버는 한국 학생뿐만 아니라 외국인의 비율 자체가 매우 낮은 편이기 때문에, '영어만 사용하게 되는 환경'을 찾는 학생들에게는 상당히 매력적인 어학연수지입니다. 또한 물가도 상대적으로 저렴한 편에 속하고, 문화생활도 비용이 거의 들지 않는 야외 활동과 산악 스포츠 위주로 즐기게 되기 때문에 각종 비용이 절감된다는 장점도 있지요.

그러나 덴버에서는 그 지역 주민들의 일상에 동화되어 생활해야지 무언가 역동적이고, 재미있고, 흥미진진한 것을 기대하면 곤란합니다. 그렇다 보니 1년이나 머물기보다는 3개월 남짓 짧게 머물면서 미국 중부지역의 생활을 직접 체험해 보고 영어도 지겨울 정도로 충분히 사용한 다음, 다른 지역으로 이동하는 것이 보다 효과적인 방법이랍니다.

3~6
댈러스, 알링턴
휴스턴, 오스틴
미국에서 가장 큰
텍사스 주에 있는
대표적인 네 도시

미국 중남부에 위치한 텍사스 주는 북극해 연안의 알래스카 주를 제외하면 미국 본토에 있는 주들 가운데 가장 큰 면적을 가진 곳입니다. 그것도 무려 대한민국 면적의 약 7배에 달할 정도이지요.

하지만 그 넓은 면적 안에 인지도가 있는 도시는 사실 오스틴Austin과 댈러스Dallas, 알링턴Arlington, 휴스턴Houston 정도입니다. 또 네 도시 모두 도시 면적에 비해 대중교통이 잘 발달된 편은 아니다 보니 어학연수생도, 인지도 높은 사설 어학원도 거의 없는 실정이에요.
그러나 대학이나 대학원 진학까지 고려하는 학생들에게는 적극적으로 추천할 만한 지역입니다.

텍사스의 끝없는 지평선

텍사스 주립 계열의 대학들은 주정부의 풍부한 재정지원을 바탕으로 시설이나 규모 등의 면에서 실제로 대학의 명성 면에서는 조금 뒤지더라도 세부적인 전공 과정으로는 아주 유명한 경우가 많이 있지요. 그래서 대학교에서 운영하는 부설 어학원 역시 순수 어학연수생보다는 정규 유학을 온 학생들이 전공 수업 진행에 필수적인 영어 실력을 쌓을 수 있도록 지원하기 위해 운영되고 있는 편이랍니다.

따라서 텍사스 주의 도시들은 순수하게 어학연수만을 계획하는 학생보다는 정규 유학을 계획하는 학생들에게 좋은 곳이라고 할 수 있습니다.

1 뉴욕의 화려한 브로드웨이 2 이국적인 풍경이 인상적인 마이애미 비치

1 워싱턴 D.C.를 대표하는 상징물, 워싱턴 기념비 2 하버드 대학생이 직접 안내하는 하버드 대학 투어

1

2

1 언덕이 많아서 더욱 그림 같은 샌프란시스코 2 스페이스 니들과 시애틀의 야경 3 아름다운 해변과 온화한 날씨로 유명한 샌디에이고
4 유럽의 어느 작은 마을 같은 포틀랜드 5 수많은 헐리우드 영화를 테마로 한 유니버설 스튜디오

중부 中部

1 세계 최고라고 손꼽히는 시카고의 환상적인 야경　2 해발고도 1,330m의 유타 주 주도 솔트레이크시티

1 천혜의 자연환경으로 유명한 덴버 2 텍사스의 명물인 인공수로 리버 워크

check 02.
어학연수 기관
선택하기

카플란 샌프란시스코 센터

1. 어학원, 무엇을 따져보아야 할까?

　미국에 어학연수를 가면 '대학부설 어학원'이나 '사설 어학원', 둘 중 한 곳에서 영어
공부를 하게 됩니다.

대학부설 어학원은 말 그대로 대학에서 자체적으로 운영하는 어학원이고, 사설 어학원은
개인 또는 법인이 운영하는 영어회화 전문 교육기관이에요. 이 둘은 어학연수 환경이나
수업 방식 등에 큰 차이가 있기 때문에, 어느 곳을 선택하느냐에 따라 공부하는 내용과
스타일도 자연스럽게 달라집니다. 따라서 각각의 특징을 잘 이해한 다음, 본인이 원하는
어학연수 스타일에 가장 잘 맞는 곳을 선택하는 것이 중요하지요.

그런데 어학연수 기관을 정하기에 앞서, 반드시 따져보아야 할 것이 2가지 있습니다.

1
ESL 프로그램을 운영하는가?

ESL은 'English as a Second Language'의 약자로, 영어를 모국어로 사용하지 않는 외국인에게 영어를 가르치는 모든 영어 교육 프로그램을 통칭하는 말입니다. 쉽게 이야기해서 외국인을 대상으로 하는 영어 어학연수 과정의 공식적인 명칭인 것이지요. 그러니 어학연수를 하러 갔다면, 꼭 ESL 프로그램을 운영하는 기관을 선택해야 합니다.

참고로 미국 어학연수를 준비하다 보면 ALP American Language Program, IELI International English Language Institute, ELS English Language School 등의 낯선 용어에 혼란을 겪게 되는데요. 이것은 각각의 영어 교육기관들이 자기들이 운영하는 어학연수 프로그램 명칭을 나름 독창적으로 지은 것일 뿐이니, 어느 것이든 안심하고 선택하세요.

2
I-20를 발급하는가?

I-20 입학허가서. '아이 트웬니'라고 말하는 어학연수를 가기 위해 꼭 필요한 서류예요. 입학 신청을 한 어학원에서 '이 학생이 우리 학교에 와서 공부하는 것을 공식적으로 허가한다'는 의미로 발행하는 것이지요.

미국에서 3개월 이상 어학연수를 하려면, 반드시 주한미국대사관에서 미국 학생비자 F-1 비자를 발급받아야 합니다. 그런데 미국 국토안전부 United States Department of Homeland Security에서 공인한 교육기관이 발행한 I-20가 없다면 아예 비자 인터뷰조차 볼 수 없고, 그 결과 어학연수를 3개월 이상 합법적으로 갈 수도 없습니다. 그러므로 어학원을 알아볼 때는 그곳이 I-20를 정상적으로 발급하는 곳인지를 꼭 확인해야 합니다.

최근 국내에 많이 홍보되는 어학원들은 대부분 I-20를 정상적으로 발행할 수 있는 곳들이라고 생각해도 좋습니다. 하지만 간혹 미인가 기관이 섞여 있을 수도 있고, 음악이나 미술, 영화, 댄스 교육을 주업으로 하는 기관들 중에는 I-20를 공식적으로 발급하지 못하는 곳들도 있으니까 꼼꼼히 확인하는 것이 좋습니다.

무엇보다 가장 주의해야 할 것은, 지금 당장은 I-20를 발급하지만 추후 미국 국토안전부로부터 발급 자격을 취소당할 수 있는 위험한 어학원도 있다는 사실입니다. 만약 그런 어학원에서 I-20를 발급받았을 경우, 비자 상태도 불안정해지고 하루아침에 불법체류자로 오해받을 수도 있습니다. 다른 어학원들에 비해 학비가 지나치게 저렴한 경우는 이러한 위험이 있을 수 있으니, 무조건 저렴한 어학원을 찾기보다는 많은 학생들에게 오랜 기간 꾸준히 신뢰를 받아 온 어학원을 선택하는 것이 안전합니다.

일단 위 2가지 조건을 모두 갖추었다면, 우리가 갈 만한 어학연수 기관으로 합격점을 받았다고 보면 됩니다. 이제 대학부설 어학원과 사설 어학원 중 어떤 곳이 나에게 맞을지, 하나하나 따져볼까요?

워싱턴 대학교, 시애틀

2. 대학부설 어학원

미국에는 약 4,500개 이상의 대학이 있는 것으로 알려져 있습니다. 우리나라에 370여 개의 대학이 있는 것에 비하면, 그 수가 얼마나 많은지 쉽게 알 수 있겠죠? 이 수많은 대학 중 상당수가 자체적으로 운영하는 부설 어학원을 통해서 미국 어학연수 과정인 ESL 프로그램을 가르치고 있습니다.

그런데 대학부설 어학원은 사실 어학연수생을 위해 만들어진 곳이 아니에요. 대학 진학을 원하는 외국인 유학생들을 위한 곳이지요.

미국 대학에는 '조건부 입학Conditional Entrance'이라는 제도가 있습니다. 미국 대학에 입학하려면 반드시 토플TOEFL 성적이 필요하지만, 부설 어학원에서 일정기간 이상 정해진 영어교육 과정을 이수하는 것을 조건으로 토플 성적 없이도 입학을 허가해주는 제도인데요. 대학 입장에서는 재학생이 늘어날수록 이익이기 때문에, 더 많은 외국인 학생들을 유치하고자 이 제도를 적극 활용하고 있습니다.

다만 이렇게 입학한 외국인 학생들이 정상적으로 학점을 이수하고 졸업하려면 교과서의 내용을 이해하고 리포트도 작성할 수 있어야 하므로, 기본적인 독해와 작문 실력을 갖출 수 있도록 자체 부설 어학원에서 미리 가르치는 것이지요.

이 같은 설립 배경에서 대학부설 어학원만의 특징이 뚜렷하게 드러납니다.

특징 01 ☑
위치 및 환경

워싱턴 대학교의 아름다운 캠퍼스

대학부설 어학원은 대학 캠퍼스 안에 있기 때문에 주로 도시 외곽에 위치합니다. 미국에 있는 모든 대학들이 그런 것은 아니지만, 대부분은 부러울 만큼 넓고 공부하기 좋은 여건을 갖추고 있답니다.

대학부설 어학원에서 누릴 수 있는 가장 큰 장점은 바로 아름다운 캠퍼스에서 현지 대학생들과 함께 생활하고 공부하면서 미국 대학을 직접 체험해 볼 수 있다는 점입니다. 스스로 미국 학생들과 교제할 기회를 적극적으로 마련한다면, 같은 또래 미국인들의 생각과 생활방식을 이해할 수 있는 좋은 기회가 되겠지요!

특징 02 ☑
학사 일정

대학부설 어학원은 대부분 학사 일정을 대학과 동일하게 학기제로 운영하기 때문에 개강일과 종강일, 수업기간이 확정되어 있습니다. 그렇다 보니 평균 3개월 남짓 짧게 어학연수를 다녀가는 유럽, 중남미 쪽 학생들은 학사 일정이 자유로운 사설 어학원을 훨씬 선호하는 편이지요. 그 결과 대학부설 어학원에는 상대적으로 아시아계 학생의 비율이 훨씬 높습니다.

특징 03 ☑
수업 방식

사설 어학원과 가장 큰 차이를 보이는 부분입니다. 앞서 이야기한 설립배경 상, 대학부설 어학원은 말하기Speaking와 듣기Listening 위주의 회화Conversation 수업보다는 읽기Reading와 쓰기Writing 수업에 치중할 수밖에 없습니다. 외국인 학생들이 정규 입학했을 때, 전공 강의를 따라갈 수 있도록 준비시키는 것이 대학부설 어학원의 가장 큰 목적이니까요.

그래서 다양한 주제를 가지고 자유롭게 토론하는 식으로 수업을 진행하는 사설 어학원과는 달리, 단기간에 독해와 작문 실력을 끌어올릴 수 있도록 문법Grammar 강의를 기본으로 수업을 진행합니다. 또 순수 어학연수를 위해 지원한 학생들보다는 대학에 진학할 조건부 입학생들이 더 많기 때문에, 수업 분위기도 상당히 진지한 편이고요.

그러므로 영어회화 실력을 향상시키기 위해서 어학연수를 계획한다면, 대학부설 어학원보다는 사설 어학원을 택하는 편이 더 좋습니다.

특징 04 ☑
방과 후 액티비티

방과 후 액티비티activities란 하루 수업을 모두 마친 뒤 교사와 학생들이 함께 어울려서 다양한 문화 활동에 참여하는 프로그램을 말합니다.

그런데 대학부설 어학원은 사설 어학원처럼 학생들의 방과 후 액티비티를 적극적으로 지원하지 않습니다. 순수 어학연수생보다는 조건부 입학을 고려하는 외국인 유학생들이 주된 대상인 데다, 사설 어학원처럼 조금이라도 더 많은 학생을 유치하려는 경쟁의식 자체가 부족하다 보니 학생들에게 수업 외의 부가적인 서비스를 제공할 이유가 없는 것이지요.

특징 05 ☑
학생의 국적 비율

한국 학생들이 대학부설 어학원에 대해 가장 많이 아쉬움을 표하는 부분은 학생들의 국적 비율이 동양계 학생들 위주로 편중되어 있다는 것입니다. 그 이유는 여러 가지 측면에서 찾을 수 있는데요.

우선 앞서 말한 대로 유연하지 않은 학사 일정 때문에 유럽과 중남미 학생들의 수가 적을 수밖에 없습니다. 또 우리나라를 비롯한 일본, 중국, 타이완 등의 동양권에는 아직까지도 사설 어학원보다 대학에서 공부하는 것을 더 신뢰하고 선호하는 보수적인 문화가 남아 있다는 점도 무시할 수 없습니다.

게다가 동양계 학생들은 단순히 어학연수만 하기보다는 유학까지 고려하는 경우가 많아서 자연히 대학부설 어학원을 선택하는 경우가 많답니다.

특징 06 ☑
대학 진학

최근에는 단순히 어학연수를 갔다가 미국의 교육 시스템과 학습 환경을 직접 체험해 보고는 대학까지 진학하는 경우도 정말 많아지고 있는데요. 바로 이때, '조건부 입학 제도'를 통해서 어학연수를 받았던 대학에 바로 입학을 할 수 있기 때문에 비용과 시간을 크게 절약할 수 있습니다. 대학 부설 어학원이 가진 큰 장점이지요.

특징 07 ☑
학비

대학부설 어학원의 학비는 어학연수 과정일지라도 정규입학에 소요되는 학비와 거의 비슷한 수준으로 책정되어 있습니다. 사설 어학원들 중에서는 상당히 저렴한 어학원도 찾을 수 있지만 대학부설은 그럴 수 없는 것이지요.

상대적으로 학비가 저렴하다고 알려진 커뮤니티 칼리지 Community College라고 할지라도 사설 어학원들에 비하면 그다지 경제적인 것은 아니랍니다.

게다가 명문대학에서 운영하는 부설 어학원들의 학비는 지나치다 싶을 정도로 아주 고가인 경우가 많습니다. 그 대학이 가진 명성과 유구한 역사, 멋진 캠퍼스 등이 지닌 보이지 않는 가치까지 반영된 금액이겠지만, 수업의 질은 학비 차이만큼 그렇게 큰 편차가 나지는 않습니다. 또 유명 대학일수록 그 이름값 덕분에 전 세계에서 학생들이 알아서 찾아오다 보니, 학생들을 위해 서비스를 제공하는 것도 별로 없답니다.

미국의 대학

미국 대학은 크게 University(종합대학. 평균 4년제 학사과정으로 운영)와 College(단과대학. 2·3·4년제의 다양한 학사과정으로 운영)로 나눌 수 있고, 공립대학(주(州)나 시(市)에서 설립하고 운영)과 사립대학(개인이나 단체가 설립해서 운영)으로도 나눌 수 있어요. 참고로 최근 들어 많은 학생들로부터 관심을 받고 있는 커뮤니티 칼리지(Community College)는 공립으로 운영되는 2년제 전문대학인데요. 조금 더 정확하게 이야기하자면, 우리나라의 직업학교와 전문대학의 중간 정도에 해당한다고 말할 수 있어요.

카플란 엠파이어 스테이트 빌딩 센터

3. 사설 어학원

　예전에는 미국 어학연수 하면 자연스럽게 대학부설 어학원을 떠올렸지만, 최근에는 사설 어학원으로 대세의 흐름이 바뀌었습니다. 대학 진학이 목표이거나 교환학생 제도로 공부하러 가지 않는 이상, 대부분 사설 어학원에서 회화를 배우는 것으로 어학연수를 시작하거든요. 그렇다 보니 미국 내 여러 대도시를 중심으로, 전문적인 영어교육 프로그램을 제공하는 사설 어학원들이 점점 증가하고 있습니다.

사설 어학원은 대부분 대도시에 집중적으로 몰려 있기 때문에, 항상 다른 업체들과의 무한경쟁 속에 놓여 있습니다. 그래서 다른 어학원보다 더 많은 학생을 유치하기 위해 자연히 학생들이 선호하는 프로그램을 집중 개발하게 되었고, 강의 시스템이나 각종 행정 절차 등에서도 학생 중심의 서비스를 제공하는 특징을 갖게 되었습니다. 이런 점들이 긍정적으로 작용하여, 많은 학생들이 사설 어학원을 더 선호하게 된 것이지요.
그럼 사설 어학원의 특징에 대해 조금 더 자세하게 알아볼까요?

특징01 ☑
위치 및 환경

맨해튼 중심부에 위치한 벌리츠

대부분의 사설 어학원들은 대도시, 그중에서도 다운타운 한복판에 위치하고 있습니다. 우리나라로 치면 서울의 강남역 사거리쯤에 있는 셈이지요. 그렇다 보니 대중교통을 이용하기 좋아서 등하교가 쉽고, 문화생활이나 방과 후 액티비티를 하기에도 좋습니다.

그러나 대규모의 캠퍼스는 없기 때문에, 대학부설 어학원처럼 미국 대학생들과 함께 지내며 캠퍼스 라이프를 경험할 수 없다는 점은 아쉬운 부분이에요. 예외적으로 대학교 캠퍼스 안에 있는 사설 어학원도 있지만, 일반적인 모습은 아니랍니다.

특징02 ☑
학사 일정

사설 어학원은 학사 일정 및 운영에 있어서도 학생들에게 상당히 편리한 특징을 가지고 있습니다. 1년에 3~4번 정도 정해진 시기에만 개강하는 대학부설 어학원과 달리, 사설 어학원은 보통 매주 월요일마다 새롭게 개강합니다. 수업기간도 주 단위로 신청할 수 있어서, 자신의 어학연수 일정에 맞춰 강의기간을 유연하게 선택할 수 있지요.

특징03 ☑
수업 방식

'즐겁고 재미있게 하는 공부', '회화 중심의 토론식 수업 방식'이 바로 사설 어학원의 가장 큰 특징이자 장점입니다.

물론 사설 어학원에서도 말하기와 듣기 외에 읽기, 쓰기, 문법도 골고루 수업을 진행합니다. 그러나 사설 어학원은 기본적으로 학생들이 재미있게 공부하면서 영어를 자연스럽게 습득할 수 있는 수업을 지향하다 보니, 상대적으로 말하기와 듣기 쪽에 더 많은 비중을 두고 집중적으로 훈련시키는 것이지요.

그런데 이 커다란 매력이 오히려 약점이 되기도 한다는 점을 알아둘 필요가 있습니다. 회화 실력도 문법이나 독해 같은 영역의 기초 실력이 뒷받침되어야 빨리 느는 법이거든요. 따라서 그 약점을 커버하기 위해서는 스스로 계획을 잘 세워서 문법 · 독해 · 작문 영역도 골고루 공부해야 합니다.

특징 04 ☑
수업 과정

사설 어학원은 대학부설 어학원과 달리 학생들의 다양한 요구를 충족시키기 위해 여러 가지 프로그램을 운영합니다. 대부분 가장 기본이 되는 일반 영어 과정과 집중 영어 과정을 운영하고 있으며, 시험공부 과정으로 토플을 비롯해서 캠브리지Cambridge, 토익TOIEC 강의 등도 진행하고 있습니다. 또 보다 전문적인 수업을 원하는 학생들을 위해서는 비즈니스 영어 과정과 인턴십Internship 과정, 테솔TESOL/TEFL 과정 등도 운영하고 있지요.

그리고 그때그때 이슈가 되는 사회적 요구에 따라 새로운 프로그램을 개발 · 추가하면서, 학생들의 마음을 사로잡기 위해 매우 유연하고 능동적으로 움직이고 있습니다.

특징 05 ☑
방과 후 액티비티

메이저리그 야구 관람 중

방과 후 액티비티는 학생들이 사설 어학원을 선택하게 되는 커다란 매력 중 하나입니다.

수업을 마친 뒤, 교실 밖에서 교사와 학생들이 다양한 주제를 가지고 함께 문화 활동을 하는 방과 후 액티비티는 소박하게는 각 나라별 전통 음식점에서 저녁식사를 같이 하는 것부터 미술관, 박물관, 뮤지컬 공연 관람, 혹은 주말 동안 가까운 다른 도시에 단체여행을 다녀오는 것까지 아주 다양합니다. 강의실에서 벗어나 다양한 체험을 할 수 있는 것은 물론, 수많은 외국인 친구들과 강의실 밖에서 더욱 친해지고 서로의 문화를 조금 더 알아가게 되는 것도 큰 즐거움이지요.

또 강의실에서 배운 다양한 영어 표현들을 친구들과의 일상생활 속에서 자연스럽게 사용해 볼 수 있는 기회가 되기 때문에, 방과 후 액티비티는 어학연수에 있어서 꼭 필요한 시간이라고 말할 수 있습니다. 그래서 학생들 중에는 어학원을 선택할 때, '방과 후 액티비티를 다양하고 꼼꼼하게 진행하는가'를 기준으로 삼는 경우도 많이 있습니다.

특징06 ☑
학생의국적 비율

학생들의 국적 비율이 매우 다양한 것 또한 장점입니다. 유럽이나 중남미 학생들은 어학연수 기간이 아주 짧기 때문에, 학사 일정이 자유로운 곳을 원합니다. 또 미국의 대도시에서 생활하는 것을 좋아하는 편이라서, 더더욱 사설 어학원을 선호하지요. 그러니 다양한 국적의 학생들과 함께 생활하고 공부하고 싶다면, 사설 어학원으로 가야 합니다.

특징07 ☑
학비

사설 어학원은 어떤 곳을 선택하느냐에 따라서 비용이 천차만별로 달라집니다. 프로그램이 우수하고 교사의 수준이 높으며 수업 환경이 쾌적하다고 평가받는 곳들은 상대적으로 학비가 비싼 편이지요.

하지만 최근에는 많은 사설 어학원들이 다양한 형태의 학비 할인 프로모션을 진행하기 때문에, 한 어학원에 6개월 이상 장기 등록을 하면 월 100만 원 정도의 비용으로 최고 수준의 수업에 참여할 수 있습니다. 물론 그보다 저렴한 비용으로 수업을 들을 수 있는 어학원을 선택할 수 있습니다.

저는 개인적으로 **최소한 초기 3개월에서 6개월 정도까지는 사설 어학원에서 영어 공부를 시작하는 것이 매우 효율적인 학습 방법이자, 어학연수를 성공적으로 이끌어갈 수 있는 현명한 선택**이라고 생각합니다. 학생 본인이 적극적인 자세로 성실하게 노력하기만 한다면, 영어회화 실력을 가장 짧은 기간 안에 자연스럽게 향상시킬 수 있는 최적의 환경을 제공하는 것이 바로 사설 어학원의 '회화 중심 수업 시스템'과 '다양한 방과 후 액티비티'이기 때문이에요.

어학연수는 누가 뭐래도 즐겁게, 노는 듯이 공부해야만 성과가 빨리 나타납니다. 강의실 안에서는 항상 적극적인 태도로 모든 대화에 진지하게 참여하고, 수업이 끝나면 외국인 친구와 문화생활을 같이 하면서 그날 배운 표현들을 자연스럽게 대화 속에 활용해 보아야 합니다. 그래야 강의실에서 배운 영어가 '진짜 나의 것'이 되니까요!

사설 어학원은 이 모든 것이 가능한 환경을 제공하고 있습니다.

엠바시 샌디에이고 센터

4. 어학원은 짧게 등록하는 것이 유리하다?

　미국 어학연수를 준비하는 학생들과 이야기를 나누다 보면, 가끔 이런 질문을 받을 때가 있습니다.

"인터넷에서 어학원은 직접 다녀보지 않으면 모르는 거니까, 일단 짧게 등록하고 나간 다음 수업을 들어보고 계속 다닐지 말지를 결정하라는 글을 봤는데, 정말 그런가요?"

결론부터 이야기하자면, 그로써 얻을 수 있는 이득보다 손해가 더 클 수 있다는 것을 알아야 합니다. 한마디로 도움 되는 조언이 결코 아니라는 이야기지요.

어학원은 아주 중요한 부분이기 때문에 최대한 신중하게 선택해야 하는 것은 맞습니다. 또 인터넷 속 조언처럼 직접 체험하고 결정할 수 있다면 불안한 마음을 덜 수 있으니 좋겠지요. 그러나 현실적으로 생각했을 때, 모든 어학원들을 직접 다녀보고 선택한다는 것은 애당초 불가능한 일일뿐더러, 설사 그렇게 할 수 있다 하더라도 감수해야 할 손해가 매우 큽니다. 그 이유를 자세히 알아볼까요?

이유 01 ☑

어학원을 옮긴다고
모든 것이 다 해결될까?

고작 몇 번의 수업만으로 그 어학원의 시스템 전체를 객관적으로 평가할 수는 없습니다. 어떤 교사에게 지도를 받았는지, 어떤 클래스메이트들과 함께 수업을 들었는지에 따라서 같은 어학원 내에서도 만족도가 전혀 달라질 수 있기 때문이에요.

또한 어학연수를 시작한 초기에는 누구나 적응에 어려움을 겪게 마련이므로, 어학원이 만족스럽게 느껴지지 않는다고 해도 그것이 어학원의 문제인지 자신의 적응력의 문제인지 정확히 알 수 없습니다.

그러니까 모든 고충과 불편함을 그저 어학원이 나와 맞지 않아서 그런 것이라고 성급하게 판단하고, 무조건 어학원부터 옮기려고 드는 것은 좋지 않습니다. 새로운 곳에 가더라도 비슷한 상황이 반복될 위험이 남아 있으니까요.

이유 02 ☑

비교 · 평가할 시간에
실속 있게 공부에
집중하자

그리고 막상 어학연수를 하는 중에 어학원을 비교하며 평가하는 데 시간과 에너지를 쏟는 학생은 거의 없습니다.

어학연수가 시작되면 대부분의 학생들은 영어공부가 만만치 않다는 것을 실감하고, '어학연수 생활'에만 집중하게 됩니다. 첫 3개월 안에 공부하는 습관을 들이지 않으면 영어공부에 재미를 붙이지도 못하고, 다른 학생들에 비해 점점 더 뒤처지게 되니까요. 그런데 이렇게 중요한 시기에 어학원을 비교 · 평가하는 데 온 신경을 쓰면서 시간을 낭비하다니요. 오히려 어학연수를 망치게 될 가능성이 높아질 뿐입니다.

또 앞서 말한 대로 미국의 어학원들은 등록 기간에 따라 학비를 일정한 비율로 할인해줍니다. 적지 않은 금액이지요. 그런데 이런 부분은 생각지도 않고 무조건 짧게 등록할 생각만 하다 보면, 남들은 다 받는 할인 혜택을 자신만 받지 못하는 꼴이 됩니다. 결국 꼼꼼하고 신중하게 따져보겠다고 하다가 시간은 시간대로, 돈은 돈대로 허비하는 '헛똑 똑이'가 되고 마는 것이지요.

따라서 학비 할인도 받을 겸, 어학원은 최소 3개월에서 6개월 정도는 등록할 것을 권합니다.

이유 03 ☑
공부의 연속성을 무시할 수 없다

공부의 연속성이라는 측면에서도 한 어학원에서 충분한 기간 동안 꾸준히 공부하는 것이 좋습니다. 아무리 좋은 책이 많다고 해도 이 책, 저 책 찔끔찔끔 읽는 것보다 한 권을 처음부터 끝까지 읽는 게 낫잖아요? 어학원도 마찬가지입니다. 아무리 좋은 어학원, 뛰어난 프로그램도 중간에 그만둬버리면 소용이 없지요.

따라서 '이게 낫나? 저게 낫나?' 하며 여기 저기 옮겨 다니기보다는 자신의 영어 레벨에 맞게 설계되어 있는 과정 하나를 단계별로 차분하게 이수해 나가는 것이 영어 실력을 내실 있게 향상시키는 데도 훨씬 도움이 됩니다.

이유 04 ☑
친구가 있어야 어학연수도 할 수 있다

또한 같은 어학원을 다니는 친구들, 그리고 선생님들과 깊이 있는 인간관계를 형성하고 친밀하게 교류하기 위해서도 한 어학원에서 꾸준히 공부하는 것이 좋습니다. 어학연수는 영어 강의를 듣기 위함이 아니라 '생활 속에서 영어를 최대한 많이 사용하기 위해' 가는 것입니다. 그러자면 나와 대화를 나누고 함께 생활할 사람들을 만드는 것은 필수이지요.

하지만 어학원을 변경하게 되면 낯선 환경에 다시 적응해야 하고, 새로운 사람들을 사귀어야 하는 부담을 고스란히 떠안아야 합니다. 아마 학창시절에 전학을 다녀본 경험이 있다면, 이 이야기를 제대로 이해할 수 있을 거예요.

성공적인 어학연수를 위해서는 환경에도, 어학원에도, 영어로 진행되는 수업에도, 사람들에게도 최대한 빨리 적응하는 것이 관건입니다.

그런데 처음부터 어학원을 옮겨 다닐 생각을 하고 있으면 '이곳이 별로면 저기', '저곳이 싫으면 다른 곳'이란 생각으로 적응에 더더욱 어려움을 겪을 수밖에 없습니다. 적응만 하다 1년이 갈 수도 있는 것이지요. 마치 다른 학생들은 벌써 스타트를 끊고 앞으로 쭉쭉 달려 나가는데, 혼자서만 계속해서 '리셋' 버튼을 누르고 있는 격이랄까요?

결국 가장 좋은 것은 한국에서 어학원을 처음 선택할 때부터 '오랜 기간 많은 학생들로부터 충분히 검증받은' 좋은 어학원을 선택하는 것입니다.

물론 남들에게는 좋은 평가를 받은 곳이라고 해도 유독 나와는 맞지 않을 수도 있겠지요. 그러나 그런 가능성이 조금 있다고 해서 처음부터 어학원을 변경할 생각으로 짧게 등록하고 떠난다면, 아주 작은 이익만 바라보다가 정말 중요한 것들은 놓치게 될 거라는 것! 절대 잊지 마세요.

check 03.
수업 프로그램
선택하기

CEL 샌디에이고 센터 일반 영어 수업

1. 일반 영어 과정 General English

일반 영어 과정은 미국 어학연수에 있어서 가장 기본적인 수업 프로그램입니다. 어학원에 따라서 Standard English, General English, 혹은 Basic English 과정이라고 부르는데, 명칭만 다를 뿐 모두 일반영어 과정을 지칭하는 말이랍니다.

일반 영어 과정은 하루 4레슨Lesson씩, 주 5일 수업으로 구성됩니다1주, 20레슨. 수업 내용은 영어의 가장 기본이 되는 4가지 요소인 말하기Speaking와 듣기Listening, 그리고 읽기Reading와 쓰기Writing를 중심으로 진행되는데요.
대부분의 미국 어학연수 기관에서 진행하는 수업은 1레슨이 45~50분 정도이고, 45분 레슨 2개를 붙여서 90분씩 수업을 진행하는 것이 일반적입니다. 그래서 4가지 요소를 2개씩 묶어서 Conversation Work 말하기+듣기, Book Work 읽기+쓰기로 수업을 진행하지요.

이러한 형식의 수업 구성은 사설 어학원이든, 대학부설 어학원이든 크게 차이가 없습니다. 단지 사설 어학원의 경우에는 회화를 중요하게 생각해서 읽기 · 쓰기 수업에서도 회화적인 수업 요소가 많이 가미되는 반면, 대학부설 어학원의 경우에는 말하기와 듣기 수업이 쓰기와 읽기 수업을 뒷받침하는 형태로 운영되는 정도의 차이가 있을 뿐이지요.

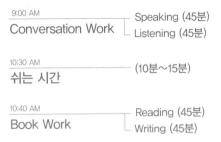

9:00 AM
Conversation Work — Speaking (45분)
Listening (45분)

10:30 AM
쉬는 시간 — (10분~15분)

10:40 AM
Book Work — Reading (45분)
Writing (45분)

〈수업 시간표 예시 : 월~금, 총 20레슨〉

그런데 90분짜리 수업 2번으로 하루의 영어 수업이 모두 마무리된다면, 너무 부족한 것 같지 않나요? 오후 1시 이후의 시간은 모두 자유시간이라는 이야기잖아요.

저는 솔직히 3개월 미만으로 단기 어학연수를 가거나 특별히 관광이나 문화생활을 위해 자유 시간을 충분히 가져야 하는 경우가 아니라면, 하루 4레슨에 그치는 일반영어 과정 은 추천하지 않습니다.
모든 공부에는 최소한의 시간 투자가 꼭 필요합니다. 영어 역시 기대한 만큼 성과를 얻 으려면, 하루에 최소 6레슨 이상 수업을 들으며 열심히 공부해야 하지요. 그러니 영어 실 력을 확실하게 향상시키고 싶다면, 일반 영어 과정보다는 뒤이어 소개할 집중 영어 과정 을 선택하는 것이 현명합니다.

분명 잘 놀아야 영어가 는다고 했는데, 왜 수업 시간을 늘려야 하냐고 묻고 싶은 분도 계 실 거예요. 그에 대해서는 집중 영어 과정을 소개하며 함께 이야기하겠습니다

EC 샌프란시스코 센터

2. 집중 영어 과정 Intensive English

집중 영어 과정은 일반 영어 과정에 추가적으로 하루 2레슨의 '선택 수업'을 더 듣는 프로그램입니다. 즉, 하루에 6레슨의 수업을 듣는 것이지요. 어학원에 따라 주 5일 6레슨씩 1주일에 총 30레슨을 진행하는 곳도 있고, 주 4일은 매일 6레슨씩 하되 금요일만 4레슨으로 수업을 줄여서 1주일에 총 28레슨을 진행하는 곳도 있습니다.

선택 수업은 개인별 영어 수준에 따라 어휘, 발음 교정, 시사, 지역 문화, 미국 역사, 비즈니스 영어 등의 다양한 주제로 진행됩니다. 말하기 · 듣기 · 쓰기 · 읽기를 기본으로 학습 주제가 매시간 다양하게 바뀌기 때문에, 하루에 6레슨의 수업을 들어도 그렇게 지루하거나 힘들게 생각되지 않지요.

어학연수 상담을 하다 보면, 수업시간에 배우는 영어보다 교실 밖에서 직접 미국인과 부딪치면서 익히는 영어에 더 큰 의미를 두는 학생들을 많이 만나게 됩니다. 그런 경우는 당연히 수업시간이 길수록 살아 있는 영어를 배울 시간이 줄어들어서 좋지 않다고 생각하는데요.

조금 냉정히 말씀드리자면, 그것은 영어회화 실력이 어느 정도 갖추어져 있어야 가능한 이야기입니다. 그래야 길에서 만난 낯선 미국인에게 먼저 말도 걸 수 있고, 더 나아가 공통의 주제를 찾아 자연스럽게 대화를 이어나갈 수 있으니까요. 아무리 젊은 패기로 부딪쳐보겠다고 한들 기본 실력조차 없으면 운 좋게 만난 착한 미국인이 참을성 있게 기다려주는데도 몇 마디 꺼내지 못하고 결국 "Thank you so much, See you again!"만 외친 뒤 후다닥 돌아서게 되고 맙니다.

그리고 한 가지 꼭 알아둬야 할 것은 우리가 미국 어학연수를 하는 동안 만날 수 있는 최고의 외국인 파트너는 바로 '어학원의 선생님'이라는 사실이에요. 아무리 많은 미국인을 만나고 그들과 대화를 나눈다고 해도, 내가 말하는 한 마디 한 마디에 집중해서 경청해주고 틀린 표현과 어색하게 사용된 단어들을 하나하나 교정해주는 사람은 어학원의 선생님밖에 없습니다. 그렇기 때문에 실력이 부족할수록, 영어 선생님의 도움을 최대한 많이 받을 수 있도록 수업을 많이 듣는 편이 좋습니다.

따라서 일반 영어 과정과 집중 영어 과정 사이에서 고민한다면, 저는 무조건 집중 영어 과정을 추천합니다.

카플란 마이애미 센터, 신입생 오리엔테이션

3. 방학 영어 과정 Vacation English

최근에는 방학을 이용해 2달 정도 미국에 관광을 가면서, 시간을 쪼개 어학연수까지 하고 싶어 하는 학생들이 많아지고 있습니다. 한 번에 2마리 토끼를 잡으려는 실속파 학생들이지요.

그런데 이때 고민하는 것이 '비자' 문제입니다. 관광만 할 예정이라면 관광비자B1/B2 비자를 발급받으면 되지만, 1~2개월이라도 어학원에서 수업을 들으려고 하다 보니 발급이 까다로운 학생비자가 필요할 것 같아서이지요.

물론 미국에서 어학연수나 유학을 하려면 학생비자를 발급받아야 하는 것이 원칙입니다. 그러나 예외도 있습니다. 관광비자나 '비자 면제 프로그램ESTA'을 통해서 무비자로 미국에 입국한 경우는 주당 15시간 이하라는 조건 아래, 학생비자 없이도 어학원에서 정상적으로 수업을 들을 수 있기 때문이지요. 이렇게 주 15시간씩 단기간 수업을 듣고 싶다면 어학연수 수업 프로그램 중 '방학 영어 과정'을 선택하면 됩니다.

사실 방학 영어 과정은 수업 내용과 주당 수업 시간 등 모든 면에서 어학연수 프로그램의 가장 기본이 되는 '일반 영어 과정'과 실질적으로 똑같은 프로그램이에요. 45분 수업을 하루 4레슨씩 5일 동안 들으면 한 주에 15시간 수업이 되니까요. 다만 둘의 차이라면 '수업을 들을 수 있는 기간이 얼마나 되는가'랍니다.

학생비자는 비자가 만료되기 전까지는 얼마든지 공부할 수 있습니다. 그러나 관광비자로 입국했다면 체류 허용 기간에 맞춰 최대 6개월까지만, 무비자로 입국했다면 3개월까지만 수업을 들을 수 있습니다. 그래서 학생들이 자신의 비자 종류나 무비자 입국 여부에 따라 신청기간을 헷갈려하지 않도록, 동일한 프로그램이지만 '일반 영어 과정'과 '방학 영어 과정'으로 나누어 이름만 다르게 붙여 놓은 것이지요.

참고로 방학 영어라는 이름 때문에 여름방학이나 겨울방학 시즌에만 수업을 들을 수 있는 게 아닌가 생각하는 경우가 많은데요. 전 세계의 많은 학생들이 주로 방학 시즌을 이용해서 미국에 관광 겸 단기 어학연수를 오기 때문에 그렇게 이름을 지은 것뿐입니다. 따라서 연중 어느 때나 학생비자 없이 어학연수를 하고자 한다면 방학 영어 과정을 수강하면 된답니다.

최근에는 비자 면제 프로그램을 이용해서 무비자로 미국에 여행을 가는 분들이 정말 많아지고 있는데요. 이때 방학 영어 과정을 활용해서 오전에는 어학원에서 열심히 수업을 듣고, 오후에는 어학원에서 사귄 다양한 외국인 친구들과 즐겁게 관광을 다니는 식으로 시간을 쪼개 쓰는 것도 정말 지혜로운 방법이라고 생각합니다.
실제로 많은 학생들이 방학 영어 과정을 통해 시간을 아주 만족스럽게 활용할 수 있었다고 후기를 전하고 있으니, 저도 여러분께 이 방법을 적극 추천합니다.

컨버스 샌프란시스코 센터 비즈니스 영어 과정

4. 비즈니스 영어 과정 Business English

　비즈니스 영어 과정은 가히 '어학연수의 꽃'이라고 말할 수 있습니다.
이 과정은 단순한 영어 실력 향상을 위한 과정을 넘어, 실제 비즈니스 현장에서 요구되는 영어를 익히기 위한 프로그램입니다. 일반 영어 과정 외에 추가적으로 비즈니스용 레터 작성을 위한 영작문, 협상과 토론을 위한 고급 회화 같은 전문 과정을 다룸으로써 비즈니스 분야에서 바로 활용할 수 있는 영어를 훈련하게 되지요.

비즈니스 영어 과정이 가진 특징들은 다음과 같습니다.

1
상위 레벨 학생들만
수강할 수 있다

비즈니스 영어 과정은 수업의 난이도가 높기 때문에 원한다고 해서 누구나 다 들을 수 있는 수업이 아닙니다. 상위 레벨 학생들만 수강 가능한 과정이지요.

그렇다 보니 학생들 모두가 적극적으로 참여하기 때문에, 수업이 매우 활기 넘치게 진행됩니다. 덕분에 영어 실력이 단기간에 더욱 일취월장하게 되지요. 또한 낮은 레벨의 수업과 달리, 학생들의 국적 비율이 동양권에 치우치지 않는다는 점도 장점입니다.

2
교사진의 수준이
다르다

비즈니스 영어 과정은 상위 레벨 학생들 중에서도 영어 학습에 대한 열의가 강한 학생들만 모이는 과정입니다. 그러므로 당연히 그 어학원에서 가장 실력 있고 수업 진행 능력이 탁월한 교사진이 수업을 담당하게 됩니다.

또 과정의 특성상, 담당 교사들은 대기업이나 은행에서 오랜 기간 근무했거나 경영 관련 자격증 등을 보유한 경우가 많습니다. 가장 가까이서 만날 수 있는 실무 경험자인 셈이지요.

3
실제 업무 현장에서
꼭 필요한 영어를 배운다

주로 중·고등학생용 수준의 단어와 문장을 활용해서 수업을 진행하는 기본 영어 과정들과 달리, 비즈니스 영어 과정에서는 실제 비즈니스 현장에서 통상적으로 사용되는 높은 수준의 단어와 문장을 다룹니다. 수업의 소재 역시 다음과 같이 실무에 꼭 필요한 것들을 다루지요.

- 이력서 · 자기소개서 작성법
- 비즈니스 레터 및 제안서 작성법
- 매출보고 등의 정식업무문서 작성법

- 네트워크 · 협상 · 영어 인터뷰 · 프레젠테이션에 필요한 영어 기술 학습
- 마케팅 · 회계 · 경영 · 인사 · 재무 등 경영실무 커뮤니케이션 기술 학습
- 신문 · 잡지 및 비즈니스 관련 사업보고서와 같은 문서를 해석 하고 이해하는 방법

따라서 비즈니스 영어 과정을 수강하면, 나중에 실제 업무에 투입되었을 때 활용도 만점의 영어를 사용하며 어학연수의 효과를 확실하게 드러낼 수 있습니다.

4
실제 비즈니스 협상을 진행하는 것처럼 수업한다

수업 진행방식도 여타 과정들과는 확연히 다릅니다. 지도교사가 진행하는 일방적이고 딱딱한 수업이 아니라, 학생들이 2~3개 그룹으로 나뉘어 치열하게 비즈니스 협상을 전개하는 형식으로 진행되지요.

짧은 시간 안에 같은 편이 된 친구들과 협상을 준비하고, 상대편의 주장에 맞서 공격과 방어를 펼치며 타협점을 이끌어내야 하다 보니, 수업 내내 상당한 집중력이 요구됩니다. 이러한 수업 방식은 말하기 · 듣기 실력을 단기간에 극도로 끌어올리고, 실제 비즈니스 협상 현장의 긴장감을 조금이나마 경험할 수 있게 합니다.

비즈니스 영어 과정은 학습의 수준 자체가 다르기 때문에, 아무래도 공부할 것도 많고 따라가기도 어려운 과정입니다. 그러나 열심히 공부해서 이 과정을 수료하게 되면, 자신의 영어 실력을 완벽하게 가다듬게 되지요. 그래서 저는 어학연수를 6개월 이상 계획한다면, 마지막 시기 즈음에는 꼭 비즈니스 영어 과정을 2~3달 정도 수강하는 것이 좋다고 생각합니다.

어학연수에서 경험할 수 있는 최고 수준의 영어 수업을 여러분도 꼭 한 번 경험해 보세요.

뉴욕의 대표적인 패션 스쿨 FIT

5. 인턴십 과정 Internship Program

　인턴십 과정은 어학연수의 연장선상에서, 어학원과 제휴를 맺은 검증된 기업에 '무급 수습 직원'으로 채용되어 일정 기간 미국의 기업 문화를 체험할 수 있는 과정입니다.
어학원의 울타리를 벗어나 미국인들과 같이 생활하며 일을 하는 것이기 때문에, 당연히 일정 수준 이상의 영어 실력을 갖추고 있어야만 신청이 가능합니다. 또 막상 채용되었다 해도 회사 측에서 영어 실력이 부족하다고 판단하면 인턴십 자체가 취소되는 경우도 있 지요.
따라서 인턴십 과정은 어학연수를 계획대로 잘 진행해서 본인의 실력이 충분히 향상되 었을 때, 어학연수를 최종 마무리하는 차원에서 짧게는 1개월, 길게는 3개월 정도 해보는 것이 좋습니다.

어학기관에 따라 오전에는 정상적으로 수업을 듣고 오후 시간만 회사에 출근하도록 하 는 곳도 있고, 아예 일정기간 수업을 몰아서 들은 뒤 최대 2달까지 온종일 회사에서 일을 하도록 하는 곳도 있으니 자신에게 맞는 스타일을 자유롭게 선택하면 됩니다.

1
미국 기업에서 미국인들과 일할 수 있는 절호의 기회

실제로 인턴십에 참여했던 학생들은 비록 무급이었다고는 해도, 영어를 충분히 사용할 수 있는 업무가 주어졌기 때문에 기대 이상의 효과를 볼 수 있었다고 평가합니다.

인턴십 과정의 운영 목표가 학생들의 영어 실력을 '보다 완전하게 향상시키기 위한 것'인 만큼, 어학원들은 이 목표 달성에 유리한 업무 환경을 제공하는 기업들과 협력관계를 맺고 있습니다. 물론 정식 직원들에 비하면 영어도 부족하고 업무 숙련도도 떨어지므로, 완전히 미국인들과 동일한 수준의 업무를 맡을 수는 없겠지요. 하지만 '미국의 기업'이라는 공간에서 미국에서 자라고 교육 받은 현지인들과 함께 커뮤니케이션을 나누며 근무하는 것의 효과는 생각보다 매우 큽니다.
그동안 갈고 닦은 나의 영어 실력을 미국인들로 가득한 회사에서 직접 시험해 보며 세련되게 가다듬을 수 있고, 좀처럼 친분을 쌓기 힘든 미국인들과 생활을 공유하며 차원 높은 교류를 하게 되니까요.

2
미국인과 회사 동료이자 친구가 될 수 있다

미국에 어학연수를 간 많은 학생들이 종종 다음과 같이 푸념하는 것을 듣곤 합니다. 다른 나라에서 온 외국인 친구들은 어학원 내에서 많이 사귈 수 있지만, 정작 미국인과 친해지는 기회를 얻기란 쉽지 않다고 말이지요.
당연한 이야기입니다. 적극적으로 노력한다고 해도 자주 가는 식당의 주인아저씨, 옆집에 사는 할머니 정도가 일반적인 한계니까요.
하지만 인턴십 과정에 참여하게 되면 미국인들과 많은 시간을 함께 생활할 뿐만 아니라 업무적인 대화부터 시작해 개인적인 사소한 이야기까지 나눌 수 있게 됩니다. 내가 속하는 커뮤니티 그룹의 수준이 수직상승하게 되는 것이지요.

3
'무급' 인턴십 vs '유급' 인턴십

그런데 인턴십 과정과 조금 구별해야 하는 제도가 있습니다. 바로 한국에서부터 미국 현지의 회사와 채용 계약을 맺은 뒤 출국하는 '유급 인턴십' 제도인데요. 이 경우는 학생 비자가 아니라 교환방문비자J-1 비자가 필요하며, 지원자의 영어 실력을 감안해서 채용한 것이므로 별도의 어학연수 과정 없이 바로 업무에 투입됩니다.

다만 회사 입장에서는 영어 실력이 확실히 검증되지 않은 외국인에게 급여를 지급하면서 일을 시키는 것이니, 영어를 잘하지 못해도 충분히 수행할 수 있는 단순 업무에 주로 배치하게 되지요.

그래서 유급 인턴십 제도를 통해 영어 실력을 늘릴 수 있지 않을까 기대했던 학생들은 현장에 도착하고 나서 꽤나 실망하곤 한답니다. 기대만큼 영어를 사용할 수 있는 환경이 아니고, 맡은 업무에 대한 만족도 역시 현격히 떨어지기 때문이지요.

그런 이유로 최근에는 '유급 인턴십'보다, 비록 급여를 받지는 못해도 영어 실력을 쌓고 알찬 경험을 할 수 있는 무급 인턴십을 더 선호합니다.

물론 인턴십에 참가하는 것이 말처럼 그리 쉬운 것은 아닙니다. 하지만 이 과정까지 잘 이수한다면, 어학연수 전체를 완전하고 풍요롭게 마무리할 수 있을 거예요! 인턴십 과정은 분명, 어학연수를 마무리할 즈음 적극적으로 도전해 볼 만한 과정이랍니다.

롬바르드 거리, 샌프란시스코

6. 테솔 과정 TESOL Program

테솔은 'Teaching English to Speakers of Other Languages'의 약자로, '영어가 모국어가 아닌 외국인들에게 영어를 가르치는 법'을 다루는 프로그램입니다. 한마디로 영어교사 연수 과정인 셈이지요.

테솔은 최근 몇 년 사이, 미국에 어학연수를 가는 학생들로부터 폭발적인 인기를 끌고 있습니다. 영어 교육에 대한 관심이 사회적으로 계속해서 증대되고 있는 상황에서, 미국인들이 실제 사용하는 '살아 있는 영어'를 이해하고 가르칠 수 있는 영어교사의 필수 요건이 '테솔 과정을 이수하는 것'이라는 인식이 널리 퍼지게 되었기 때문이에요.
그 결과 향후 영어교사가 되거나 영어와 관련된 직종에서 일하고자 하는 학생들 사이에서 테솔이 인기를 얻게 된 것은 당연한 일입니다. 게다가 테솔을 이수하고 돌아온 학생들이 '영어 실력 향상에 아주 큰 도움이 되었다'고 평가하면서 그 인기는 더더욱 높아지게 되었지요.

1

캐나다 · 호주 테솔 vs
미국 테솔

테솔은 미국뿐만 아니라 캐나다나 호주 등 다른 영어권 국가에서도 운영되는 과정이에요. 하지만 전통적으로 다른 어떤 나라보다 미국에서 발행된 '테솔 자격증 Certificate'의 가치가 상대적으로 매우 높게 평가되어 왔습니다. 그 이유는 겨우 몇 주 단위의 과정만 이수해도 자격 요건을 쉽게 취득할 수 있는 캐나다나 호주 등에 비해 미국 테솔은 1~2년 이상 소요되는 대학원의 정식 학위 과정으로 되어 있는 경우가 대부분이었기 때문입니다.

그런데 최근 미국 어학연수생의 수가 폭발적으로 증가하고 테솔 과정에 대한 수요 또한 크게 늘어나면서, 미국에도 테솔 과정을 압축적으로 운영하는 교육기관들이 생겨나고 있습니다. 양질의 수업을 단기간 내에 듣고 미국 테솔 자격증을 획득할 수 있게 되었으니, 학생들에게는 정말 반가운 소식이지요.

2

대학부설 어학원 테솔 vs
사설 어학원 테솔

미국 테솔 프로그램은 대학부설 어학원과 사설 어학원, 두 곳에서 모두 수강할 수 있습니다. 가장 대표적인 두 어학원을 예로 들어서 각각 어떤 특징이 있는지 살펴보기로 하지요.

우선 대학부설 어학원 중에서 테솔로 가장 유명한 곳은 UCSD 샌디에이고 주립대학교입니다.
UCSD는 6개월 과정으로 테솔 과정을 운영하고 있는데요. 대학원 과정처럼 1년 이상이 소요되는 것은 아니지만 사설 어학원보다는 조금 더 긴 시간을 투자해야 합니다. 물론 그만큼 수업 내용이 압축적으로 구성되어 있으며, 과정 후 취득하게 되는 자격증의 가치가 미국 내에서 가장 높다는 평가를 받고 있습니다. 또한 UCSD에서 테솔 과정을 공부하게 되면 자연스레 미국의 대학 생활을 경험하게 된다는 점도 많은 학생들이 UCSD에서 테솔을 들으려고 하는 이유이지요.

사실 어학원 중에서 테솔 과정으로 유명한 곳은 뉴욕의 대표적인 어학원 레너트 인터내셔널Rennert International입니다.

레너트 테솔 과정의 가장 큰 장점은 6주라는 정말 짧은 기간 동안 가히 폭풍 같은 속도로 집중적인 수업을 진행한다는 사실이에요. 기간이 짧다는 것은 당연히 경제적으로도 유리한 면이 있지요. 게다가 뉴욕에서 공부할 수 있다는 점도 큰 매력이고요.

하지만 짧은 기간 동안 매우 많은 양의 수업을 진행하기 때문에 하루 수업시간이 상당히 길고, 매일 매일 쏟아지는 과제들을 소화하기에도 시간이 모자랍니다. 즉 테솔 공부 외에 관광 같은 것들은 아예 마음을 접어야 한다는 뜻이지요. 또한 기본적인 영어 실력이 없다면 수업 자체를 결코 따라갈 수 없다는 점도 유의해야 합니다.

3
고생 끝에 빛나는 자격증이 온다!

테솔 과정을 이수한 학생들은 한결같이 이 과정을 적극 추천합니다. 이제까지 학생의 입장에서 공부했던 것과 달리 남을 가르치는 입장에서 영어에 접근하게 되므로, 영어를 더 잘 이해하게 되었다는 것이 공통된 평가이지요. 충분히 공감이 가는 말입니다.

이 수업에 참여하는 학생들의 영어 실력은 이미 최상위 레벨에 다다른 상태입니다. 나아가 나중에 영어교사가 될 생각이거나 늘 영어를 사용해야 하는 직업을 가지고자 하는 경우가 대부분이지요.

그렇다 보니 테솔 과정은 수업 강도도 높고 과제의 양도 어마어마하게 많습니다. 또 우리나라의 교생실습처럼 내가 외국인을 상대로 영어를 가르치는 모습을 테솔 과정의 지도교사와 다른 학생들이 참관하면서 평가하는 실습수업도 상당히 많이 포함되어 있어서, 정말 열심히 준비해야 합니다.

이런 이유로 테솔 과정에 참여하는 학생들의 자세는 엄청나게 진지합니다. 어학연수를 가서 과제를 하느라고 며칠씩 밤새워 공부해야 하는 것은 아마 이 과정이 유일할 거예요. 그만큼 쉽지 않은 과정이고, 중도에 포기하는 학생들도 더러 있는 편이랍니다.

하지만 그 고난을 이겨내면 영어 실력도 확실하게 향상되고, 언제 어디서나 자랑스럽게 내밀 수 있는 자격증도 갖게 됩니다. 바로 이 점이 테솔의 매력이지요.

그러니까 너무 두려워하지 말고, 영어에 대한 욕심이 있다면 꼭 한 번 도전해 보세요!

테솔(TESOL)과 테플(TEFL)

테플은 'Teaching English as a Foreign Language'의 약자로, 이것 역시 '외국인에게 영어를 가르치는 법'을 다루는 프로그램입니다. 즉, 테솔과 테플은 프로그램의 성격상 서로 동일한 과정이에요. 각 과정을 이수한 뒤 취득하게 되는 자격증의 활용 범위도 동일하고요. 단지 두 프로그램을 주관하는 단체가 서로 다르고, 어학원이 그중 어떤 단체의 회원인가에 따라 명칭상의 차이가 발생하는 것일 뿐이랍니다.

check 04.
숙소 선택과
공항 픽업

1. 어떤 숙소가 좋을까?

"저는 1년 정도 어학연수를 다녀오려고 하는데요. 미국에 친척도 없고 먼저 유학 중인 친구도 없어서, 숙소를 어떻게 구해야 할지 모르겠어요. 숙소는 어떻게 알아봐야 할까요?"

 어학연수를 가는 학생들에게 '숙소 구하기'는 가장 현실적이고 어려운 문제입니다. 미국에 도착한 바로 그날부터 실제 생활이 걸린 문제이다 보니, 몸을 의탁할 친척이나 지인이 있지 않은 이상 '가서 차차' 해결할 수 있는 부분이 아니기 때문이지요.
그래서 한국에서 미리 숙소를 정하고 출발해야 하지만 어떤 숙소가 좋을지, 어떻게 구해야 할지 몰라 막막하기만 합니다. 우리나라에서 하숙집이나 자취방을 구하듯, 직접 찾아다니며 눈으로 보고 따져볼 수나 있으면 덜 답답할 텐데 말이지요.

어학연수를 하는 동안 우리가 생활하게 되는 숙소로는 크게 3가지 종류가 있습니다. 외국인을 대상으로 하는 하숙집과 같은 개념인 '홈스테이 Homestay', '기숙사 Dormitory', 그리고 방을 하나 임대해서 생활하는 '룸렌트 Room Rent'지요.

홈스테이와 기숙사는 어학연수를 진행하는 어학원에서 연결해주는 것이라서, 안전하면서도 손쉽게 구할 수 있다는 장점이 있습니다. 그래서 많은 학생들이 어학원을 통해 홈스테이나 기숙사를 예약해 놓고, 마음 편히 출국하는 방법을 선택합니다.

하지만 막상 미국에 도착해서 생활하다 보면, 먼저 어학연수를 시작한 학생들 중에는 룸렌트를 이용하는 경우가 훨씬 더 많다는 것을 알게 됩니다. 홈스테이나 기숙사에 비해 비용이 저렴하고, 생활에 제약이 적기 때문이지요. 그러나 출국하기 전에 인터넷 상의 정보만을 믿고 미국에 있는 방을 덥석 계약하는 것은 매우 위험한 일이므로, 어학연수를 시작할 때부터 룸렌트에서 생활한다는 것은 현실적으로 어려운 일입니다.

그래서 저는 실패하지 않는 숙소 선택법으로 '홈스테이/기숙사 ⇨ 현지 적응 ⇨ 다시 숙소 결정'을 권합니다.
우선 홈스테이나 기숙사에서 안전하게 어학연수를 시작한 다음, 4주 정도 현지 환경에 적응하는 기간을 가집니다. 그동안 숙소의 장단점을 파악하고 어학연수를 먼저 시작한 친구들의 이야기도 들어보면서, '남은 어학연수 기간 동안 어떤 곳에서 생활하는 것이 좋을지' 진지하게 고민하는 것이지요.
만약 기존 숙소가 마음에 든다면 다시 연장을 하면 되고, 그 반대라면 남은 기간 동안 계속해서 마음 고생할 필요 없이 새로운 숙소를 정한 다음 옮기면 됩니다. 어려울 것도 없고, 위험부담도 줄어들어서 좋지요. 또 직접 돌아다니면서 방을 확인·비교해 볼 수 있으니 룸렌트도 안전하고 만족스럽게 구할 수 있답니다. 어떤가요? 매우 합리적인 방법이지요?

그럼 지금부터 3가지 숙소의 특징과 장단점을 꼼꼼하게 살펴보고, 나에게 맞는 숙소를 찾아봅시다.

2. 또 하나의 가족, 홈스테이 Homestay

"저는 오래 전부터 미국에 가면 홈스테이를 꼭 해보고 싶었어요. 그런데 먼저 어학연수를 다녀온 친구들에게 물어보니까 홈스테이가 아주 좋았다는 친구도 있고, 너무 불편했다면서 차라리 기숙사로 가라는 친구도 있는 거예요. 어떤 말이 맞는지, 너무 혼란스러워요."

홈스테이에 대한 평가는 정말 사람마다 다 다릅니다. 어떤 지역, 어느 정도 규모의 도시에서 어떤 호스트 패밀리와 함께 생활하느냐에 따라 아주 만족스러운 시간이 될 수도 있고, 그저 불편하고 고역스러운 시간이 될 수도 있기 때문이지요. 또 성격이나 생활방식 자체가 홈스테이와 잘 맞는 사람도 있고, 그렇지 않은 사람도 있습니다.
이처럼 워낙에 여러 가지 변수가 작용하다 보니, 홈스테이는 만족할 가능성만큼이나 그렇지 못할 가능성도 큰 '일종의 확률게임'이라고 볼 수 있답니다.

하지만 그럼에도 홈스테이를 꼭 하고 싶고, 홈스테이에서 만족스럽게 지내고 싶다면, 다음 3가지 사항을 명심하세요!

1

**가족이 되느냐,
불청객이 되느냐는
모두 '나' 하기 나름!**

홈스테이 아빠와 함께

홈스테이를 꼭 해보고 싶다면, 먼저 내 성격이 홈스테이와 잘 맞는지를 체크해 봐야 합니다.

홈스테이는 미국인들의 가정에 들어가서 그 가족의 구성원이 되어 같이 생활하는 것입니다. 자연스러운 일상 속에서 미국인 가정의 문화와 사고방식을 경험하고, 동시에 영어 실력도 쑥쑥 향상시킬 수 있는 기회이지요. 그러므로 어떤 호스트 패밀리를 만나더라도 긍정적이고 적극적으로 생활할 수 있는 성격을 가지고 있어야 합니다. 그래야 홈스테이에 만족감을 느낄 확률이 높아지기 때문이지요.

물론 생판 모르는 남과 한 가족이 되는 것은 결코 쉬운 일이 아닙니다. 하지만 내가 홈스테이에 대해 기대한 부분이 있기 때문에 '나 스스로' 선택한 것이잖아요? 그러니까 자신의 노력이 필요한 것은 당연합니다.
불편하고 익숙하지 않아도 호스트 패밀리들과 가까워지려고 노력해야 하고, 자꾸 영어로 대화를 걸어야 합니다. 그리고 각 홈스테이 가정의 고유한 문화를 인정하고 존중하면서, 가족의 일원으로 충실한 모습을 보여야 하지요. 당연히 설거지도 같이 하고 집안 청소도 함께 하면서요.

간혹 학생들 중에는 '아니, 내가 돈을 내면서 머무는 건데 왜 내 마음대로 못 하고 눈치를 봐야 하지?' 하고 생각하는 경우가 있는데요. 이런 성격이라면 처음부터 홈스테이가 아니라 기숙사나 호텔을 선택했어야 합니다.

호스트 패밀리가 먼저 나에게 잘 해주어야 한다는 경직된 생각은 버리세요! 그런 태도를 갖는 순간 모든 것이 불편해지고, 서로 어색해지며, 불만이 쌓이게 됩니다. 그렇게 되면 자연히 대화가 줄어들고 즐거운 생활은 멀리 멀리 날아가겠지요. 내가 먼저 가족이 되어야, 그들도 나를 가족으로 생각하고 사랑해줍니다.

흔한 경우는 아니지만, 호스트 패밀리와 함께 있는 시간이 어색해서 결국 자기 방에 콕 틀어박혀 인터넷만 하는 학생들도 있는데요. 그럴 거면 대체 왜 홈스테이를 간 걸까요?

변수가 있니 어떠니 해도, 사실 모든 것은 '나'에게 달린 문제입니다. 그러니까 홈스테이에서는 방문도 활짝 열고, 마음도 활짝 열어야 해요. 그러기 어려울 것 같다면, 깨끗하게 홈스테이를 포기하세요!

2
서부는 만족!
동부는 글쎄…?

홈스테이 가정의 아이들과 찍은 사진

홈스테이 아빠, 엄마

홈스테이에 대해 고민할 때, 꼭 참고해야 하는 점이 있습니다. 바로 홈스테이에 대한 만족도가 높은 지역이 있는가 하면, 그렇지 않은 지역도 있다는 사실이에요.

일반적으로 중부지역이나 서부지역, 특히 캘리포니아 쪽에서 홈스테이를 한 학생들은 상당히 만족스러워하는 편입니다. 서부지역 특유의 여유롭고 낙천적인 문화가 학생들에게도 편안하고 따뜻하게 작용하거든요. 그중에서도 특히 홈스테이 가정이 대도시의 다운타운과 멀리 떨어진 곳일수록 만족도가 높은데요. 아무래도 대도시보다는 교외에서 생활하는 호스트 패밀리들이 집에서 함께 보낼 수 있는 시간이 많아서 깊이 교류할 수 있고, 하우스 환경도 넓고 쾌적하기 때문이지요.

반대로 동부지역에서 홈스테이를 한 학생들의 반응은 그리 신통치 못한 것이 사실입니다. 중소도시보다는 뉴욕이나 보스턴 같은 대도시가 많다 보니, 자연히 호스트 패밀리들의 일상도 우리나라 사람들만큼이나 눈코 뜰 새 없이 바쁜 편입니다. 그렇다 보니 퇴근시간이 늦을 때도 많아서 학생들이 스스로 저녁을 차려 먹어야 하는 경우도 종종 있지요.

또 집도 서부지역에 비하면 좁을 수밖에 없고요.

그래서 저는 중부나 서부가 아닌 동부의 대도시로 어학연수를 가는 학생들에게는 홈스테이보다 다른 숙소를 고려하라고 조언합니다.

3
홈스테이는 '현실'이지 '영화'가 아니다

홈스테이 가정의 일반적인 모습

'외국에서의 홈스테이'라고 하면 많은 학생들이 자기도 모르게 그림처럼 아름다운 집, 넓고 푸른 마당, 너무나 상냥한 호스트 패밀리, 풍성하고 행복한 식탁 등 마치 영화 속의 한 장면 같은 모습을 떠올리곤 합니다. 그런데 현실은 그렇지 않은 경우가 많습니다.

막상 홈스테이 집에 도착해 보면 넓고 푸른 마당은커녕 집이 기대보다 작을 수도 있고, 게스트 학생이 나 하나가 아닌 여러 명일 수도 있습니다. 호스트 패밀리들이 모두 바빠서 저녁을 같이 먹거나 텔레비전을 보면서 영어로 이야기를 나눌 시간조차 없는 경우도 많지요.

또 호스트 패밀리가 금발 머리의 백인 가족이 아니라 필리핀이나 아랍계, 혹은 아프리카 출신의 이민자 가족일 수도 있습니다. 물론 그들 역시 법적으로 분명한 미국인이 맞고, 미국에서 상당히 오래 살았기 때문에 영어로 생활하는 것에는 아무런 문제가 없어요. 따라서 이런 점이 자신의 기대와 다르다고 해서 불평을 하거나 홈스테이 가정을 변경해 달라고 요청할 수는 없습니다. 그건 심각한 인종차별이 되니까요.

이처럼 모든 홈스테이 가정이 동일한 조건의 분위기와 환경을 가지고 있는 것은 아니라서, 어쩔 수 없이 나와 맞지 않는 경우가 발생할 수도 있습니다. 하지만 기대와 다른 현실도 기꺼이 인정하고 받아들일 줄 알아야, 홈스테이 생활을 충분히 만끽할 수 있는 가능성이 열립니다.

참고로 어떤 호스트 패밀리를 만날지 몰라 걱정이 된다면, 홈스테이를 예약할 때 4주 정도만 선택하세요. 그 기간 동안 호스트 패밀리와 직접 부대끼고 생활해 보면서 기간을 더 연장할지, 다른 곳으로 옮길지 여부를 결정하면 되니까요. 그럼 미리부터 크게 염려하지 않아도 되겠지요?

SERGIO AND IRENE
S.DIEGO 12.3.2010

유타 대학교의 교내 기숙사

3. 24시간 영어의 세계로, 기숙사 Dormitory

"저는 어학연수를 가면 기숙사에서 살고 싶어요. 아무래도 기숙사에 있으면 숙소에서 친구들도 많이 사귈 수 있을 거고, 영어도 계속 사용할 수 있을 거 같아서요. 그런데 생각보다 비싼 편이라서 선택하기가 망설여집니다. 기숙사의 장점과 단점을 정확히 알려주세요!"

저는 가능하다면 어학연수의 시작은 기숙사에서 하는 것을 추천합니다. 아무래도 처음이라 불안한 점투성이인 시기이니 만큼, 기숙사처럼 충분히 신뢰할 수 있는 환경에서 미국 생활을 시작한다면 보다 편안한 마음으로 잘 적응할 수 있을 테니까요. 또 온종일 영어만 사용하게 되고, 많은 외국인 친구들을 사귈 수 있는 가장 이상적인 숙소 형태가 바로 기숙사이기 때문입니다.
그럼 기숙사 생활의 장점과 단점에 대해서 구체적으로 알아볼까요?

1
영어 공부에 이보다 더 좋을 수 없다!

24시간 외국인 친구와 함께 하는 생활

기숙사 생활의 가장 큰 장점은 같이 어학연수를 하는 외국인 친구들과 어학원에서는 물론이고 숙소에서도 함께 생활한다는 점이에요. 이 말은 즉, '잠자는 시간'을 제외하고는 언제나 영어를 사용할 수밖에 없는 상황이라는 뜻이지요. 그야말로 어학연수를 간 목적에 맞게 '생활 속에서 영어를 최대한 많이 사용할 수 있는 환경'이 조성되는 것입니다.

꼬리에 꼬리를 물고 이어지는 외국인 친구들

외국인 친구와 한 방을 쓰게 되면, 그 친구의 친구들과도 자연스럽게 어울리게 되기 때문에 정말 많은 외국인 친구들과 사귀게 됩니다. 외국인 친구들이 꼬리에 꼬리를 물고 이어지는 것이지요.

미국에 어학연수를 갔는데도 미국인은 고사하고 같은 반 수업을 듣는 외국인 친구들과도 어울리기가 쉽지 않다며 푸념하는 학생들이 많은데요. 그런 점에서 볼 때, 기숙사는 친구를 사귀기에 최적의 장소라고 할 수 있겠지요?

도보로 이동 가능한 짧은 통학거리

홈스테이나 룸렌트를 할 경우는 숙소가 어학원과 가깝지 않은 경우가 많기 때문에, 매일 왕복 1시간에서 2시간 정도를 들여서 오가야 합니다. 그것도 대중교통으로요.

하지만 기숙사는 대부분 도보로 30분 이내의 거리에 있어서, 통학시간도 얼마 걸리지 않습니다. 매일 등하교를 해야 하는 상황에서 '짧은 통학거리'는 생각보다 상당한 시간과 에너지를 절약할 수 있는 '장점'이 되지요.

만족스러운 식사와 깔끔한 주거환경

학생들이 어학연수를 시작하면 의외로 가장 민감해지는 것이 식사 문제인데요. 홈스테이는 어떤 호스트 패밀리를 만나느냐에 따라 제공되는 식사의 질과 주거환경이 천차만별로 달라지지만, 기숙사의 경우는 다릅니다.

카플란 일리노이 공대 센터의 기숙사

기숙사들은 대부분 자체적으로 카페테리아를 운영하기 때문에, 외식을 하는 것보다 저렴한 가격으로 상당히 만족스러운 식사를 할 수 있습니다. 또 각종 편의시설 및 전반적인 생활환경도 일정 수준 이상 갖춰져 있기 때문에, 대체로 믿고 신청할 수 있어요.

2
하지만…
비싼 것이 흠!

하지만 이 많은 장점들에도 불구하고 선뜻 기숙사를 선택할 수 없는 이유는 홈스테이나 룸렌트에 비해 '비싸다'는 치명적인 단점 때문이에요. 학생들은 대부분 생활비에 대한 부담을 갖고 있기 때문에, 마음 같아서는 어학연수 기간 내내 기숙사에서 살고 싶지만 현실적으로는 주저하게 되는 것이지요. 그래서 저는 학생들에게 처음 4주 정도만이라도 기숙사에서 지낼 것을 추천하고 있습니다.

3
기숙사, 이것만은
알고 가자!

기숙사를 예약하고 미국에 도착해 보면, 한국에서 상상한 것과는 조금 다른 모습에 당황하는 경우가 종종 있습니다. 그러므로 학생들이 흔히 하는 몇 가지 '오해'들에 대해 제대로 알아둘 필요가 있습니다.

"기숙사는 대학부설 어학원에서만 제공되는 거 아닌가요?"
대학부설뿐만 아니라 사설 어학원에서 어학연수를 해도 기숙사에서 생활할 수 있습니다. 사설 어학원은 대학부설 어학원처럼 자체적으로 기숙사를 가지고 있는 것은 아니지만, 전문 기숙사 업체와 연계하여 학생들을 위한 깨끗하고 안전한 시설을 제공하고 있습니다. 단, 커뮤니티 칼리지는 그 지역에 거주하는 학생들을 대상으로 한 대학이기 때문에, 기숙사를 운영하지 않는 것이 일반적입니다.

"기숙사는 당연히 대학 캠퍼스 안에 있는 거 아니에요?"

우리나라는 대학 캠퍼스가 담장으로 둘러싸여서 외부와 명확하게 구분되지만, 미국은 그렇지 않은 '도심형 캠퍼스'도 많이 있습니다. 그렇다 보니 대학 건물들이 외부 건물들과 한데 섞여 있는 것처럼 보여서, 대학 캠퍼스라는 느낌도 잘 들지 않고 어디서부터 어디까지가 캠퍼스인지 구분도 잘 안 되지요.

또 대학 캠퍼스가 외부와 명확하게 구분되는 곳이라고 해도 기숙사 건물만은 캠퍼스 밖에 있는 경우가 종종 있습니다. 캠퍼스 부지가 좁다 보니, 기숙사를 신축할 때 캠퍼스 밖에 지을 수밖에 없었던 거예요.

그리고 사설 어학원의 경우, 어학원 건물 안에 기숙사가 있을 거라고 오해하는 학생들이 있는데요. 사설 어학원은 기숙사를 자체적으로 운영하는 대신 전문적인 업체와 연계하여 운영하므로, 당연히 어학원 건물과는 상관없는 곳에 마련되어 있습니다. 물론 교통이 편리하고 어학원과 멀지 않은 것은 기본이라서 통학에는 전혀 지장이 없습니다.

유타 대학교의 교내 기숙사

"대학부설이니까, 미국인 대학생들과 방을 같이 쓸 수도 있겠죠?"

대학부설 어학원으로 가는 학생들은 혹시 일반 미국인 대학생들과 같은 방에 배정되지 않을까 기대하지만, 현실적으로 거의 불가능한 일입니다.

미국인 대학생과 어학연수생은 학습 내용과 생활 방식이 서로 완전히 달라서, 서로 룸메이트가 되면 동일한 그룹의 학생들끼리 한 방을 쓸 때보다 학습 성취도와 생활 만족도가 현격히 낮아지기 때문이에요.

기숙사 생활을 통해서 미국인 친구들을 많이 사귈 수 있을 거라고 기대했던 학생들에게는 아쉬운 이야기지만, 이것은 어떻게 할 수 있는 부분이 아니니까 미리 알고 있어야 하겠지요?

"기숙사에서도 간단한 조리는 가능하지 않나요?"

절대 안 됩니다. 기숙사에서 생활한 학생들이 가장 불편했던 점으로 꼽는 것이 바로 '개인 취사 금지' 규정입니다. 아무래도 취사가 자유로우면 화재가 발생할 위험이 있고, 음식물 찌꺼기 등으로 인해 쥐나 바퀴벌레 등이 생길 수 있으니까요. 그래서 거의 모든 기숙사가 음식을 간단히 데워 먹을 수 있는 전자레인지 외에는 특별히 취사 설비를 제공하지 않습니다. 그 탓에 간식마저 똑 떨어진 밤이면 너무너무 괴로울 수 있겠지만, 모두의 안전과 위생을 위한 일이니 군말 없이 따라야겠지요.

기숙사 내 공동 세탁실

카플란 보스턴 센터의 Beacon Hill 기숙사

카플란 보스턴 센터의 ESL Townhouse Studio 기숙사

뉴욕 첼시의 주택가

4. 평범한 미국 대학생들처럼, 룸렌트 Room Rent

"미국 어학연수를 준비 중인데, 숙소 문제가 고민이에요. 예상했던 것보다 많이 비싸더라고요. 유학을 다녀온 한 선배는 '룸렌트'로 비용을 많이 아낄 수 있었다던데, 그건 정확히 어떤 건가요? 우리나라로 치면 원룸 임대라고 보면 되나요?"

룸렌트는 말 그대로 '방을 빌려서 생활하는 것'을 말합니다. 미국 TV 시트콤으로 유명한 〈프렌즈 FRIENDS〉에 나오는 주인공들의 생활 모습이 룸렌트의 전형적인 모습이에요. 즉, 여러 사람이 한 집에 살면서 방은 각자 사용하되 거실과 주방, 욕실 등을 공동으로 같이 쓰는 것을 말하는 것이지요.

미국의 젊은이들은 대학생이 되면 일찌감치 부모로부터 독립한 뒤 룸렌트를 구해서 생활합니다. 또 미국에서 대학이나 대학원에 다니는 유학생들은 물론이고 어학연수생들도 처음에는 홈스테이나 기숙사에서 생활하다가, 어느 정도 미국 생활에 적응하면 방을 하나 빌려서 자취 생활을 시작하는 편입니다.
이처럼 학생들에게 룸렌트가 매력적으로 느껴지는 이유는 무엇일까요?

1
왜 모두들
룸렌트를 하는 걸까?

그 이유는 룸렌트가 적은 비용으로 알뜰하게 생활할 수 있는 가장 경제적인 숙소이기 때문이에요.

〈프렌즈〉처럼 여럿이 한 집에서 생활할 경우 중소도시에서는 월평균 $500~600 정도면 만족스러운 방을 구할 수 있고, 대도시라고 해도 월평균 $600~800 정도면 적당히 괜찮은 방을 구할 수 있습니다. 홈스테이나 기숙사비의 절반 정도밖에 되지 않는 비용으로 1인실을 차지하게 되는 것이지요. 그러니 대부분의 학생들이 결국에는 룸렌트를 선택하게 됩니다.

그리고 또래 미국인들의 생활방식을 체험할 수 있다는 장점도 있습니다. 우리가 미국에 어학연수를 가는 이유는 미국이라는 거대한 나라에서 살고 있는 사람들과 부대끼며 많은 것을 직접 체험하려고 가는 것이잖아요? 그러니까 미국의 대학생들처럼 룸렌트를 하면서 그들처럼 생활해 보는 것도 그들을 이해하는 데 큰 도움이 될 수 있는 것이지요. 이제 룸렌트의 매력을 이해했나요?

2
룸렌트의
다양한 형태
룸렌트, 룸쉐어, 서브렛

학생들이 생활하는 모습을 보면 룸렌트의 형태가 정말 다양하다는 것을 알게 됩니다.

경제적으로 아무런 부담이 없다면야 스튜디오 Studio를 하나 빌려서 혼자 사용할 수도 있겠지요. 하지만 생활비를 조금이라도 줄이려고 애를 쓰다 보니, 다양한 형태로 룸렌트를 활용합니다.

친구와 둘이서 원 베드룸 One Bedroom을 빌려서 월세를 조금 더 많이 내는 사람이 침실을 사용하고, 적게 내는 사람이 거실을 사용하는 경우도 많이 있고요. 투 베드룸 Two Bedroom을 빌려서 침실을 하나씩 쓰거나, 거실을 사용하는 친구까지 모아서 3명이 월세를 알뜰하게 아끼는 경우도 많

룸렌트의 내부 모습

이 있습니다.

비용을 더욱 절약하기 위해서 방 하나를 2명이 같이 쓰기도 하는데, 이것을 '룸쉐어 Room Share'라고 부릅니다. 하지만 방 하나를 같이 쓰게 되면 개인의 프라이버시가 아예 없어지기 때문에, 서로 불편함을 느껴서 역효과가 발생하는 경우가 많습니다. 그래서 룸쉐어는 많이 하지 않는 편이에요.

그리고 '서브렛Sublet'이라는 것도 있어요. 서브렛은 짧게는 며칠에서 길게는 몇 달까지 단기간 동안만 방을 '재임대'하는 것을 의미하는데요. 주로 유학생들이 방학 동안 한국에 잠시 다녀오고 싶을 때, 자신이 임대한 방을 임시로 재임대하곤 한답니다. 그러니까 짧은 기간만 사용할 방을 구할 때는 이 방법도 유용하지요.

〈미국의 주거 형태〉

스튜디오(Studio)	주방이 딸린 방 + 화장실 (우리나라의 '원룸')
원 베드룸(One Bedroom)	침실 1 + 주방이 딸린 거실 + 화장실
투 베드룸(Two Bedroom)	침실 2 + 주방이 딸린 거실 + 화장실
쓰리 베드룸(Three Bedroom)	침실 3 + 주방이 딸린 거실 + 화장실

3
룸렌트를
구하는 방법
웹사이트 vs 부동산

어학원에서 책임지고 소개해주는 홈스테이나 기숙사와 달리, 룸렌트는 학생이 각자 찾아나서야 합니다. 이때 방법은 크게 2가지로 나누어집니다.

한인 커뮤니티 사이트, 미국 생활정보 사이트에서 직접 찾기

대부분의 유학생들이 숙소를 구할 때 제일 많이 사용하는 방법이에요. 실제로 거의 모든 부동산 정보가 미국의 각 지역마다 활성화되어 있는 한인 커뮤니티 사이트나 미국인들이 보편적으로 이용하는 생활정보 사이트 '크레이그스리스트 www.craigslist.org'에 실시간으로 올라오기 때문에, 이곳에서 최신 숙소 정보를 가장 정확하게 확인할 수 있습니다.

물론 인터넷으로 정보를 확인한 뒤에는 반드시 직접 숙소를 방문해서 온라인상의 소개 내용과 실제 숙소의 상황에 특별한 차이가 없는지를 꼼꼼히 확인해야 합니다.

〈주요 한인 커뮤니티 사이트〉

뉴욕	www.heykorean.com
샌프란시스코	www.sfkorean.com
샌디에이고	www.sdsaram.com
보스턴	www.bostonkorea.com
로스앤젤레스	www.radiokorea.com
애틀란타	www.gtksa.org

부동산에 의뢰하기

현지 부동산에 문의를 하는 것도 좋은 방법입니다. 부동산을 통해서 방을 구하면 여러 가지 세부적인 사항들에 대한 계약조건을 부동산이 보증하기 때문에 안전하고, 직접 찾아헤맬 필요 없이 짧은 기간 안에 많은 방을 소개받을 수 있다는 장점이 있습니다. 다만 계약한 방의 한 달치 월세 정도를 소위 '복비 부동산 수수료'로 지불해야 하지만요.

최근에는 복비를 받지 않는 부동산들도 있으므로 미리 문의하고 의뢰하는 것이 좋습니다.

참고로 미국에는 어떤 도시든 작게라도 한인 타운이 있기 때문에, 한국인이 운영하는 부동산 역시 쉽게 찾을 수 있습니다. 아무래도 돈이 관련된 계약을 다루는 것이니만큼, 이왕이면 한국인 부동산을 이용하는 것이 여러모로 편안하겠지요.

3
계약하기 전, 반드시 따져볼 것!

좋은 숙소를 구하기 위해서는 반드시 따져보아야 할 몇 가지 주의사항이 있습니다. 이것만큼은 꼭 기억하도록 하세요!

대중교통은 편리한가?
광고에는 지하철역까지 도보로 5분 내지 10분이라고 되어 있어도, 그것이 사실인지는 직접 걸어봐야 알 수 있습니다. 실제로는 2배 이상 걸리는 경우도 많기 때문이에요. 그리고 대중교통의 이용이 편리할수록 월세는 조금씩 비싸질 수 있습니다.

주변 환경은 안전한가?
아무리 집이 깨끗하고 월세가 저렴하다 해도, 주변 환경이 주거지역이 아니거나 우범지대로 악명 높은 동네라면 절대 피해야 합니다. 늦은 시간에 귀가하는 경우를 고려해서 가능하면 거리가 밝은 대로변에 위치한 집이 좋고, 대중교통까지의 동선 역시 안전한지 꼭 확인해야 합니다.

가까운 거리에 마트가 있는가?
간단한 식료품도 쉽게 구입할 수 없을 정도로 주변에 가게들이 보이지 않는다면, 생활하는 데 상당한 불편함이 따릅니다. 다운타운에서부터 장을 봐서 들고 오는 수고를 매일같이 할 수는 없는 노릇이니까요.

월세에 유틸리티 비용이 포함되어 있는가?
유틸리티 Utility 비용이란 전기세, 수도세, 가스비 등을 의미하는데요. 일반적으로는 월세에 유틸리티 비용이 모두 포함된 것으로 계약하지만, 특이하게 유틸리티 비용을 별도로 납부해야 하는 경우도 있습니다. 따라서 나중에 당황하지 않도록, 이 부분을 정확하게 확인해야 합니다.

디파짓 조건은 어떠한가?

디파짓Deposit이란 보증금을 의미하는 것으로, 일반적으로 한 달 치, 혹은 2달 치 정도의 월세를 걸어둡니다. 그러므로 월세 이외에 디파짓은 얼마인지, 계약이 종료되면 언제 어떻게 환급받게 되는지를 정확히 알아봐야 합니다.

계약서는 작성하는가?

꽤 많은 학생들이 번거롭고 어색하다는 이유로 집주인과 구두로만 계약을 하는데요. 계약 사항은 반드시 문서로 남겨 놓아야, 나중에 작은 문제라도 발생했을 때 곤란에 처하지 않게 됩니다.

아래 내용만이라도 간단하게 적어서 집주인과 서로 서명한 다음, 한 장씩 나눠가지세요. 그러면 분쟁이 일어날 소지도 줄어들고, 생기더라도 해결하기가 훨씬 쉬워집니다.

- 계약자 이름, 연락처(전화번호/이메일 주소)
- 계약 대상 룸의 주소와 호수
- 계약 기간
- 월세 금액 및 납부일, 납부방법
- 디파짓 금액 및 납부일, 납부방법
- 월세에 유틸리티 포함 여부(미포함 시 유틸리티 금액 및 납부일, 납부방법)
- 계약의 파기조건(시설 파손 등)
- 계약파기 시 디파짓 반환일, 반환방법

4
좋은 방은 결코 넝쿨째 굴러 들어오지 않는다

룸렌트는 학생 스스로가 직접 알아보고 선택해야 하기 때문에, 좋은 방을 구하기 위해서는 숙소를 구하는 지역에 대한 정보 파악이 필수입니다!

그러므로 도착한 날부터 바로 좋은 방을 구하겠다고 조급하게 서두르지 말고, 처음에는 홈스테이나 기숙사에서 최소 4주 이상 생활하면서 미국 생활에 대한 적응 기간 겸 룸렌트 사전 조사 기간을 갖도록 하세요. 룸렌트에서 살고 있는 다른 친구들의 집을 여러 곳 방문해 보기도 하고, 동네마다 분위기가 어떻게 다른지, 어느 정도 가격이면 어떤 수준의 방을 구할 수 있는지, 어떤 부분을 신경 써서 구해야 하는지 등을 알아보는 것이지요.

차분한 마음으로 꼼꼼히 준비해서 방을 구하세요. 번거롭다고 생각하지 말고, 일일이 눈으로 확인하는 것은 필수입니다. 숙소는 생활의 가장 기본이 되는 요소이니까요. 좋은 방은 넝쿨째 굴러들어오는 것이 아니라, 발품을 팔아 열심히 찾아내는 것이랍니다!

뉴욕 JFK 공항 출국장

5. 공항에서 숙소까지 어떻게 가지?

"한 달 뒤, 미국으로 어학연수를 갈 예정인데요. 숙소는 어학원의 기숙사로 예약을 해뒀는데, 공항에서 기숙사까지 어떻게 가야할지가 좀 걱정이에요. 혼자 지하철을 타고 숙소까지 갈 수 있을까요? 역시 공항 픽업 서비스를 신청해야 할까요?"

영어 실력을 늘리겠다는 일념으로 큰 용기를 내서 미국행 비행기에 올랐지만, 막상 공항에 도착하고 보면 말도 통하지 않는 낯선 땅에 나 홀로 덩그러니 떨어진 듯한 느낌이 들어 바싹 긴장이 됩니다. 알아듣지도 못할 영어가 사방에서 쏟아지는 통에 심장은 점점 빨리 뛰고, 뭘 어떻게 해야 할지 당황하게 되지요.
이런 난감한 상황이 뻔히 예상되는데, 어떻게 해야 숙소까지 무사히 갈 수 있을까요?

방법 01 ☑
공항 픽업 서비스

그래서 대부분의 학생들은 '공항 픽업' 서비스를 미리 예약해 놓고 출국합니다.

'공항 픽업'이란, 미국 공항에 도착했을 때 누군가가 차를 가지고 마중을 나와서 숙소까지 데려다주는 것을 말합니다. 공식적인 영어 표현은 'Airport Transfer'이지만, 흔히들 'Airport Pick-up'이라고 부르지요.

이 서비스를 이용하면 공항에서 불안해할 필요가 전혀 없어요. 수하물만 잘 찾아서 입국장 밖으로 나가면, 내 이름이 적혀 있는 종이나 팻말을 들고 있는 기사 아저씨를 만나게 되니까요.

단, 특별히 예약된 한 사람을 위해서 전문 드라이버가 대기하는 것이니 다른 교통수단에 비해 비싼 것은 당연하겠지요? 보통 $100 내외지만, 뉴욕의 경우에는 JFK 공항이 외곽에 멀리 떨어져 있기 때문에 최대 $180까지도 부과됩니다.

이처럼 비용은 비싸도 만약 해외에 나가는 것이 처음이거나 본인 또는 부모님이 느끼는 불안감이 크다면, 눈 딱 감고 어학원에서 제공하는 공항 픽업 서비스를 예약하는 것이 좋습니다. 편안하고 안전하게 목적지까지 갈 수 있는 가장 믿음직스런 방법이니까요.

공항에서 대기하고 있던
Airport Pick-up

참고로 중소도시에서 홈스테이를 하기로 했다면, 호스트 패밀리가 직접 공항으로 마중을 나오는 경우도 종종 있습니다. 아무래도 대도시가 아닌 중소도시에서는 대체로 공항이 멀지 않은 편이고, 호스트 패밀리도 아주 바쁘게 사는 사람들이 아닌 경우가 많기 때문에 가능한 일이지요.

방법 02 ☑
대중교통

간혹 대중교통을 이용해서 숙소까지 직접 찾아가보겠다는 야심찬 계획을 세우는 학생들도 있는데요. 학교 가듯 가방

포틀랜드 공항에 대기 중인 MAX

하나 달랑 메고 움직일 수 있는 상황이 아니라는 것을 생각해야 합니다. 한국에서 가져온 무겁고 많은 짐들을 끌고 버스나 지하철에 올라타는 것은 결코 만만한 일이 아니니까요. 게다가 낯선 나라, 익숙하지 않은 도시에서의 초행길이라면 고난의 행군이 따로 없습니다.

나중에 돌아보면 값진 경험과 좋은 추억으로 남기야 하겠지만, 추천하고 싶지는 않습니다.

방법 03 ☑
택시

공항에서 바로 택시를 탈 수도 있습니다. 택시는 공항 픽업 서비스를 신청하지 않는 학생들이 가장 많이 선택하는 교통수단입니다. 지하철이나 버스 보다는 더 비싸지만, 공항 픽업 서비스의 2/3 정도 비용이면 충분하기 때문에 비교적 경제적이지요.

뉴욕 JFK 공항에는 한국인 기사님이 운전하는 한인 택시들 겉보기에는 자가용처럼 보이는 콜택시도 쉽게 찾을 수 있습니다. 미터 요금제로 금액을 받는 미국의 옐로우 택시에 비해 조금 더 비용을 지불해야 하지만, 우리말로 편안하게 안내를 받을 수 있기 때문에 많은 학생들이 이용하는 편이지요.

참고로 미국에서는 택시 요금을 낼 때, 운임의 5% 정도를 팁Tip으로 더해서 지불하는 문화가 있다는 것도 알아두세요.

방법 04 ☑
슈퍼 셔틀

또 하나, 특별한 교통수단이 있습니다. 파란색 바탕에 노란 글씨로 'Super Shuttle'이라고 적혀 있는 밴Van 형 승합차가 바로 그것인데요.

슈퍼 셔틀은 목적지가 비슷한 방향인 승객들을 모아서 공항과 가까운 순서대로 이동해 각 목적지에 정확히 내려주는, 일종의 단체 합승 택시 같은 개념입니다. 넓은 승합차

정류장에 대기 중인 Super Shuttle

에 3~4명 정도가 같이 타기 때문에 크게 불편하지 않고, 목적지 방향도 거의 비슷해서 시간도 그리 오래 걸리지 않아요. 무엇보다 가장 매력적인 것은 요금이 일반 택시의 절반 정도밖에 되지 않는다는 점이지요. 그래서 미국에서는 최근 몇 년 사이, 이 새로운 교통수단이 공항 이용객들에게 인기를 끌고 있습니다.

미국 내 대부분의 공항에는 슈퍼 셔틀 안내부스가 있습니다. 그곳에 가서 목적지 주소를 말하면, 슈퍼 셔틀을 타는 장소와 출발시간을 안내해줍니다. 비용은 목적지에 도착한 뒤, 드라이버에게 직접 현금으로 지불하면 되고요. 많은 짐을 편리하게 나를 수 있으면서도 택시보다 저렴한 비용의 교통수단을 찾는다면, 슈퍼 셔틀이 정답입니다.

지금까지 공항 픽업과 여러 가지 공항 교통수단에 대해 살펴보았는데요. 결국은 다음 2가지 사이에서 본인이 선택해야 하는 문제입니다.

• 처음 경험하는 낯선 환경에서 불안감 없이 편안하게 이동할 것인가
• 다소 불안하고 불편해도 경제적인 비용으로 이동할 것인가

만약 제 동생이 혼자 어학연수를 가는 상황이라면, 저는 개인적으로 처음 한 번은 어학원에서 제공하는 공항 픽업 서비스를 이용하라고 조언할 것입니다. 도착 첫날, 무엇보다 가장 중요한 것은 숙소까지 안전하게 들어가는 것이니까요.
택시나 슈퍼 셔틀, 지하철이나 버스를 이용하는 방법은 미국 생활에 어느 정도 적응하고 영어에 대한 자신감이 생긴 뒤에 도전해도 됩니다. 어학연수 중에는 친구들과 함께 다른 도시로 여행도 자주 가게 되는데, 그때는 꼭 공항에서 여러 가지 다른 수단을 이용해 목적지까지 이동해 보세요.

check 05.
입학허가서 ·
학생비자 발급받기

뉴욕의 대표적인 패션스쿨 FIT

1. I-20 ^{입학허가서} 신청하기

"제가 가려고 하는 지역에 마음에 드는 어학원이 있어서, 자세히 알아보고 프로그램도 결정했어요. 기본적인 것들은 다 정한 것 같은데, 이제 무엇을 하면 될까요?"

Check 1~4를 통해 어학연수 지역과 기간, 지역 이동, 어학연수 기관, 프로그램 종류, 숙소와 공항 픽업 등에 대한 정보를 익히고 결정을 마쳤다면, 이제 실질적인 준비절차에 들어가면 됩니다.

먼저 그 주요 절차를 간단히 정리하면 '어학원에 입학 신청 ⇨ 미국 학생비자F-1 비자 발급 ⇨ 출국 준비'로 이야기할 수 있습니다. 그러니까 지금부터 우리가 해야 할 제일 첫 번째 일은 '공부하기로 결정한 어학원에 입학을 신청하는 것'이겠지요? 이 과정을 정확하게는 입학허가서, 즉 'I-20 ^{아이트웨니}를 신청한다'고 표현한답니다.

그럼 I-20는 어떻게 신청하는 걸까요?

단계 01 ☑
여권 준비

우선 여권을 준비해야 합니다. 여권이 없으면 정말 아무것도 할 수 없어요. 어학기관에 입학원서를 제출할 수도 없고 비자 인터뷰를 신청할 수도, 항공권을 구입할 수도 없지요.

여권이 있다 해도, 여권의 맨 첫 장에 나와 있는 '유효기간 Date of Expiry'이 계획하는 어학연수 일정에 미치지 못한다면, 새 여권을 발급받는 것이 좋습니다.

미국에 가서 공부하는 중간에 기간이 만료되어버리면 어학연수 도중 어학원에 추가 등록하거나 어학원을 옮기고 싶을 때, 방학을 이용해 멕시코나 유럽으로 해외여행을 갈 때 문제가 생기거든요. 물론 현지 총영사관에 신청해서 다시 발급받으면 되긴 하지만, 기간이 한 달 정도나 걸리기 때문에 급할 때는 여러 가지로 난감해집니다.

또한 비자 인터뷰를 신청하려면 유효기간이 꼭 최소 6개월 이상 남아 있어야 하므로, 지금 바로 여권을 펴서 확인해보세요.

단계 02 ☑
어학원 결정, 입학원서 작성

우선 어떤 어학원에서 공부할 것인지를 분명하게 결정한 다음, 입학원서 Application form/Enrollment form를 작성해서 접수합니다.

입학원서를 작성할 때는 개인정보는 물론이고 그 어학원에서 어떤 수업을 받을 것인지와 관련된 모든 세부 사항들수강 프로그램, 수강일정 등을 빠짐없이 정확하게 기입해야 합니다. 어학원에서 연결해주는 홈스테이나 기숙사, 공항 픽업 서비스를 신청할 계획이라면, 이때 입학원서의 해당 항목에 기재를 해야 정확하게 처리될 수 있습니다.

한마디로 입학원서를 작성하는 것은 앞으로 진행될 자신의 미국 어학연수 계획 모두를 빠짐없이 기입하는 것이지요.

단계 03 ☑
원서 접수 시
필요 서류 준비

입학원서를 제출할 때는 '여권 사본'과 '영문 잔고증명서'를 꼭 함께 제출해야 합니다. 여권 사본은 사진과 개인정보가 있는 여권의 맨 첫 장을 복사 또는 스캔해서 준비하면 되고, 영문 잔고증명서는 은행에 가서 영문으로 된 예금 잔고증명서를 요청하면 됩니다.

영문 잔고증명서는 자신이 미국에서 어학연수를 하는 데 있어서 경제적으로 아무런 문제가 없다는 사실을 입증하기 위한 것이에요. 그래서 영문 잔고증명서에는 어학원 학비와 현지 체류비용을 모두 합한 것 이상의 금액이 '미국 달러'로 표시되어 있어야 합니다. 일반적으로 학비의 2.5배 이상이면 충분하다고 여겨지는데요. 보통 $30,000 이상의 영문 잔고증명서를 준비하는 편입니다.
영문 잔고증명서의 명의자와 I-20 신청자가 꼭 같을 필요는 없습니다. 다만 이때는 영문 잔고증명서의 명의자가 어학연수 비용 전체를 확실히 후원할 것이라는 보증의 의미로 '재정보증서 Affidavit of Support form'를 작성해야 합니다. 그러므로 가능하면 I-20 신청자의 계좌를 이용하는 것이 좋겠지요.

이외에도 어학원에 따라서 필요한 서류들이 더 추가될 수 있습니다. 일부 대학부설 어학원의 경우에는 고등학교 졸업증명서와 성적증명서를 요구하는 경우도 있는데, 필요한 서류 중 한 가지라도 빠지면 I-20가 발행되지 않으니 꼭 주의하세요!

단계 04 ☑
입학 신청비 납부

원서 접수비, 즉 입학 신청비 Application fee/Enrollment fee를 납부해야 합니다. 이 비용은 어학원마다 조금씩 다르지만 보통 $100~200 사이입니다. 신용카드나 체크 미국 수표, 머니오더 Money order 등의 방법으로 납부할 수 있지만, 신용카드로 온라인 결제하는 것이 가장 간단하고 편리합니다.

단계 05 ☑
I-20 발급

입학 신청이 정상적으로 이루어지면, 얼마 뒤 국제우편을 통해 I-20가 배송됩니다. 사설 어학원의 경우에는 업무처리가 빠르기 때문에 1주일 남짓한 기간이 소요되는 편이고, 대학부설 어학원의 경우에는 학사 일정에 따라 전체 학생의 입학관련 업무를 일괄적으로 처리하는 편이기 때문에, 길게는 몇 주 이상이 소요될 수도 있습니다.

단계 06 ☑
I-20 확인

I-20(입학허가서)

I-20가 도착하면 다음 사항들을 반드시 확인해야 합니다.

• 성명과 생년월일이 여권의 정보와 동일한가
• 어학원명과 개강날짜가 정확한가

이중 한 가지라도 다르다면 그 I-20는 절대 사용할 수 없습니다. 결국 다시 I-20 신청절차를 밟아야 하는 것이지요. 그러니까 I-20를 받은 것만으로 안심하지 말고, 다시 꼼꼼하게 확인해 보세요.

I-20는 정말 중요한 서류이기 때문에 절대 분실하면 안 됩니다. I-20가 있어야지만 그 다음 단계인 학생비자 인터뷰를 진행할 수 있고, 학생비자를 발급받았다 해도 I-20가 없으면 미국 입국이 허용되지 않거든요. 믿기지 않겠지만, 실제로 I-20를 잃어버려서 인천공항까지 갔다가 다시 집으로 돌아가는 경우가 종종 있답니다. 또 어학연수 중에도 필요한 경우가 상당히 많으니까, 잃어버리지 않게 조심조심 잘 챙겨두는 것을 잊지 마세요!

학비 납부 방법

학비는 미국 학생비자를 발급받은 다음, 어학원에 미리 완납하고 미국으로 출발해야 합니다. 유학원을 통해 간편하게 납부할 수도 있고, I-20와 함께 도착한 학비 인보이스(Invoice. 납입해야 할 금액과 계좌가 명시된 청구서)를 가지고 직접 은행에 가서 송금할 수도 있는데요. 학비를 낸 다음에는 미국의 어학원으로부터 해당 비용이 모두 완납되었다는 '확인영수증'까지 받아 놓는 것이 안전합니다. 만약 홈스테이나 기숙사, 공항 픽업 서비스 등을 신청해 놓았다면 그 비용들도 학비와 함께 납부해야 합니다.

2. 비자 인터뷰 신청하기

"미국에 계시는 이모 댁에서 그 근처에 있는 대학부설 어학원에 다니기로 했어요. I-20
도 이모께서 직접 받아서 보내주셨고요. 그런데 비자는 한국에서 제가 받아야 된다고 하
시더라고요? 유학원을 통하지 않았기 때문에 비자도 저 혼자 준비해야 할 것 같은데, 좀
겁이 납니다. 혼자서도 할 수 있을까요?"

물론 혼자서도 할 수 있습니다. 하지만 그 준비과정이 그렇게 쉽지는 않아요. 비자 인
터뷰 당일에 제출해야 할 여러 가지 서류들도 자신의 상황에 맞게 하나하나 준비해야 하
고, 담당 영사의 예상 질문에 맞춰 답변도 연습해 두어야 합니다. 무엇보다 온라인으로
비자 인터뷰를 신청하는 것부터가 보통 손이 가는 일이 아니지요. 그래서 저는 가능하면
신뢰할 수 있는 유학원이나 비자 대행업체의 정확한 도움을 받아서 비자 인터뷰를 준비
하는 것이 지혜로운 방법이라고 생각합니다.

그러나 유학원을 통한다고 해도, 내가 알아야 일처리가 제대로 되고 있는지 알 수 있기
때문에 '비자 발급 과정'에 대해 상세히 알아둘 필요가 있습니다.

먼저 비자 인터뷰를 신청하는 방법부터 자세히 알아볼까요?

단계 01 ☑
비자 신청 수수료 납부

우선 학생비자 신청 수수료 $160을 납부하고 그 영수증을 받아야 합니다. 납부방법은 은행 창구 이용과 인터넷뱅킹, 2가지가 있는데요.

먼저 주한 미국대사관이 운영하는 미국비자정보서비스 웹 사이트 http://ustraveldocs.com/kr_kr에 접속한 다음 왼쪽 메뉴에서 '비자 수수료 지불하기'를 누르면, '인터넷뱅킹을 통한 납부'와 '은행에서 현금 지급', 2가지 메뉴가 나옵니다.

은행에 가서 납부하기를 원하면 '은행에서 현금 지급' 메뉴를 선택하고, 뒤이어 아래 나오는 '비자 종류 및 신청 수수료' 표에서 'F 학생(학문) $160'을 선택합니다. 그런 다음 '미국 비자 신청 수수료 납부 신청서'라는 페이지를 인쇄해서 한국씨티은행에 가져가 해당 금액을 원화로 납부하면 됩니다.

이때 받은 '미국 입국 비자 신청 수수료 영수증'은 절대 잃어버리면 안 됩니다. 단계 04에서 필요한 '거래번호 영수증 번호'가 나와 있는데다가, 비자 인터뷰 시 담당 영사에게 제출해야 할 필수서류 중 하나거든요. 분실하면 수수료 $160을 또 내고 새로 발급받아야 하니까, 주의하세요!

'인터넷뱅킹을 통한 납부'를 선택할 경우에는 따로 발급받는 영수증이 없는 대신, '고유이체번호'라는 것이 있습니다. 이 번호가 거래번호와 같은 역할을 하니까, 번호를 잊어버리지 않도록 해당 화면을 바로 출력해 보관하는 것이 좋습니다.

단계 02 ☑
비자용 사진 준비

미국 비자에는 본인의 얼굴 사진이 함께 인쇄되기 때문에 비자용 사진 5×5㎝, 최근 6개월 이내 촬영을 준비해서 비자 인터뷰 때 가져가야 합니다. 또 온라인으로 작성하는 미국 비자 신청서에도 같은 사진을 넣어야 하니까, 미리 규격에 맞는 디지털 파일 가로세로 600pixel, 스캔 시에는 해상도 300, 용량 240KB 이내, jpeg 형식으로도 준비해 놓으세요.

단계 03 ☑
DS-160 작성 및 출력

이제 미국 국무부 전자신청서센터 웹사이트 http://ceac.state.gov/GENNIV에서 미국 비자 신청서인 'DS-160'을 작성해야 합니다.

DS-160은 비자 신청자의 개인 정보를 미리 입력해 제출함으로써, 비자 인터뷰 당일에 담당 영사가 신청자의 정보를 바로 확인할 수 있게 하기 위한 것입니다. 그러니 너무 어렵게 생각할 필요 없이, 자신의 정보를 있는 그대로 정확하게 입력하면 됩니다. 참고로 모국어로 이름을 기입하는 부분 외에는 모두 영문으로 입력해야 해요.

한 가지 주의할 점은, DS-160을 작성하다가 20분 이상 멈춘 상태가 지속되면 시간 초과에 걸려서 그때까지 작성한 모든 내용이 사라져버린다는 거예요. 그러니까 수시로 '저장' 버튼을 눌러서 작성중인 파일을 내 컴퓨터에 꼭 남겨 놓으세요.

DS-160을 모두 작성하고 나면, 알파벳과 숫자로 조합된 'DS-160 확인번호 Confirmation NO.'와 내 사진이 담긴 확인 페이지 Confirmation가 나옵니다. 이 페이지를 한 장 출력하고, 분실할 경우를 대비해 이메일로도 발송해 놓으세요. 출력한 확인서는 비자 인터뷰 때 제출해야 할 서류 중 하나이므로, 서류철에 끼워서 잘 보관해 둡니다. 바코드는 절대 훼손되면 안 된다는 점도 주의하세요!

단계 04 ☑
비자 인터뷰 일시 예약

DS-160까지 작성을 마쳤다면, 이제 비자 인터뷰를 보러 가기 위해서 인터뷰 날짜와 시간을 예약해야 합니다. 이 과정 역시 미국비자정보서비스 웹사이트 http://cgifederal.force. com/SiteRegister에서 온라인으로 진행됩니다.

비자 인터뷰 날짜와 시간을 예약할 때는 다음 정보들을 정확하게 입력해야 해요.

• 여권에 나와 있는 것과 동일한 본인의 개인정보
• '미국 입국 비자 신청 수수료 영수증'의 거래번호 또는 '인터넷 뱅킹을 통한 납부' 시 고유이체번호 : 단계 01 참조
• 확인 페이지의 'DS-160 확인번호' : 단계 03 참조
• I-20 맨 첫 페이지의 오른쪽 상단에 있는 'SEVIS 번호(N001으로 시작하는 11자리 번호)'

따라서 위 자료들을 미리 컴퓨터 앞에 펼쳐 놓고 예약 신청을 시작하는 것이 편리합니다.

비자 인터뷰가 가능한 날짜와 시간은 온라인 예약 페이지에서 바로 확인할 수 있어요. 주한 미국대사관이 업무를 보지 않는 미국의 공휴일, 한국의 공휴일, 토요일, 일요일을 제외한 평일에만 인터뷰가 가능하며, 인터뷰를 볼 수 있다고 표시된 날짜와 시간 중 자신이 원하는 일정을 골라 선택하면 됩니다.

예약이 끝나면, 마지막으로 화면에 뜨는 '예약 확인 페이지'를 꼭 인쇄해야 합니다. 그게 바로 '비자 인터뷰 예약 확인서'니까요. 이것 또한 만일의 경우를 대비해서 이메일로 사본을 보내두는 것도 잊지 마세요.

단계 05 ☑
SEVIS fee 납부

마지막으로 SEVIS fee 세비스 피 $200을 납부하고 영수증을 출력하면, 미국 비자 인터뷰를 예약하기 위해 거쳐야 하는 모든 신청과정이 끝이 납니다.

SEVIS The Student and Exchange Visitor Information System란 유학비자F. M와 교환방문비자J로 미국에 입국하는 외국인들의 신원을 관리하기 위한 프로그램의 이름이에요.

2001년에 발생한 911 테러가 유학생으로 신분을 위장하고 미국에 입국한 이슬람 무장단체 요원의 범행으로 밝혀지면서, 그 이후 유학비자와 교환방문비자로 미국에 입국하는 외국인들이 미국 내 어떤 기관에 등록되어 있고 무슨 활동을 하는지 확인하기 위해 만들어진 것이지요. 그리고 이 제도의 운영 경비를 미국에 입국하려는 외국인들에게 부담시키기 위해 유학비자의 경우에는 $200, 교환방문비자의 경우에는 $180을 온라인으로 납부하고 그 영수증을 비자 인터뷰 시 담당 영사에게 제출하도록 정해 놓았습니다. 이제 SEVIS fee가 무엇인지 명확하게 아시겠지요?
SEVIS fee를 납부하기 위해서는 먼저 3가지를 준비해야 합니다.

• 여권
• I-20
• 해외 결제가 가능한 신용카드VISA/MASTER

준비가 되었다면, 미국 교환자방문프로그램 사이트http:// fmjfee.com를 열고 개인정보를 입력한 뒤 결제를 진행하면 됩니다.

이때 많은 학생들이 'SEVIS Identification Number'와 'School Code' 항목이 무엇을 말하는지 몰라 헤매곤 하는데요. SEVIS Identification Number는 단계04에서 사용한 I-20의 SEVIS 번호N001으로 시작하는 11자리 번호를 말하는 거예요. 이 번호는 우리나라로 치면 주민등록번호와 같은 역할을 하니까, 꼭 잘 기억해 두세요. 그리고 School Code 역시 I-20의 맨 첫 페이지 2번 항목에 나와 있는데요. 이 번

호는 내가 앞으로 미국에 가서 공부하게 될 어학원의 고유
번호 영문과 숫자가 조합된 15자리 번호랍니다.

이렇게 모든 정보를 정확히 입력하고 신용카드 결제까지
무사히 마쳤다면, 'SEVIS fee 납부 확인 영수증'을 출력하
는 것으로 모든 과정이 마무리됩니다.

지금까지 비자 인터뷰 신청방법을 살펴보았습니다. 최대한 쉽게 전하는 것을 목표로
했지만, 모두 온라인으로 진행되는 복잡한 과정들이다 보니 '상세한 절차 하나하나를 그
림으로 보여주면 좋을 텐데….' 하고 생각하는 학생들도 있을 거예요.
만약 유학원이나 비자 대행업체의 도움 없이 혼자 수속을 밟을 예정이라면, 아래 안내된
홈페이지를 참고하세요. 비자 인터뷰 신청의 모든 과정을 하나하나 캡처해 '완전 쉽게'
안내했기 때문에, 화면을 보고 그대로 따라 하기만 하면 되거든요!

그럼 이제 비자 인터뷰 날, 담당 영사에게 제출할 서류를 준비해 볼까요?

〈따라 하기 쉬운 비자 인터뷰 신청 방법〉

단계 01	http://cafe.naver.com/ram2/162907
단계 03	http://cafe.naver.com/ram2/162905
단계 04	http://cafe.naver.com/ram2/162904
단계 05	http://cafe.naver.com/ram2/162903

3. 비자 인터뷰 준비서류

"미국 학생비자 인터뷰를 준비하고 있는 대학생입니다. 저는 지금 군대 전역 후 휴학 중인데요. 휴학생이 따로 준비해야 할 서류가 있나요? 부모님께서 준비해주셔야 할 서류는 어떤 게 있을까요?"

최근 미국에는 지나치게 늘어난 불법 체류자들이 심각한 사회문제가 되고 있습니다. 그렇다 보니 미국 비자 발급과정이 예전에 비해 상당히 까다로워졌지요. 특히 학생비자는 장기 체류가 합법적으로 보장되는 비자이기 때문에, 미국대사관에서는 비자 인터뷰를 통해 다음의 3가지 핵심 사항을 꼼꼼하게 확인하려고 합니다.

- 유학 목적 : 미국에 가는 이유가 정말 '공부' 때문인가
- 재정 능력 : 공부할 수 있는 경제적인 여건이 충분한가
- 귀국 계획 : 학업을 마치고 다시 돌아와야 할 분명한 사유가 있는가

이에 대해 충분히 납득할 만한 답변을 하고, 그 말을 뒷받침하는 '증거자료'가 있어야만 비자를 발급해주는 것이지요. 이 증거자료가 바로 우리가 준비해야 할 서류입니다.

1
내 상황에 딱 맞는 '맞춤 서류'가 필요하다

담당 영사는 답변을 뒷받침할 수 있는 공식 서류를 확인할 수 있을 때만 비로소 신청자의 말을 믿어줍니다. 말로는 누구나 그럴 듯하게 이야기할 수 있으니까요. 그래서 비자 인터뷰를 준비할 때는 담당 영사가 위 3가지 핵심 사항에 대해 조금의 의심도 갖지 않도록 '설득력 있는' 서류를 준비해야 합니다.

먼저 신청자의 직업이 학생인 경우에는 위 3가지 중 '유학 목적'과 '귀국 계획'은 상대적으로 크게 문제가 되지 않습니다. 그러므로 현재 소속되어 있는 학교의 재학증명서나 휴학증명서, 그리고 성적증명서 정도를 제출하는 것으로 충분합니다.

그러나 '재정 능력'에 대해서는 이야기가 달라집니다. 경제 활동을 하지 않는 학생이 혼자 힘으로 미국에서 어학연수를 할 수 있을 만큼의 돈을 마련한다는 것은 상식적으로 불가능한 일이기 때문이지요. 그러므로 대신 부모님의 재정 능력을 충분히 보여줌으로써 경제적 여건이 확실하다는 사실을 입증해야 합니다.

반대로 신청자가 한국에서 상당기간 소득활동을 해왔고 그에 합당할 만큼 재정 능력을 탄탄하게 갖추고 있는 직장인이라면, 자신의 경제력을 입증하기 위해 별도의 재정보증인을 세우지 않아도 됩니다.

직장인 신청자에게는 오히려 한국에서의 안정된 생활을 멈추면서까지 미국에 가서 공부하려는 자신의 '유학 목적'과 공부를 마친 뒤 미국에 체류하지 않고 꼭 귀국할 것이라는 확실한 '귀국 계획'을 제시하여 담당 영사를 설득하는 것이 관건이지요.

이렇게 비자 신청자의 개별적인 상황에 따라 인터뷰에서 비중 있게 심사하는 부분이 달라지기 때문에, 인터뷰를 위해 준비해야 하는 서류의 목록과 내용도 자연히 달라질 수밖에 없습니다. 하지만 정말 많은 학생들이 이 점을 간과하고 가볍게 접근했다가, 황당하게 비자 발급을 거절당하곤 합니다. 미국 비자는 한 번 거절되면 발급 가능성이 몇 배나 떨어집니다. 그러니까 되도록 '한 번에' 발급받을 수 있도록, 서류부터 철저하게 준비하세요!

지금부터는 비자 인터뷰 준비서류에 대해 조금 더 세부적으로 살펴보겠습니다.

2
학생인 경우, '본인'이 준비해야 할 서류

비자 신청자가 학생인 경우에는 다음 서류들만 준비하면 됩니다. 이 중 대부분은 한글로 준비해도 무방합니다. 특별히 영문으로 떼야 하는 서류들은 '★' 표시를 해놓았으니 꼭 확인하세요.

- 6개월 이상 유효기간이 남아있는 여권
- 비자 인터뷰 예약 확인서
- 비자 사진
- I-20
- 미국 입국 비자 신청 수수료 납부 영수증(한국씨티은행 발급)
- DS-160 확인서
- SEVIS fee $200 납부 영수증
- ★최종 학교 재학증명서 혹은 휴학증명서 혹은 졸업증명서
- ★최종 학교 전체 성적증명서

휴학 또는 졸업 후 6개월 이상 공백기가 있는 경우에는 그 기간 동안 무엇을 했는지 설명할 수 있는 자료를 준비하는 것이 좋습니다. 예를 들어 '영어학원 수강 확인서'와 같은 서류를 추가로 준비해서 제출하면 비자 발급이 아주 유리해지지요.

학교 성적이 비자 발급에 영향을 미치는지 궁금해 하는 분들도 많은데요. 낙제 수준에 가까울 정도로 지나치게 낮은 점수가 아니라면 크게 문제가 되지 않습니다.

3
학생인 경우, '재정보증인'이 준비해야 할 서류

앞서 말한 대로 학생들은 '재정보증인'이 필요합니다. 여기서 말하는 재정보증인은 법적 개념의 보증인을 뜻하는 표현은 아니에요. 단지 '비자 신청자가 미국에서 어학연수를 하는 동안 사용할 경비를 누가 지원할 것인지'를 표시하는 개념이지요. 따라서 법적으로 보증 책임을 지는 것은 절대 아니랍니다.

재정보증인은 부모님이나 형제자매들을 내세우는 것이 일반적이지만, 가까운 친척 명의를 빌릴 수도 있습니다. 그러나 친구, 연인, 선후배, 또는 직장 동료 등 지인이 재정보증인이 될 수는 없어요.

재정보증인이 준비해야 할 서류 목록은 재정보증인의 직업에 따라 조금씩 달라집니다. 재정보증인의 직업별 준비서류는 아래의 홈페이지 주소를 참고해주세요.

〈재정보증인의 직업별 준비서류 목록〉

http://cafe.naver.com/ram2/183123

참고로 월세소득이 있는 경우에는 '부동산 임대 계약서'를 추가하면 도움이 되고, 부동산 자산이 많은 경우에는 '지방세 세목별과세증명서'도 준비하는 것이 좋습니다. 그리고 의사, 약사, 변호사, 회계사, 변리사 등의 전문직 종사자인 경우에는 해당 자격증 사본을 첨부하면 인터뷰가 한결 수월해집니다.

4
소득활동자인 경우, '본인'이 준비해야 할 서류

비자 신청자가 재직자이거나 사업자 등 소득활동자인 경우에는 학생의 경우보다 준비할 것이 많습니다. 앞서 살펴본 '학생 신분의 본인 준비서류 목록'을 기본으로 해서, '재정보증인의 직업별 준비서류 목록' 중 자신에게 해당하는 내용에 속하는 모든 서류를 추가로 준비해야 합니다. 특히, 어학연수나 유학의 목적과 향후 귀국 계획을 구체적으로 증빙할 수 있는 자료를 꼼꼼하게 준비하는 것이 중요합니다.

4. 비자 발급에 성공하는 인터뷰 비법

"바로 내일이 비자 인터뷰 날이에요. 비자 인터뷰라는 게 면접과 비슷한 거잖아요. 그래서 첫인상도 무척 중요할 것 같은데, 옷은 어떤 식으로 입고 가는 게 좋을까요? '어떤 식으로 답변해야 한다'하는 비법 같은 건 없나요?"

'신언서판身言書判'이라는 말이 있습니다. 중국 당나라 때 관리를 채용하는 기준으로 삼았던 4가지를 이르는 말인데요. 사람을 볼 때는 그 사람의 풍채와 용모를 보고, 조리 있는 언변을 보고, 됨됨이가 드러나는 글을 보고, 판단력을 따져 보라는 것이지요. 그런데 신기하게도 이것은 비자 인터뷰에도 그대로 적용됩니다. 인터뷰를 진행하는 담당 영사는 첫눈에 비자 신청자의 복장과 태도 등을 보고 긍정적 또는 부정적인 이미지를 갖게 됩니다. 그리고 본격적인 질문과 답변을 통해 신청자의 비자 발급 자격을 따져 보고, 동시에 서류를 통해 그 답변이 신뢰할 만한 것인지 확인한 다음 비자 발급 여부를 결정합니다. 정말 말 그대로 외모도 보고, 말도 들어보고, 글서류도 확인하는 것이지요.

비자 인터뷰를 담당하는 영사들은 하루 종일 수많은 비자 신청자를 상대하는 전문가입니다. 짧은 인터뷰 시간 동안 위에서 말한 모든 요소를 심사해서 비자 발급 여부를 결정하므로, 어느 것 하나 소홀함 없이 철저하게 준비하고 인터뷰에 응해야 합니다.

1
복장은 단정하고
신뢰감을 줄 수 있게!

첫인상에 가장 큰 영향을 미치는 것은 바로 복장입니다. 잘 생기고 못생기고의 문제가 아니지요. 무엇보다 복장은 그 사람의 생활수준까지도 반영하기 때문에, 경제력을 중요하게 평가하는 비자 인터뷰에서 꼭 신경 써야 할 부분입니다.

학생이라면 깔끔하고 단정한 옷차림으로 모범생의 이미지를 보이세요. 단, 너무 수수한 학생 차림은 인터뷰를 전혀 신경 쓰지 않은 것처럼 보이니까, 중요한 모임이나 발표회에 나간다고 생각하고 옷을 고르면 됩니다. 그리고 지나치게 짙은 화장이나 크고 화려한 액세서리, 눈에 띄는 매니큐어, 찢어진 청바지, 노출이 심하거나 몸매를 과하게 드러내는 옷 등은 피하는 것이 좋습니다. 미국에 가고 싶어 하는 이유, 즉 '공부'라는 목적을 의심받을 수 있거든요.

직장인이라면 최소한 세미 정장 정도로 갖춰 입고 가는 것이 좋습니다. 회사 입사 면접날이라고 생각하고, 차분하고 신뢰할 수 있는 이미지를 연출하세요. 또 경제 활동을 했던 만큼 경제적으로 충분한 여유가 있음을 어필하도록 액세서리 하나도 품위 있는 스타일을 선택하는 것이 좋습니다. 물론 지나친 치장은 금물이고요.

복장은 나를 포장할 수 있는 가장 훌륭한 도구입니다. 영사가 내가 하는 말을, 그리고 '나'라는 사람을 믿을 수 있도록 나를 꾸미는 것. 이것이 관건입니다.

2
표정은 밝게,
태도는 반듯하게!

아무리 복장을 잘 갖춰 입었다고 해도 인터뷰 내내 불편한 표정과 좋지 않은 태도를 보인다면 비자 발급이 어려울 수밖에 없습니다. 비자 발급은 전적으로 담당 영사의 개인적인 판단에 따라 결정되는 것이니까요. 그러므로 인터뷰를 진행하는 동안에는 밝고 자신감 있는 표정, 영사와의 눈맞춤, 그리고 바른 자세를 반드시 유지해야 합니다.

비자 인터뷰를 보러 가면 우선 2층 인터뷰 장소에서 대기하게 되는데요. 자신의 순서가 되었을 때, 담당 영사가 있는 부스 쪽으로 걸어가는 그 순간부터 실제 인터뷰가 시작되었다고 생각하고, 인터뷰가 끝날 때까지 긴장감을 놓으면 안 됩니다.

담당 영사 앞에 서면 우선 친근한 미소를 지으면서 "안녕하세요. ○○○입니다."라고 분명한 목소리로 인사부터 하세요. 시작이 가장 중요하니까요.
그리고 인터뷰가 진행되는 동안 영사의 눈에서 시선을 떼면 안 됩니다. 영사의 눈길을 피하거나 시선이 산만하면 신청자의 진지함이 느껴지지 않기 때문에 '이 사람은 비자가 꼭 필요한 게 아닌가? 여긴 뭐 하러 온 거지?' 하고 생각하게 됩니다. 무언가 숨기는 게 있다는 느낌도 들어서 답변의 신뢰도도 낮아지지요.
혹시 영사가 모니터만 보고 있다고 해도, 여러분은 꿋꿋하게 영사를 바라보세요. 대충대충 인터뷰를 진행하는 것 같아도, 사실은 신청자의 눈빛까지 살피는 중이니까요.

또 자기도 모르게 등을 구부정하게 굽히고 있거나, 창구에 몸을 기대거나 손을 걸치고, 다리를 덜덜 떠는 등 나쁜 자세로 인터뷰를 보는 사람들이 있는데요. 그런 자세는 매우 불안하고 불량하게까지 보일 수 있습니다. 그러니까 어깨와 허리는 곧게 펴고, 바른 자세를 유지하도록 주의하세요.

3
답변은 간결하고 정확하게, 목소리는 또렷하고 자신감 있게!

앞서도 말했듯 담당 영사가 학생비자 신청자에게 묻는 것은 딱 3가지입니다. 질문의 표현방식이야 조금씩 다를 수 있겠지만 결국 정리해 보면 미국에 가려는 목적이 무엇인지, 경제적 여건은 충분한지, 분명한 귀국 계획이 있는지를 묻는 것이지요.

따라서 인터뷰를 보러 가기 전에는 위 3가지 사항에 대해 구체적인 답변을 작성해 보고, 그 답변에 따라올 수 있는 추가 질문에도 대비해 두어야 합니다. 비자 인터뷰는 3분에서 5분 사이면 끝나기 때문에, 그 자리에서 '어떻게 답변할지' 차분하게 생각할 여유가 없습니다.

이때 답변의 포인트는 '가장 중요한 핵심만 간결하고 명확하게 전달하는 것'입니다. 중언부언 길게 말하면 전달도 잘 안 되고, 중간에 영사가 말을 끊어버리는 일이 발생합니다. 그렇게 되면 그 질문에는 아예 답변을 못한 것이나 마찬가지가 되는 것이지요. 그리고 말꼬리를 흐리면 자신감이 없어 보여서 답변에 대한 신뢰감마저 반감되니까, 처음부터 끝까지 또박또박 이야기하세요.

4
거울 앞에서 10번 이상, 실전처럼 연습한다

한 가지 주의할 점은 영사가 꼭 내가 생각한 순서대로 질문을 하란 법은 없다는 것입니다. 또 같은 내용을 묻는 것이라고 해도 내 예상과 전혀 다른 형식으로 물을 수도 있지요.

대부분은 이런 상황이 되면 머릿속이 새하얗게 변해, 애써 준비한 답변을 입 밖에 꺼내보지도 못한 채 돌아오게 됩니다. 그러니 되도록 다양한 질문 형태를 만들어서 연습해 두어야 합니다. 그리고 답변은 머릿속으로 생각만 하지 말고, 또박 또박 말하며 연습하세요. 그래야 입에 붙습니다.

모든 준비가 끝나면 바른 자세로 거울 앞에 서서, 실제 인터뷰를 보는 것처럼 10번 이상 연습해야 합니다. 별 것 아닌 것 같아도 이 훈련이 실전에서 엄청난 차이를 불러옵니다. 그냥 책상 앞에서 답변을 줄줄 읽는 것보다 긴장감도 생기고, 면접관의 눈으로 내 모습을 점검할 수 있기 때문이지요. 이 훈련까지 마쳤다면, 인터뷰를 보러 갈 준비가 다 되었다고 생각해도 좋습니다.

간혹 담당 영사의 쌀쌀맞은 태도에 위축되어 비자 인터뷰를 망쳤다고 속상해하는 학생들이 있는데요. 영사가 나에게 호의적일 것이라고 생각하면 큰 오산입니다. 영사들 중에는 상냥한 분도 있지만, 매우 공격적인 분도 많이 있거든요. 혹시 분위기가 좋지 않더라도 절대 동요하지 말고, 연습한 것처럼 자신감 있게 답변하세요. 답변만 잘하면 비자는 무사히 발급됩니다.

선배들이 전하는
비자 인터뷰 '핵심 노하우'

1. 자신의 상황에 맞는 답변을 미리 준비하고, 모의 인터뷰 연습을 충분히 한다.
2. 답변과 제출할 서류의 내용이 서로 일관성 있어야 한다.
3. 비자 발급이 불리한 조건일수록 이를 만회할 수 있는 근거 서류를 합리적으로 제시해야 한다. 영어학원 수강증, 본인이 참여한 공연 팸플릿이나 작품 전시회 팸플릿 등
4. 만약을 대비해 비자 사진 여유분을 꼭 준비해 간다.
5. 재정 서류가 빈약할 경우, 옷차림을 비롯한 외모에 더욱 신경을 쓴다.
6. 인터뷰 당일, 예약시간에 늦지 않도록 여유 있게 도착한다.
7. 창구가 잘 보이는 앞쪽에 앉아서 대기하면서, 다른 사람들의 인터뷰 내용을 보고 참고한다.
8. 인터뷰 시, 창구 선반에 기대거나 팔을 올리지 않고 바른 자세로 선다.
9. 영사와 눈을 맞추고 웃으면서 답변한다.
10. 어미까지 또박또박 분명하게, 자신감 있게 말한다.
11. 장황하고 자세한 설명보다는 간결하고 명확한 답변이 효과적이다.
12. 공격적인 질문이 나와도 절대 당황하거나 말을 돌리지 않는다.
13. 답변이 서류 내용과 일관성 있어야 한다.

미국 비자 인터뷰 후기를 가장 많이 볼 수 있는 곳! http://cafe.naver.com/ram2 ⇨ 'VISA인터뷰 후기'메뉴

어학연수 인터뷰는 한국어로, 유학 인터뷰는 영어로!

어학연수를 목적으로 인터뷰를 볼 경우에는 한국어로 답변하면 됩니다. 간혹 영사가 영어로 물어볼 때 영어로 답변하기가 어렵다면, 바로 통역관(interpreter, translator)이 필요하다고 말하세요. 그러면 통역관이 영사 옆에 서서 통역을 해줍니다. 이때 통역이 어떻게 말하는가에 따라서 영사의 판단이 뒤바뀔 수 있으므로, 통역관이 오면 "통역 잘 부탁드립니다." 하고 공손하게 인사부터 하는 것이 좋습니다. 누구든지 자신에게 겸손한 태도로 도움을 요청할 때 도와주고 싶은 마음이 생기는 법이니까요.

다만 정규 유학이나 교환학생처럼 기본적인 영어 실력이 필요한 경우는 영어로 비자 인터뷰를 보게 됩니다.

check 06.
출국 준비와
짐 싸기

1. 항공권 구입하기

"이번에 9개월 동안 뉴욕으로 어학연수를 가게 되었어요. 그런데 항공권을 아예 왕복으로 끊고 출국하는 게 나은지, 돌아오는 항공권은 그때 가서 사는 게 나은지 모르겠어요. 최대한 저렴하게 사고 싶은데, 어떻게 하면 좋을까요?"

항공권의 가격은 기본적으로 왕복인가 편도인가에 따라 많이 달라지고, 목적지까지 한 번에 가는 직항인가 아닌가에 따라 또 차이가 발생합니다. 그리고 항공사마다 정해져 있는 성수기와 비수기에 따라 가격이 달라지지요.

따라서 항공권의 가격은 '사기 나름'이라고 할 수 있습니다. 내가 어떤 조건을 선택하느냐에 따라 가격이 천차만별로 달라지니까요. 또 항공사에 따라 무료로 부칠 수 있는 수하물의 양이 다르므로, 그 점도 잘 따져보아야 한답니다.

그럼 어떻게 해야 가장 경제적인 가격으로 항공권을 구입할 수 있을까요?

1
가는 표만 사는 '편도' vs 돌아오는 표까지 사는 '왕복'

경제적인 면을 고려한다면, 당연히 왕복을 구입하는 것이 정답입니다. 편도보다 왕복으로 구매할 때, 금액이 상당히 할인되거든요.

편도로 구입하면 당장 지출되는 금액이 적기 때문에 왕복에 비해 저렴한 것 같지만, 실제로는 왕복 항공권의 3/5에서 많게는 2/3의 비용을 지불하는 것이라서 절대 경제적이지 않습니다. 나중에 귀국할 때도 비싼 편도 요금을 또 내야 하니까, 결국에는 손해가 이만저만이 아닌 것이지요.

단, 왕복 항공권은 최대 기간이 1년이라서 1년 이상 미국에 체류할 계획이라면 어쩔 수 없이 편도 항공권을 구입해야 한다는 점도 알아두세요!

참고로 '미국에 입국할 때 한국으로 돌아갈 항공권을 보여주지 않으면 입국 자체가 거부된다'는 이야기가 있는데요. 그것은 절대 사실이 아닙니다. 편도 항공권으로 입국했다 해도, 현지에서 한국행 항공권을 구입해 귀국하면 그만이니까요.

2
편리하지만 비싼 '직항' vs 번거롭지만 알뜰한 '경유'

'직항'이라는 것은 비행기가 이륙한 뒤, 다른 도시에 들르지 않고 목적지까지 한 번에 날아가는 것을 의미합니다. 그리고 '경유'는 다른 도시에 들러 비행기를 한 번 이상 갈아타는 것을 말하지요.

직항과 경유의 장단점은 뚜렷합니다. 직항은 비행기를 갈아탈 일이 없으므로 편리하고, 비행시간이 단축되며, 그만큼 피로도가 적습니다. 또 대한항공이나 아시아나 항공 등 국내 항공사를 이용하면 대부분의 승무원이 한국인이므로, 편안한 기내 서비스를 받을 수 있지요. 다만 그래서인지 항공권 가격이 상대적으로 비쌉니다.

반대로 경유의 장점은 저렴한 비용입니다. 그리고 단점은 비행기를 갈아타야 한다는 번거로움과 경유지에서 지체하는 시간, 그에 비례하는 피로도이지요. 우리나라 항공사가 아닌 UA United Airline, AA American Airline, DL Delta, JAL Japanese Airline 등의 외국 항공사를 이용하면, 대부분 일본의 나리타 공항에서 한 번 비행기를 갈아타게 됩니다. 환승을 위해 대기하는 시간은 보통 2~6시간 정도인데, 대기 시간이 길어질수록 항공권 비용은 저렴해집니다.

경유 항공편에 대해 많이들 궁금해 하시는 것 중 하나가 '수하물을 중간 경유지에서 한 번 찾았다가 새로 부쳐야 하는가, 아닌가'의 문제인데요. 정답은 '경유지가 미국 외 도시인가, 미국 내 도시인가에 따라 달라진다'입니다.
경유지가 미국이 아닌 경우는 승객들이 대기하는 사이 수하물은 다음 비행기의 수하물 칸으로 옮겨지기 때문에, 최종 목적지에서 찾으면 됩니다. 그러나 경유지가 미국 내 도시라면, 경유지에서 모든 수하물을 찾은 다음 국내선 항공기로 갈아탈 때 다시 부쳐야 하지요. 조금 번거롭지요?

3
비싼 '성수기' vs 저렴한 '비수기'

대부분의 항공사들은 출발일을 기준으로 7월과 8월을 여름 성수기로, 12월 중순에서 1월 하순을 겨울 성수기로 정하고 있습니다. 그때는 비수기에 비해 항공권 가격이 10~30% 정도 비싸지는 것이 일반적이지요.
그러므로 알뜰하게 항공권을 구매하려면 여름에는 가능한 6월 말이나 9월 초에 출국하는 것이 좋고, 겨울에는 12월 중순 이전이나 2월 초에 출국하는 것이 좋습니다. 참고로 항공권의 가격은 무조건 '출발일'을 기준으로 정산되므로, 비수기에 출국한다면 왕복 항공권의 귀국 날짜가 성수기에 속한다고 해도 비수기 요금으로 계산됩니다.

한 가지 유용한 팁을 더 드리면, 주말인 토요일이나 일요일에 출국하는 경우에는 특별히 주말 비용을 추가하는 항공사들도 있다는 사실을 꼭 참고하세요.

2. 유학생 보험 가입하기

"1년 예정으로 어학연수를 갑니다. 그런데 부모님께서 미국은 병원비나 약값이 한국에 비해 아주 비싸다는 이야기를 들으시고는 보험을 꼭 하나 들고 출발하라고 하시는데요. 보험이 꼭 필요할까요?"

필요합니다. 어학연수생에게 '유학생 보험'은 수업에 참여하기 위한 '필수 조건'이거든요.

미국은 우리나라에 비해 의료비가 매우 비싼 나라입니다. 게다가 우리나라와 달리 전 국민을 대상으로 한 건강보험제도를 운영하지 않기 때문에, 개인적으로 의료보험에 가입하지 않으면 매우 비싼 의료비를 고스란히 떠안게 됩니다. 간혹 미국에서 유학 중에 교통사고로 다리가 부러졌는데, 수술을 받고 며칠 입원했더니 병원비가 수천만 원이 나와서 결국 귀국하고 말았다는 이야기가 들리는 것도 그런 이유 때문이지요.

그래서 미국 내의 거의 모든 어학원들은 학생들이 유학 생활을 안정적으로 유지할 수 있도록, 개강 첫날 신입생 오리엔테이션 시간에 모든 신입생들의 유학생 보험 가입 여부를 일일이 확인합니다.

그럼 유학생 보험에 대해 좀 더 자세히 알아볼까요?

가입 방법

대학부설 어학원의 경우에는 $500,000약 5억 5천만 원 이상이나 되는 상당히 높은 수준의 보장한도를 요구하는 곳이 많습니다. 그렇다 보니 국내에서 판매하는 보험 대신 대학에서 직접 판매하는 보험에 가입해야 합니다. 하지만 사설 어학원의 경우에는 한국에서 미리 가입하고 가는 것이 좋습니다. 그렇지 않으면 현지에 도착해서 비용이 비싼 보험에 가입해야 하기 때문이에요.

보험료

대학부설 어학원은 보장한도가 높기 때문에 보험료도 비싼 편입니다. 반면 사설 어학원은 대부분 보장한도에 대해 특별한 규정이 없습니다. 그러므로 자신이 생각하기에 합리적인 선에 맞춰서 국내 보험사의 상품에 가입하면 됩니다. 대부분의 학생들은 보장기간 1년에 보장한도를 $50,000약 5,500만 원 내외로 설정하여 약 60~70만 원 정도의 보험료를 납부하고 있습니다.

보장 범위

유학생 보험은 유학생활 중에 흔히 발생할 수 있는 거의 모든 질병과 상해에 대해 포괄적으로 적용됩니다. 다만 일부 특정한 내용에 대해서는 보장이 되지 않을 수도 있어요. 가장 대표적인 것이 갑작스럽게 발생한 질병이나 상해로 볼 수 없는 '충치 등의 치아 관련 질병', '임신', '출산', 그리고 한국에서부터 앓아왔던 질병기왕증과 관련된 내용인데요.

이렇듯 보험 적용이 제한되는 경우도 있으므로, 병원 진료가 필요한 질병이나 상해가 발생하게 되면 보험 약관을 꼼꼼히 살펴본 뒤 정확하게 진료를 받는 것이 좋습니다.

물론 한국 보험사의 긴급 상담 콜센터는 365일 24시간 운영되므로, 크게 걱정할 필요는 없습니다.

정보 04 ☑
보상 방법

국내 보험사의 경우, 보상 방법은 다른 보험과 같습니다. 병원에 가서 치료를 받은 다음, 자신이 먼저 납부한 진료비 내역서와 진단서를 발급받아서 국내 보험사에 청구하면 되는 것이지요. 그러면 보장 범위 내에서 그 비용을 전액까지 보상받을 수 있습니다.

정보 05 ☑
**여행자 보험과의
차이점**

유학생 보험과 해외여행자 보험은 보장기간과 보장내용에 있어서 서로 큰 차이점이 있습니다.

유학생 보험의 경우에는 보장기간이 최대 1년까지 여유 있게 설정되기 때문에, 어학연수생들에게 적합합니다. 그러나 해외여행자 보험은 최대 보장기간이 3개월까지로 제한됩니다.

그리고 보장 내용에 있어서도 유학생 보험은 유학이나 어학연수를 하는 동안 많은 학생들에게 일반적으로 발생할 수 있는 각종 질병이나 상해에 대해서 폭넓게 보장이 되는 반면, 해외여행자 보험은 말 그대로 여행지에서 발생할 수 있는 상황에만 초점이 맞추어져 있습니다.

그러므로 어학연수를 갈 예정이라면 당연히 유학생 보험을 들어야겠지요.

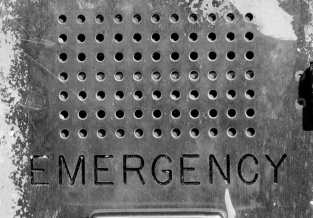

EMERGENCY

Police

THE WAIT
FOR OPERATOR

LIFT

TO REPORT AN EMERGENCY
1. LIFT COVER
2. PUSH BUTTON
3. ANSWER OPERATOR
YOU MUST ANSWER TO GET HELP

F.D.N.Y.

3. 미국에서 사용할 휴대폰 준비하기

"미국에서 휴대폰이 필요할까요? 전화를 쓸 일이 많지는 않을 것 같은데, 그래도 부모님과 통화하거나 급할 때는 휴대폰이 있는 게 나을 것 같기도 하고요. 그리고 미국도 우리나라처럼 휴대폰 기기 값이나 요금이 많이 비싼 편인가요?"

　　공부를 하러 가는 것인 만큼 미국에서는 휴대폰이 필요 없을 거라고 생각하는 학생들이 많은데요. 휴대폰은 어학연수의 필수품 중의 필수품입니다.
미국까지 어학연수를 가는 이유는 많은 외국인 친구들을 사귀고, 그 친구들과 적극적으로 교류하면서 생활 속에서 영어로 듣고 말하는 훈련을 자연스럽게 반복하기 위해서잖아요? 그런데 휴대폰이 없으면 어학원에서 알게 된 외국인 친구들과 연락은 고사하고, 문자로 가벼운 안부인사조차도 주고받을 수 없습니다. 인간관계가 철저하게 단절되는 것이지요. 그러므로 어학연수를 하는 동안에는 휴대폰을 한국에서보다도 더 적극적으로 활용해야 합니다.
하지만 해외에서 사용하는 것이다 보니 비용 문제가 마음에 걸리기 마련인데요. 휴대폰도 경제적으로 사용할 수 있는 방법이 있습니다.

스마트폰이라면 '유심카드'만 교체한다

만약 지금 사용하는 휴대폰이 스마트폰인 경우에는 기존 유심카드 USIM를 미국 통신사의 유심카드로 갈아 끼우기만 하면 미국에서도 똑같이 사용할 수 있습니다. 유심카드를 교체하는 순간, 휴대폰이 미국에서 사용하게 될 새로운 전화번호를 인식하거든요.

그리고 어학연수 기간 동안은 한국 통신사의 서비스를 이용할 필요가 없으므로, 애꿎은 요금을 낭비하지 않도록 가입 상태를 '일시정지' 상태로 바꾼 다음 출국하는 것이 좋습니다. 또 2010년 9월 이전에 제조된 스마트폰이라면 통신사에 전화해 'Country Lock' 기능을 해제시켜야 해외에서 사용이 가능합니다.

스마트폰이 아니라면 '임대'나 '구입'을 택한다

만약 스마트폰 사용자가 아니거나 유심카드를 교체할 수 없는 경우라면, 한국에서 미국 휴대폰을 임대해 출국하거나 미국 현지에서 휴대폰을 구입해서 사용하면 됩니다. 임대를 하면 월 사용료가 비싼 편이긴 해도 최신 스마트폰을 필요한 기간만큼만 사용할 수 있다는 장점이 있지요.

'무제한 요금제'를 선택한다

미국에도 역시 우리나라처럼 여러 통신사가 있고, 각 통신사마다 요금제와 서비스 품질에 차이가 있습니다.

요즘 학생들은 대부분 스마트폰을 사용하기 때문에, 한국에서 사용하던 휴대폰을 그대로 미국에 가져간 다음 통신사 대리점을 방문해서 유심카드를 구입하는데요. 이때 거의 모든 학생들이 월 $50 약 55,000원 정도의 고정된 금액으로 미국 내에서 통화·문자·데이터를 무제한 사용할 수 있는 '무제한 요금제'를 선택합니다.

미국은 우리나라와 다르게 '내가 상대방에게 전화를 거는 경우' 외에 '상대방이 건 전화를 받는 경우'에도 통화료가 부과되는데요. 무제한 요금제는 걸 때뿐만 아니라 받을 때도 통화료를 신경 쓸 필요가 없습니다. 게다가 여기에 $10 약 11,000원 정도만 더 추가하면 국제전화까지도 무제한으로 이용할 수 있으니, 유학생들에게는 정말 최고의 조건이지요!

그러므로 가능하면 '$50+$10 무제한 요금제'를 선택해서 마음 편하게 휴대폰을 사용하고, 비용도 경제적으로 지불하는 것이 좋겠지요?

미국의 휴대폰 사용환경

인터넷 기반시설을 포함한 통신 관련 분야에서 세계 최고를 자랑하는 우리나라와 달리 미국은 땅덩이가 너무나 넓다 보니 아직까지 노후 설비를 모두 교체하지도, 전 국토에 조밀하게 이동통신망을 설치하지 못했답니다. 그래서 지하철 역사 안이나 객차 안에서 통화가 잘 되지 않고, Wi-Fi가 원활한 장소가 많지 않으며, LTE 속도 역시 제대로 나오지 않습니다.

하지만 미국에서는 누구나 그런 것이고 어쩔 수 없는 것입니다. 불편하고 답답해도 '원래 그러려니' 생각하고 받아들이세요.

뉴욕 공공 도서관

4. 학비와 생활비는 어떻게 송금 받아야 할까?

"앞으로 미국에서 공부하게 되면 학비 말고도 매달 드는 숙소 비용이나 식비가 만만치 않을 텐데, 한국에 계신 부모님께 생활비를 송금 받으려면 어떤 방법이 가장 쉽고 편할까요?"

　한국에서 송금 받는 방법은 총 3가지가 있습니다. 하나는 미국 은행 계좌를 이용하는 방법이고, 다른 하나는 우리나라에 있는 한국씨티은행 계좌를 이용하는 방법이에요. 또 이 2가지를 함께 이용하는 방법도 있지요. 각각 자세히 소개할게요.

방법 01 ☑
미국 은행 계좌 이용하기

일정기간 이상 미국에서 유학이나 어학연수를 하기 위해서는 미국의 은행에 입출금이 자유로운 생활비 계좌를 개설해 두는 것이 좋습니다.

우선 미국의 대표적인 은행들Bank of America, CITI, CHASE, WELLS FARGO 등 중 자신의 이동반경 안에 ATM자동인출기이 많이 있는 은행을 하나 선택하세요. 그런 다음 아래 5가지를 준비해서, 가장 가까운 지점을 방문해 계좌를 개설하면 됩니다.

- 비자가 찍혀 있는 여권
- I-20
- 학생증, 또는 해당 어학원에서 은행 계좌 개설을 위해 발행해 준 레터
- 미국 내 거주 주소와 전화번호
- 계좌 개설을 위해 입금할 현금($25 이상)

미국의 은행들은 크게 Checking Account와 Saving Account를 운영합니다. 우리나라 식으로 이야기하자면 Checking Account는 입출금계좌이고, Saving Account는 정기예금계좌예요. 그러니까 우리는 Checking Account를 개설하면 되겠지요? 그리고 우리나라의 체크카드에 해당하는 Debit Card도 함께 신청하는 것이 좋습니다. 이 카드가 있으면 ATM에서 현금을 인출할 때나 물건을 구매할 때, 별도의 수수료가 들지 않아서 아주 유용하거든요.
이렇게 은행 계좌 만들기에 성공했다면, 이제 한국에 계시는 부모님께 학비나 생활비를 송금 받을 수 있습니다.

한국에서 자녀의 미국 은행 계좌로 송금을 하려면, 먼저 국내 은행 한 곳을 '유학생 자녀의 송금 은행'으로 지정해야 합니다. 보통 '유학생 지정'이라고 표현하는데, 은행에 방문해 자녀가 미국의 어학원에서 공부하고 있다는 사실을 증

명하는 I-20 사본과 여권 사본을 제출하면 지정 절차가 완료됩니다. 이 과정을 반드시 거쳐야 하기 때문에 조금 번거롭고 송금 수수료도 매번 4~5만 원 정도가 들긴 하지만, 유학생 지정만 하고 나면 마치 국내 계좌에 송금하듯이 인터넷 뱅킹으로도 간편하게 송금할 수 있습니다.

참고로 유학생 자녀에게는 1년간 최대 $100,000^{약 1억 1천만} 원까지 자유롭게 송금할 수 있답니다.

그런데 한 가지, 주의할 점이 있어요. 우리나라와 달리 미국의 은행들은 고객이 계좌에 일정 금액 이하의 잔액을 남겨 놓고 별다른 거래를 하지 않으면 계속해서 계좌 유지 수수료를 부과합니다. 그러니까 계좌를 폐쇄하지 않은 채 귀국하면 수수료가 계속 청구되고, 결국엔 좋지 않은 신용 기록이 남게 되는 것이지요. 따라서 어학연수나 유학을 마치고 귀국할 때는 반드시 계좌 자체를 완전히 폐쇄^{Closing} 하고 돌아와야 합니다!

방법 02 ☑
한국씨티은행 계좌 이용하기

두 번째 방법은 한국씨티은행 계좌를 이용하는 방법이에요.

출국 전, 한국에 있는 씨티은행 지점에 가서 계좌를 개설한 다음 국제현금카드^{현금 인출용}와 국제체크카드를 발급받아서 미국으로 출국합니다. 그러면 부모님은 자녀가 요청할 때마다 한국씨티은행 계좌에 돈^{원화}을 입금해주기만 하면 되고, 미국에 있는 학생들은 씨티은행 ATM과 세븐일레븐 편의점의 ATM에서 필요한 만큼의 돈<sup>달러</sup을 인출하면 된답니다.

국내은행 간 자금이체이니 거래도 쉽고, 유학생 지정 절차나 환전이 필요 없으니 간단하고, 별도의 국제 송금수수료도 직접 발생하지 않으니 매우 경제적인 방법이지요. 또 학생들이 미국에서 돈을 인출하기에도 편리하고요. 그래서 최근에는 많은 학생들이 이 방법을 더 선호하는 편이랍니다.

하지만 단점도 있어요. 아무리 작은 금액을 인출하더라도 매번 $1 1,100원 정도의 수수료가 부과되고, ATM기마다 1일, 1회 출금한도가 제각각이라는 점이지요. 그러니까 출금을 할 때는 이 점을 미리 생각해야 합니다.

방법 03 ☑
미국 은행 계좌, 한국씨티은행 계좌 함께 이용하기

앞서 이야기한 2가지 방법을 비교해 정리하면 다음과 같습니다.

	송금방법	송금절차	송금 수수료	이용가능 ATM	ATM 출금한도	당행 ATM인출 수수료	체크/ Debit카드 결제 수수료
미국 은행	국제송금	유학생 지정	4~5만원	제한없음	X	X	X
한국 씨티은행	국내 계좌이체	X	X	당행+세븐 일레븐	ATM따라 다름	1$	O

한국씨티은행 계좌는 송금하기에 좋고, 미국 은행의 계좌는 돈을 인출하고 Debit 카드를 사용하기에 좋다는 것을 한 눈에 알 수 있겠지요? 그렇다 보니 가장 지혜로운 방법은 이 2가지 방법을 적절하게 병행해 사용하는 것입니다.

현지에서 학비를 추가로 내야 할 경우처럼 **큰돈이 필요할 때는 미국 계좌를 이용하는 편이 낫습니다.** 미국 씨티은행의 ATM은 기기에 따라 인출 금액에 제한이 있고, 미국 대학에 납부하려면 그 목돈을 모두 꺼내 미국은행 계좌로 옮겨야 하는데 도난사고의 위험도 있기 때문이지요.

물건을 구매할 때도 한국씨티은행의 국제체크카드보다는
미국은행 계좌와 연결된 Debit Card를 이용하는 것이 별도
의 카드 결제 수수료가 들지 않아 유리합니다.

반대로 급하게 생활비가 필요할 때는 한국씨티은행으로 송
금 받는 편이 좋아요. 거의 입금과 동시에 출금이 가능하
고, 미국 씨티은행과 세븐일레븐 편의점의 ATM을 모두 이
용할 수 있으니까요.

아니면 한국에 계신 부모님은 무조건 한국씨티은행 계좌로
입금하시고, 미국에 있는 학생들이 가끔씩 적당량의 돈을
뽑아서 미국은행의 생활비 계좌에 옮겨 놓고 사용하는 방
법도 있습니다.

조금 번거롭긴 해도 부모님의 불편함을 줄일 수 있고, 1건
당 4~5만 원이나 되는 국제송금 수수료도 아낄 수 있으
며, Debit Card를 주로 사용해서 각종 수수료도 줄일 수 있
으니 가장 경제적이고 지혜로운 방편이지요.

이처럼 한국에서 송금 받는 방법은 2가지이지만, 활용하기는 나름입니다. 그러니까
이 방법들을 모두 사용해본 다음, 부모님과 자신에게 가장 편안한 방법이라고 생각되는
것을 주로 활용하는 것이 가장 좋을 거예요.

센트럴 파크, 뉴욕

5. 빠트리면 후회막급! 똑똑하게 짐 싸기

"어학연수를 1년이나 가다 보니 사계절 옷에 노트북, 전기장판까지 짐이 보통 많은 게 아
니에요. 이러다 추가 요금을 내게 생겼는데 어떻게 하면 효과적으로 짐을 쌀 수 있을까
요?"

출국을 앞두고 짐을 쌀 때는 가장 중요한 요령이 있습니다. 그것은 바로 '꼭 필요한
물건만 가지고 간다'는 원칙을 지키는 것이지요. '혹시나 필요하지 않을까?' 하는 생각이
드는 물건이라면, 과감하게 빼세요. 그렇지 않으면 짐이 엄청나게 늘어나서 결국 전부 다
시 싸야 합니다.
그리고 출국 3일 전에는 반드시 짐을 챙겨두어야 합니다. 출국 전날 부랴부랴 짐을 싸다
보면, 꼭 필요한 것인데도 미처 준비하지 못하는 사태가 발생합니다. 그러다 보면 정작
중요한 것들을 빼놓은 채 출발하는 일도 허다하지요.

어학연수를 위해 꼭 가지고 가야 하는 준비물품들은 크게 '각종 필수서류'와 '그 밖의 생
활용품'으로 나눠집니다. '★'의 개수로 중요도를 표시해 두었으며 ★ 5개는 필수품, 그
미만은 선택사항이라고 생각하면 됩니다.

1

각종 필수서류
준비하기

한국에서 준비해 가지 않으면 미국에서는 결코 뗄 수 없는 서류들이 있습니다. 어학연수를 하기 위해 없어서는 안 될 것들이므로, 서류철을 장만해서 한 곳에 모아 담아두는 것이 좋습니다. 그래야만 분실하는 서류가 생기지 않고, 필요한 순간마다 편리하게 사용할 수 있으니까요.

★★★★★

비자가 인쇄되어 있는 여권,SEVIS Fee 납부 영수증, I-20

이 3가지 서류가 없으면 아예 비행기에 탑승할 수도 없고 행여나 미국에 도착하더라도 입국심사를 통과할 수 없습니다. 이 서류들은 인천공항에서 탑승 수속을 진행할 때 제출해야 하므로, 반드시 기내에 가지고 들어가는 가방의 꺼내기 쉬운 곳에 넣어 둬야 합니다. 그리고 분실할 때를 대비해서, 복사본을 꼭 하나씩 챙겨두세요.

★★★★★

현금

현금은 미국에 도착해서 며칠 동안 사용할 비상금 정도면 충분합니다. 일반적으로 100만 원$900 조금 못 미침 정도를 환전해서 가져가는데요. 미국 현지에서는 $100짜리 지폐보다 $20이나 $10 정도의 지폐를 사용하는 것이 더 편리하므로, 소액 지폐로 준비하는 것이 좋습니다.

★★★★★

한국씨티은행의 국제현금카드와 국제체크카드, 비상용 신용카드

한국씨티은행에 계좌가 있다면, 현금을 인출할 때 쓰는 국제현금카드와 물건을 구매할 때 쓰는 국제체크카드를 발급받아서 가져가는 것이 편리합니다. 비상용으로 해외결제가 가능한 신용카드 VISA/Master/maestro 마크가 있는 것을 하나쯤 가지고 가는 것도 좋습니다.

★★★★★
한국 계좌의 보안카드, 공인인증서
한국 내 계좌에 관한 은행 업무를 현지에서도 처리할 필요
가 있다면, 보안카드와 공인인증서를 챙겨야 합니다.

★★★★★
유학생 보험증서와 약관
유학생 보험증서는 어학원의 개강 첫날에 반드시 제출해야
하는 서류입니다. 주요 보장내역이 영문으로 적혀 있는 증
서를 인쇄해 준비합니다. 또 보장내역을 자세하게 확인할
수 있는 보험 약관과 24시간 긴급통화 서비스를 받을 수
있는 해당 보험사의 전화번호도 꼭 가지고 가야 합니다.

★★★★★
비자용 사진
여권이나 각종 신분증을 분실할 경우, 현지에서 재발급할
수 있도록 비자용 사진을 더 챙겨가는 것이 좋습니다. 다시
사진을 찍어도 되지만, 돈을 낭비할 필요는 없으니까요.

★★★★★
국내운전면허증, 국제운전면허증
운전면허증 소지자라면 미리 국제운전면허증을 발급받아
서 가져가는 것이 좋습니다. 어학연수를 하는 중에는 여행
을 많이 다니게 되므로, 운전을 해야 할 일이 발생할 수도
있거든요. 참고로 지역에 따라서는 국제운전면허증과 한국
운전면허증 둘 다 소지했을 때만 운전이 허용되는 주州도
있으므로, 국내 운전면허증도 꼭 같이 챙겨야 합니다.

★★★★★
현지 숙소 및 어학원의 주소와 긴급 연락처
어학원에 공항 픽업 서비스를 신청해 놓았거나 누군가 마

중을 나오기로 약속했더라도, 서로 길이 엇갈릴 수 있으므로 숙소 및 어학원의 정확한 주소와 긴급 연락처를 잘 챙겨야 합니다.

★ ★ ★ ☆ ☆
고등학교 졸업증명서 성적증명서 [영문]

사설 어학원에서 대학부설 어학원으로 이동할 가능성이 있다면, 반드시 고등학교 졸업증명서와 성적증명서를 준비해 가야 합니다. 모든 대학부설 어학원이 그런 것은 아니지만, 커뮤니티 칼리지를 비롯한 일부 대학부설 어학원에 입학하기 위해서는 이 서류를 반드시 제출해야 하기 때문입니다.

★ ★ ★ ☆ ☆
최종 학교 졸업(재학/휴학) 증명서와 성적증명서 [영문]. 미국 유학용 건강진단서 [영문]

어학연수를 마치고 미국 내 대학이나 대학원에 진학할 계획이 있다면, 고등학교 관련 증명서 외에 가장 마지막으로 다닌 학교의 서류도 필요합니다. 또한 대부분의 미국 대학들은 각종 주요 질병에 대한 예방접종 기록 확인서를 요구하므로, 국내 종합병원이나 예방접종을 받았던 병원을 방문하여 '미국 유학용 건강진단서주요 질병에 대한 예방접종 확인서'를 발급받아서 가져가야 합니다.

★ ★ ★ ☆ ☆
토플 성적표

어학연수를 하다 보면 토플 성적표가 필요한 경우가 생길 수도 있습니다. 따라서 토플 시험을 본 적이 있다면 그 성적표도 챙겨보세요.

★ ★ ☆ ☆ ☆
국제 학생증

미국에서 활용되는 곳이 많지는 않지만, 간혹 입장료 할인 혜택을 받을 수도 있고 신분증으로 사용할 수도 있습니다.

★★☆☆☆
항공권 E-Ticket

사실 E-Ticket이 없어도 여권을 통해 예약된 항공편을 바로 조회할 수 있기 때문에 큰 문제는 없지만, 미리 인쇄해서 가져가면 발권 절차가 편리해집니다. 또 경유 항공편을 이용할 때는 E-Ticket이 있으면 해외 공항에서도 연결 항공편에 대해 정확하게 안내받을 수 있기 때문에, 마음이 놓입니다.

2
각종 생활용품 준비하기

지금부터 살펴볼 각종 생활용품들은 실생활과 직접 관련된 것들이므로 꼼꼼하게 준비해야 합니다.

가지고 가야 하는 생활용품의 선별 기준은 '미국과 한국 중 어느 곳에서 더 싸게 살 수 있느냐'입니다. 즉, 꼭 필요한 물품 중에서 한국에서부터 이미 사용하던 것이 있다면 대부분 가져가는 것이 좋겠지만, 이불이나 베개처럼 상대적으로 부피도 크고 미국에서 구입하는 것이 오히려 저렴한 것이 있다면 현지에 도착해서 새로 사는 것이 좋습니다.

또한 여성용품이나 세면용품처럼 꾸준히 구매해서 사용해야 하는 일상적인 소모품들은 미국이 우리나라보다 훨씬 저렴한 경우가 많습니다. 한국이 저렴하다 해도 수하물 무게를 생각하면 그냥 미국에서 구입하는 게 나은 경우도 있고요. 그러니 굳이 수하물 추가 요금을 내가며 사갈 필요는 없습니다.

★★★★★

돼지코 플러그(110V용 콘센트 변환 플러그), 휴대용 변압기, 멀티탭

미국은 우리나라와 다르게 110V 전압을 사용합니다. 그래서 콘센트의 모양도 '11자'로 다르게 생겼어요. 따라서 한국에서 사용하던 전자제품을 미국에 가져가서 사용하려면, 일명 '돼지코 플러그 11자 형식으로 생긴 110V용 콘센트 변환 플러그'와 '휴대용 변압기'를 꼭 준비해 가야 합니다.

'110~220V 사용가능'이라고 표시되어 있고 자체 변압기능이 있는 전자제품은 돼지코 플러그만 끼우면 사용이 가능합니다. 그러나 자체 변압기능이 없어서 220V에서만 사용 가능한 제품은 전압을 높여주는 '휴대용 변압기 업트렌스'가 필요합니다. 그렇지 않으면, 전압이 낮아 헤어드라이어의 바람이 약하게 나오고, 전기장판의 온도가 아주 뜨겁지는 않겠지요.

또 요즘은 저마다 사용하는 전자제품의 수가 한두 개가 아니기 때문에 '멀티탭'도 꼭 챙겨야 합니다. 돼지코나 변압기에 멀티탭을 연결하면 동시에 여러 개의 전자제품을 사용하고 충전시킬 수 있어 편리하니까요.

★★★★★

전자사전. 노트북. 디지털 카메라. 외장형 하드디스크

전자사전은 반드시 가지고 가야 하는 필수품입니다. 한국에서는 주로 사전 대신 스마트폰을 이용하지만, 미국에서는 대부분의 어학원들이 수업 중 스마트폰 사용을 금지하고 있기 때문에 전자사전을 별도로 가지고 다녀야 합니다.

그리고 한국에서 사용하던 노트북은 현지에서 A/S를 받기가 어려울 수 있는데요. 그럴 때를 대비해서 복구용 프로그램과 중요한 소프트웨어들을 CD나 외장 하드에 담아서 가져가는 것이 좋습니다. 외장하드는 노트북이나 카메라의 데이터를 수시로 백업해 둘 때도 요긴하게 사용됩니다.

참고로 요즘 각 공항마다 수하물 도난사건이 많이 발생하기 때문에, 노트북이나 디지털카메라 등 고가의 기기는 등에 메는 가방 등에 담아서 기내에 가지고 타는 편이 좋습니다. 파손의 위험도 줄어들고요.

★ ★ ★ ★ ★

헤어드라이어, 전기면도기 등의 생활용 가전기구

기본적으로 대부분의 전자제품은 같은 상품이라 할지라도 우리나라보다 미국에서 저렴한 가격으로 구입할 수 있는 편입니다. 'BEST BUY' 같은 전자제품 전문 종합매장을 이용하면, 다양한 제품들을 저렴하고 안전하게 구매할 수 있습니다. 물론 환불이나 A/S도 깔끔하게 잘되는 편이고요. 그렇지만 이미 가지고 있는 물건을 모두 새로 살 필요는 없겠지요? 사야하는 것은 미국에서 구입하고, 이미 가지고 있는 것은 가져갑니다.

★ ★ ★ ★ ★

1인용 전기장판

추위를 많이 탈 경우는 1인용 전기장판이 아주 유용한데요. 미국에는 파는 곳이 많지 않을뿐더러 가격도 2배 이상 비싸기 때문에, 한국에서 꼭 가져가야 합니다.

★ ★ ★ ★ ★

필기구, 노트, 연습장

문구류는 한국에서 판매되는 제품들이 상대적으로 질도 좋고, 가격도 저렴한 편입니다. 자주 사용하는 다양한 필기구들을 필통 하나에 가득 채우고, 공부할 때 사용할 노트와 연습장을 각각 3~4권 정도 준비하면 충분합니다.

★ ★ ★ ★ ★

영어 단어책, 영어 문법책, 영어 회화책. 현지 여행책자

영어 공부 관련 책들은 새로운 책을 사서 가는 것보다 그동안 보던 책을 가져가는 것이 좋습니다. 많이도 필요 없고 단어, 문법, 회화, 이렇게 3가지 영역의 책을 딱 1권씩만 가져가면 됩니다. 어학연수를 하는 동안 이 책들의 예문 한 줄까지 모두 암기하겠다는 각오로 공부하세요. 그리고 정말 이 3권을 완벽히 정복한다면, 아주 성공적인 어학연수를 하고 돌아오는 셈이지요.

그리고 현지 생활 및 여행 가이드용 책자는 꼭 준비해 가는 것이 좋습니다. 그 지역을 자세히 알려주는 책 한 권, 미국 전체를 소개하는 책 한 권이면 되는데요. 뒤늦게 미국에서 사려고 하면 책값이 2배, 3배 이상 올라가니까 주의하세요.

★★★★★

감기약, 소화제, 지사제, 해열제, 항생제, 진통제, 상처 치료용 연고와 밴드

의약품은 모든 편의점에서 손쉽게 구입할 수 있지만 상대적으로 가격이 비싼 편입니다. 또 다급히 필요할 때를 대비해, 기본 상비약 정도는 미리 준비해 가는 것이 좋습니다. 상비약은 지퍼백 같은 용기 하나에 모아서 보관하세요. 그러면 응급상황이 발생했을 때 금세 찾을 수 있어 아주 편리합니다. 또 한국에서 복용하던 약이 있다면, 여유롭게 준비하는 것이 좋습니다.

참고로 가루약이 섞인 조제약 같은 경우는 공항 검색대에서 마약류로 오해를 받을 수도 있으므로 가급적 피해야 합니다.

★★★★★

안경, 렌즈, 렌즈 세척액

안경을 착용한다면 한국에서 예비용을 하나 더 준비해 가는 것이 좋습니다. 미국에서 새로 맞추려면 검안을 다시 받아야 하는데, 검안비용으로 약 $100 정도약 11만 원가 들거든요. 렌즈 역시 마찬가지입니다. 따라서 안경은 혹시 모를 사태를 대비해 하나 더, 렌즈는 여분을 넉넉히 챙겨가야 합니다.

참고로 렌즈 세척액은 한국이 미국보다 더 저렴합니다. 하지만 그렇다고 수하물 추가요금을 내면서까지 챙길 것은 아니에요. 그러니까 무료 수하물 무게를 넘지 않는 선에서 한 통 정도 챙겨가는 것이 좋습니다.

★★★★★

반짇고리, 손톱깎이 세트

어학연수를 가면 한국에서보다 훨씬 많은 야외활동을 하게 되므로 단추가 떨어지거나 옷이 해어지는 경우가 많이 발생합니다. 그럴 때마다 매번 비싼 돈을 내고 세탁소를 이용할 수는 없기 때문에, 반짇고리와 여분의 단추는 꼭 준비해 가는 것이 좋습니다. 손톱깎이 세트도 잊지 마세요.

★★★☆☆

의류, 신발, 가방 등

의류나 신발, 가방 등은 가장 필요한 것만 가져가고, 나머지는 현지에서 그때그때 사는 것이 현명합니다. 한국에서는 사고 싶어도 비싸서 주저했던 유명 브랜드 제품들을 미국에서는 부담 없는 가격으로 구입할 수 있거든요.

그래서 옷과 신발을 너무 많이 챙겨 가면, 결국 한 번도 입지 않고 그대로 가져오는 일이 생기고 맙니다. 물론 돌아올 때는 짐이 엄청나게 늘어나고요.

하지만 수건과 속옷, 양말은 넉넉하게 준비하는 것이 좋습니다. 그렇지 않으면 매일 같이 빨래를 해야 하니까요.

참고로 어학연수를 하는 동안에는 특별한 자리에 참석하게 되는 기회가 생길 수도 있습니다. 그러니 그런 자리에 어울릴만한 드레스나 정장도 한 벌 가져가는 것이 좋습니다.

★★☆☆☆

화장품, 샴푸나 세안제 등의 목욕용품

화장품과 목욕용품 등도 대부분 미국에서 구입하는 것이

훨씬 저렴합니다. 따라서 민감한 체질이거나 알레르기가 있어서 특정 제품만을 사용해야 하는 경우, 그리고 기존에 사용하던 것이 남아 있는 경우가 아니라면 미국에 가서 필요할 때마다 구입해서 사용하세요.

참고로 화장품의 경우, 출국할 때 인천공항 면세점에서 구입하는 것도 좋습니다. 입점해 있는 브랜드의 수도 가장 많은 편이고, 가격도 매우 저렴한 편에 속하기 때문이지요.

단 액체류(로션, 크림, 샴푸, 치약 등 포함)는 기내 반입이 불가하므로, 부치는 수하물에 넣어야 합니다. 그리고 비행 중 기압차로 인해 터지거나 흐를 가능성이 많기 때문에, 뚜껑 부분을 테이프로 감아서 확실하게 봉한 다음 지퍼백에 담아 놓는 것이 안전합니다.

★☆☆☆☆
술, 담배, 음식물

술은 소주를 제외하고는 모두 미국에서 구입하는 것이 훨씬 저렴합니다. 그리고 담배는 미국이 한국보다 3배 정도나 비싸기 때문에, 인천공항 면세점에서 미리 구입해 출국하는 편이 좋습니다.

음식물은 미국 내 주요 도시마다 한국 식품을 판매하는 가게들이 아주 많은 편이므로, 모든 종류의 김치부터 밑반찬까지 먹고 싶을 때 손쉽게 구입할 수 있습니다. 음식의 맛과 질 모두 한국에서 먹는 것과 별반 차이가 없는 수준이므로, 어머니의 정성을 가지고 가려는 것이 아니라면 일부러 한국에서부터 싸갈 필요는 전혀 없습니다.

3
처음부터 수하물 중량 기준을 생각할 것!

대한항공이나 아시아나를 비롯한 대부분의 항공사들은 23kg 이하의 짐 2개를 무료로 부칠 수 있고, 기내에는 10kg 이하의 기내용 트렁크 반입을 허가합니다. 또 기내에 들어갈 때, 추가적으로 노트북 가방을 비롯해서 간단히 등에 메는 가방 하나 정도는 가지고 탈 수 있게 하므로, 짐을 쌀 때는 이러한 '수하물 기준'을 지혜롭게 활용해서 추가 요금이 발생하지 않도록 하는 것이 좋습니다. 공항에 가기 전, 각 수화물의 무게를 미리 정확하게 체크해 보세요.

참고로 무게가 많이 나가는 책이나 파손되기 쉬운 전자제품 등은 기내에 가지고 타는 가방에 넣어두는 것이 좋습니다. 그러면 더 많은 짐을 무료 수화물 가방에 넣을 수 있으니까요.

여기서 잠깐!
미국 어학연수 비용 예상하기

미국 어학연수를 계획할 때, 가장 궁금한 것은 아무래도 '얼마 정도의 비용이 드는가' 하는 문제겠지요. 여기서는 그 궁금증을 해결해드리겠습니다.

물론 지역에 따라, 소비 성향에 따라 조금씩 차이는 나지만, 수많은 학생들의 경험을 근거로 가장 평균적인 비용을 예측해 볼 수 있습니다.

학비 ☑ **1년 1,200만 원 정도**

일반적으로 대학부설 어학원은 대학 정규과정의 학비와 비슷하게 책정되기 때문에, 사설 어학원에 비해 많이 비싼 편입니다. 사설 어학원은 어떤 곳을 선택하느냐에 따라 학비가 많이 달라지지만, 대략 1년에 1,200만 원 정도가 들어간다고 예상하면 됩니다.

학비는 현지에서 다달이 납부하는 것이 아니라 개강 전까지 등록한 기간 전체의 비용을 모두 선납해야 하므로, 초기에 목돈이 들어가는 부분입니다. 이 점을 감안해서 예산을 세우세요.

주거비 ☑ **기숙사 · 홈스테이 월 130~150만 원, 룸렌트 월 80~100만 원**

홈스테이나 기숙사의 경우는 보통 2인실을 기준으로 월 평균 130~150만 원 정도가 들고, 뉴욕이나 샌프란시스코 같은 대도시의 룸렌트는 1인실을 기준으로 월 평균 80~100만 원 선이면 적당한 숙소를 구할 수 있습니다. 룸렌트가 훨씬 저렴한 편이지요.

물론 집의 위치나 시설, 방의 크기, 대중교통과의 근접성 등에 따라 월세 가격은 달라집니다. 어학원과 가까우면 좋겠지만 다운타운에 인접할수록 비용이 급격하게 올라가기 때문에, 대부분 30~40분 이내 통학이 가능한 위치에 방을 구해서 생활하는 편입니다.

참고로 미국에서는 한두 달 치 월세 정도를 디파짓Deposit, 보증금 명목으로 걸어두며, 그 금액은 나중에 계약이 종료되었을 때 돌려받는답니다.

교통비 ☑ 월 10만 원 정도

중소도시 이하 규모의 지역은 대중교통 상황이 좋지 않으므로 차량을 장만하거나 차가 있는 지인의 도움을 받아야 하지만, 대부분의 주요 대도시들은 버스나 지하철 같은 대중교통이 어느 정도 갖추어져 있기 때문에 통학하는 데 별다른 어려움이 없습니다.

하지만 미국에서는 우리나라처럼 '환승 할인'이 적용되지 않아 교통비가 많이 들게 됩니다. 그러나 한 달 동안 대중교통을 무제한으로 이용할 수 있는 '월정액권'을 구입하면, 한국의 대중교통 요금과 비슷해지거나 오히려 더 저렴해집니다.

월정액권의 요금은 지역마다 차이가 있지만, 가장 비싼 편에 속하는 뉴욕의 경우도 약 $110 내외 매년 조금씩 오르면 충분합니다. 대략 12만 원 남짓의 비용으로 한 달 동안 대중교통을 마음껏 이용할 수 있는 것이지요.

식비 ☑ 월 50만 원 정도

많은 학생들이 아침은 집에서 토스트나 시리얼 등으로 간단히 해결하고, 점심은 주로 학교나 학원 근처에서 친구들과 사먹곤 합니다. 문제는 저녁인데요. 저녁을 어떻게 해결하느냐에 따라 개인별 식비 차이가 크게 벌어집니다.

점심은 식단에 따라 보통 $5~10 정도면 충분히 해결되지만, 저녁을 밖에서 사먹게 되면 최소한 $15 이상은 들어갑니다. 따라서 매일 같이 저녁을 외식으로 해결하면 식비 부담이 상당히 증가할 수밖에 없지요. 반면 1주일에 한 번씩 대형마트에서 장을 보고 저녁만큼은 집에서 만들어 먹는 습관을 들이면, 식자재비가 매우 저렴한 미국의 특성상 상당히 경제적인 생활이 가능해집니다.

그러니까 어학연수 비용을 최대한 절약하고 싶다면, 아침과 저녁은 집에서 먹는 것을 기본으로 하고 일주일에 2~3번만 친구들과 저녁 외식을 즐기는 것이 가장 좋은 방법입니다. 실제로 많은 학생들이 이러한 방식으로 생활하며, 식비로 월 평균 50만 원 정도를 지출하는 편입니다.

통신비 ☑ 월 10만 원 정도

미국에서도 휴대폰과 인터넷 사용은 필수입니다. 휴대폰의 경우, 한국에서 쓰던 스마트폰에 유심 카드만 교체해 사용하면 월 $60 약 7만 원의 요금제로 국제전화까지 무제한 이용이 가능합니다. 그리고 인터넷은 월 $50~$70 약 6~8만 원 정도의 요금이 부과되지만, 일반적으로 한 집에 사는 룸메이트들과 나눠 내는 경우가 많으니 2~3만 원씩만 부담하면 되지요.

항공비 ☑ 비수기 왕복 시 160~250만 원 정도

뉴욕 행 왕복 항공권의 경우, 비수기에는 경유 요금이 약 160~180만 원 정도, 직항 요금이 250만 원 정도 드는 편입니다. 물론 여름 성수기인 7~8월과 겨울 성수기인 12~1월 기간 중에 출국하는 경우에는 항공사에 따라 10~50만 원 정도 추가비용이 발생할 수 있습니다.

유학생 보험료 ☑ 1년 40~50만 원 정도

상해나 질병에 대하여 5천 만 원 내외의 의료비 지급을 보장하는 해외 유학생 보험에 가입하기 위해서는 보장한도에 따라 1년에 40~50만 원 사이의 보험료를 납부해야 합니다. 대학 자체의 유학생 보험에 가입해야 하는 일부 대학부설 어학원으로 가는 경우를 제외하면, 유학생 보험은 국내에서 가입하고 가는 것이 경제적입니다.

최소 월 20만 원 정도

개인차가 가장 많이 발생하는 항목인데요. 볼거리나 문화 체험적 요소가 매우 적은 소도시나 시골에서는 거의 필요하지 않겠지만, 대도시, 특히 뉴욕이나 샌프란시스코에서 어학연수를 하는 학생들은 매월 최소 20만 원 정도의 비용을 문화생활에 사용하는 편입니다. 세계 최고 수준의 공연이 수시로 열리고 엄청난 규모의 미술관, 박물관이 가까이에 있다 보니, 자연스럽게 폭넓은 문화생활을 즐기면서 그에 해당하는 비용을 들이게 되는 것이지요.

저는 개인적으로 단순히 '영어' 하나만을 위해 미국까지 가는 것이 아닌 만큼, 돈이 좀 들더라도 풍성한 문화생활을 하고 돌아오는 것이 장기적인 관점에서 매우 바람직한 투자라고 생각합니다.

다만 어학연수의 가장 큰 목표인 영어 공부에 방해가 되지 않는 선에서, 자신이 감당할 수 있는 적당한 예산 범위 내의 문화생활을 실속 있게 즐겨야겠지요.

얼마일까?

이로써 뉴욕이나 샌프란시스코 같은 대도시에서 1년간 어학연수를 할 때 매월 필요한 생활비^{학비 제외}를 예측해 보면, 초기 1~2개월 동안에는 상대적으로 지출해야 할 항목이 많으니 월 220~240만 원 정도가 필요합니다. 게다가 룸렌트를 시작하는 입주 첫 달에는 디파짓^{퇴실 시 환급받음}도 같이 내야하므로 250~290만 원 정도가 들어가고요. 그 이후부터는 9~10개월 동안 월 170~190만 원 정도가 들 것으로 생각하면 거의 정확합니다. 여기에 학비와 왕복항공권 비용, 유학생 보험료를 추가하면 전체적인 경비를 예측할 수 있지요.

즉, 1년간 대도시에서 어학연수를 할 때 필요한 비용^{학비 포함}은 최소 3,400만 원에서 최대 3,700만 원 정도라고 말씀드릴 수 있습니다. 물론 이 예상비용은 평균치를 기준으로 산정한 것입니다. 개인마다 소비성향이 다르므로 보다 알뜰하게 생활하는 학생도 있고, 더 많은 비용을 사용하는 학생도 있겠지요.

대도시와 중소도시에서의 실질적인 어학연수 비용 차이

학비나 식비, 통신비, 항공료 등은 별다를 것이 없지만 주거비, 교통비, 문화생활비에서 차이가 발생합니다. 아무래도 생활 여건이나 물가가 다르다 보니 실질적인 생활비에서 차이가 드러나는 것이지요. 보통 주거비로 월 10~20만 원 정도1년 120~240만 원 정도, 교통비로 월 최대 5만 원 정도무제한 월정액권 기준. 1년 최대 60만 원 정도, 그리고 문화생활비로 월 20만 원 정도1년 최대 240만 원 정도를 더 지출하는 편입니다.

따라서 대도시에서 어학연수를 할 경우는 중소도시에서보다 1년 동안 최대 540만 원 정도가 더 든다고 생각하면 됩니다.

PART 03.

미국 어학연수 효과, 200% 뽑아내기

SUZANNE SOMERS
ANN SOTHERN
TORI SPELLING
microthrills
sTORI TELLING TORI SPELLING
Straight Shooting
REPRESENTED BY AUDREY WOOD
Natalie Wood
FRANK ROSE THE AGENCY
LOW LIFE in HIGH HEELS
Swimming Underground
ON THE OTHER HAND
FAY WRAY
MARY STUART
BOTH OF ME
GLORIA AND JOE
PATRICK SWAYZE and LISA NIEMI
MONEY FOR PERFORMING ARTISTS
MONEY FOR PERFORMING ART
THE MAGIC CURTAIN
Life Among the Playwrights
BUILDING THE SUCCESSFUL THEATER COMPANY
TRAVOLTA
TURNER
CHERYL CRANE WITH CLIFF JAHR
MAKING A MIRACLE
a thousand and one night stands
LAUGHING OUTSIDE
Lucky MAN
MICHAEL J FOX
A Hundred Different Lives
Raymond Massey
SHOOTING WATER
Adam Sandler
UP TILL NOW
WILLIAM SHATNER
SHATNERICA
THE BOOK OF DAVID
ROBERT J WAGNER
Eli Wallach
The Good, the Bad, and Me
THE STORY OF JOHN WAYNE
WHEN HOLLYWOOD HAD A KING
THE LAST MOGUL
BRITISH THEATRE YEARBOOK
Women and Victorian Theatre
How Good is David Mamet, Anyway?
THE CAMBRIDGE COMPANION TO MEDIEVAL ENGLISH THEATRE
Early English Theatre
The Profession of Player in Shakespeare's Time
THE STAGE AND SOCIAL STRUGGLE IN EARLY MODERN ENGLAND
LILLIE
EVERY OTHER INCH A LADY
THE ILLUSION OF POWER
Central Library
General Library

check 07.
출국 3개월 전,
영어 공부 시작하기

1. 출국 전 영어 공부가 어학연수 전체를 뒤바꾼다

어학연수 상담을 진행하다 보면 '미국에 가서 영어를 어떻게 공부하면 좋을지'에 관한 질문을 상당히 많이 받게 됩니다. 영어 실력의 향상이야 말로 어학연수의 가장 중요한 이유이자 목적이니까 그런 궁금증을 갖는 것은 당연한 일이겠지요. 그런데 '어학연수를 시작하기 전에 영어 공부를 어떤 식으로 얼마나 하고 가야 하는지'를 묻는 학생은 거의 없습니다. 모두들 미국에 가면 어차피 영어 공부만 하게 될 테니, 그때 가서 열심히 하면 된다고 생각하기 때문이지요.

하지만 저는 제가 만나는 학생들에게 정말 강력하게 경고합니다. 기본적인 영어 공부도 하지 않고 덜렁 출국했다가는 어영부영 시간만 보내다 돌아오게 될 거라고요!

1

한국에서 시작한 A와 미국에서 시작한 B

영어 실력이 완전히 같고, 같은 기관으로 어학연수를 가는 두 학생이 있다고 가정해 봅시다.

A는 어학연수를 준비하는 2달 동안 중·고등학교 수준의 기본적인 영어 단어집 한 권을 뗐고, 기초 영문법 책도 한 권 사서 꼼꼼하게 읽었습니다. 이와 반대로 B는 친구들과 여러 차례 송별회를 가지며 즐거운 시간을 보냈습니다. 영어 공부는 별다르게 하지 않았고요. A와 B의 어학연수는 어떻게 달라졌을까요?

A와 B의 상황은 개강 첫날 실시된 반 편성을 위한 영어 레벨 테스트에서부터 양 갈래로 나뉘었습니다.

미리 영어를 공부하고 출국한 A는 당당히 중급 레벨 이상의 반에 배정되었고, 그 반에는 같은 한국 학생들보다 다른 나라 학생들의 수가 많다 보니 자연히 많은 외국인 친구들을 사귀게 되었습니다. 그리고 기본적인 단어와 문법을 익힌 덕분에 영어로 진행되는 강의도 웬만큼 알아들을 수 있었고, 토론식 수업에도 나름 적극적으로 참여하면서 즐겁게 어학원 생활을 이어갔지요.

반면 B는 안타깝게도 낮은 레벨의 반에 배정되었고, 기대했던 것과는 달리 한국 학생의 비율이 꽤 높은데다가 동양인 학생들 위주로 구성된 반이라서 많이 당혹스러웠습니다. 또 수업 중에 나오는 단어의 뜻을 정확히 몰라서, 강의 내용의 절반도 제대로 이해하지 못했습니다. 그러니 토론 수업에서도 내 생각을 어떤 단어로 표현해야 할지 몰라서 그저 답답하기만 할 뿐이었지요. 막상 단어가 떠오른다고 해도 내가 하려는 말이 '말이 되는지, 아닌지' 몰라서 입이 잘 떨어지지 않았습니다.

결국 B는 그제야 중학생 수준의 영어 단어집을 구해서 단어 외우기부터 시작했고, 기초 영문법도 공부하기 시작했습니다. 미국까지 와서 하는 공부가 혼자서도 얼마든지 할 수 있는 기초 단어 외우기라니, 얼마나 기가 막힌 일인가요?

제가 제시한 상황은 결코 과장이 아니라 실제 사례입니다. 그나마 다행인 것은 B가 뒤늦게라도 상황을 역전시키기 위해 마음을 다잡았다는 것이지요. 보통은 영어는 원래 어려운 것이라고 핑계를 대며, 대충 어학원만 오가다가 한국으로 돌아오기 마련입니다. 정말 시간과 돈만 낭비하고 오는 것이지요.

2
어학연수는 이미 한국에서 시작된다!

182페이지의 '여기서 잠깐'에서 살펴보았듯 1년간 어학연수를 다녀오려면 최소 3,400만 원 이상의 큰돈이 필요합니다. 그리고 다른 친구들은 자격증 준비다 취업 준비다 해서 깨알같이 쪼개 쓰는 시간을 오롯이 영어 하나에 쏟아부어야 하고요. 이처럼 우리가 어학연수 1년에 들이는 비용과 시간의 가치를 따져 보면 '일생일대의 투자'를 하는 셈인데, 대체 왜 이렇게 안일하게 생각하는 건가요?

어학연수를 마치고 돌아온 학생들이 하나같이 하는 이야기가 있습니다. 바로 어학연수를 준비하는 기간 동안 영어를 조금이라도 공부하고 출발했더라면, 미국에서 낭비하는 시간을 크게 줄일 수 있었으리라는 것이지요.

어학연수를 가기 위해 정보를 모으고, 지역과 어학원을 결정하고, 학생비자를 발급받기까지 짧게는 1개월, 보통은 3개월이라는 시간이 걸립니다. 이 기간을 허비하지 않고 '어학연수가 이미 시작되었다'는 마음으로 미리 영어의 기초를 다져 놓는다면, 실제 어학연수를 시작했을 때 큰 효과를 보게 됩니다. 제가 보증합니다!
그러니까 그저 미국에 여행을 다녀오려는 생각이 아니라면, 정말 영어 실력을 확실하게 향상시켜서 돌아오고 싶다면, 지금부터 시작하세요. 출국 전 한국에서 하는 '기초 영어 공부'가 어학연수의 성공과 실패를 가릅니다.

JOHN FINLEY WALK

하버드 대학교의 서점

2. 출국 전에 하는 영어 공부①
– 기초 영어단어 외우기

외국어를 배울 때 '단어 외우기'의 중요성이야 따로 말할 필요가 없겠지만, 어학연수를 준비할 때는 그 중요성이 몇 배나 높아집니다.

어학연수를 시작하면 오직 영어만 사용하는 환경에 놓이게 되는 것인데, 기본적인 단어들조차 모른다고 생각해 보세요. 내가 하고 싶은 말을 제대로 표현할 수도 없고, 상대방의 말을 이해할 수도 없습니다. 그러면 어학원의 수업 내용 역시 이해하지 못하기 때문에, 기초적인 단어부터 배우는 낮은 레벨의 반에 배정될 수밖에 없지요. 어학연수를 가서 이런 수업만 듣다니, 정말 답답한 상황 아닌가요?

그렇기 때문에 반드시 기본적인 단어 정도는 외우고 어학연수를 떠나야 합니다.

1
필요한 것은 중 · 고등 학생용 영어단어집

서점에 가보면 영어 공부에 활용하는 단어집들이 엄청나게 많다는 것을 알게 됩니다. 하지만 그중에서 어학연수 준비에 필요한 것은 바로 중 · 고등학교에서 배우는 수준의 영어 단어 및 숙어집입니다. 토익이나 토플, 텝스 등의 영어 시험과 관련된 수험용 단어집들은 과감하게 제쳐두세요. 중 · 고등학생 때 공부했던 단어들을 모두 기억하고 완벽하게 활용할 수 있다면, 실생활에서 외국인들과 대화를 나눌 때에도 단어가 부족하다는 생각은 거의 들지 않을 것입니다. 오히려 영어를 정말 잘하는 친구라는 평가를 듣게 되지요.

그러니까 중 · 고등학생 시절에 보았던 단어집이 아직 집에 있다면, 굳이 새로운 책을 살 필요가 없습니다. 우선 기존 책의 단어들을 모두 외운 다음, 그래도 부족하다고 느껴지면 그때 가서 조금 더 높은 수준의 단어집을 구입하면 됩니다.

2
무조건 오늘의 목표량을 외우는 것이 포인트!

그리고 어학연수를 앞두고 단어를 외울 때는 막연하게 해서는 안 됩니다. '단어집 한 권을 처음부터 끝까지 한 번 외우고 출국하는 것'을 목표로 삼고 꼭 실천해야 합니다. '어차피 미국에 가서도 계속 해야 하니까…' 하고 안일하게 생각했다가는 책을 몇 장 넘기지도 못한 채 어학연수를 떠나게 될 거예요.

우선 영어 단어집 한 권을 정했다면, 전체 페이지 수를 출국하기까지 남은 날의 수로 정확히 나눕니다. 그리고 하루의 분량은 무슨 일이 있어도 반드시 외우세요.
전날 공부한 단어가 기억나지 않아도 개의치 않고 진도를 나가야 합니다. 어차피 단어는 외웠다 잊어버리고, 또 다시 외우는 일이 반복될 수밖에 없으니까요.

단어 외우기는 책 한 권을 계속해서 다시 보는 개념으로 해야지, 단어 하나하나에 매달리다 보면 절대 진도를 나가지 못합니다. 따라서 계획한 진도가 밀리지 않도록 최선을 다해서, 성실하게 공부하세요. 그런 경험 자체도 실제 어학연수를 시작했을 때 큰 자산이 됩니다.

샌프란시스코 파월 스트리트

3. 출국 전에 하는 영어 공부②
– 기초 영문법 공부하기

　어학연수를 가는 가장 큰 이유는 영어회화 실력을 향상시키기 위해서가 아닌가요? 그런데 영어로 말하는 연습을 아무리 적극적으로 한다고 해도, 단순히 단어들을 나열해서 대충 의미만 전달하는 식으로 한다면, 아무리 시간이 지나도 회화 실력은 향상되지 않습니다. 문법에 맞게 올바른 문장을 만들어서 말해야 제대로 된 회화를 구사한다고 평가받을 수 있으니까요.

따라서 본격적인 어학연수를 시작하기 전에 기초 영문법 정도는 정리해 두어야 합니다. 그래야 어학연수의 초기부터 자기가 알고 있는 문법을 활용해서 올바른 문장을 만들어 말하는 연습을 시작할 수 있습니다.

미리 공부하지 않고 떠나면 어떻게 되냐고요? 남들은 이미 다 공부하고 온 기초 영문법을 그때서야 독학하면서 아까운 시간만 낭비하게 되겠지요!

1

필요한 것은 고등학교 1학년 수준의 기초 영문법 책

미리 공부해 두어야 할 영문법의 수준은 딱 우리나라 고등학교 1학년 학생들이 배우는 정도입니다. 실제 일상회화에 쓰이는 문법은 의외로 매우 기초적이고 단순하기 때문이지요. 그렇기 때문에 영어회화를 잘하려면, 어려운 고난이도의 문법보다는 가장 기본이 되는 기초 영문법을 정확히 이해하고 숙지하는 것이 중요합니다.

2

처음부터 끝까지, 한 번 다 보고 출국하는 것이 포인트!

어학연수를 준비하는 기간 동안, 기초 영문법 책을 처음부터 끝까지 한 차례 훑을 수 있도록 일정을 세우세요. 하나하나 전부 외우겠다는 마음으로 공부하는 것보다는 이해가 되면 바로 그 다음 단계로 넘어가는 것이 좋습니다.

그리고 한 차례 다 읽은 이후부터는 필요한 부분, 부족한 부분이 생길 때마다 그 부분만을 찾아서 꼼꼼히 보충해 가면 됩니다. 만약 한 권의 영문법 책을 2번 읽고 출국하는 학생이 있다면, 그 학생의 어학연수는 100% 성공하게 될 거라고 장담합니다!

또 하나 더 팁을 드리자면, 어학연수를 갈 때는 자신이 한 차례 읽은 영문법 책보다 한 단계 높은 수준의 책을 가지고 가는 것이 좋습니다. 《Grammar in Use》 시리즈의 영문법 책을 예로 들자면, 한국에서 《Basic Grammar in Use》 편을 읽었다면 미국에는 그 다음 단계인 《Grammar In Use Intermediate》 편을 가지고 가는 것이지요. 어학연수 중에 문법적으로 모르는 것이 있거나 궁금한 것이 생기면, 한 단계 수준이 업그레이드된 책에서 그 부분만을 찾아 다시 공부하면 됩니다. 똑같은 책을 또다시 반복해서 보는 것이 아니니니 지겹지도 않고 이해도 쏙쏙 잘되지요.

이렇게 공부하다 보면 어학연수 기간 동안 또 한 권의 문법책을 떼게 될 것이고, 문법 실력은 자신도 모르는 사이에 상당한 수준까지 다다르게 될 것입니다.

카플란 뉴욕 ESB 센터의 최고 레벨 반

4. 출국 전에 하는 영어 공부③
– 영어회화 학원 다니기

어학연수를 막 시작한 한국 학생들은 다른 나라 학생들에 비해서 수업 중 대화나 토론에 적극적으로 참여하지 않는다는 평가를 받곤 합니다. 영어 레벨 테스트를 통해 실력이 비슷비슷한 학생들끼리 한 반에 모여 있는데도, 유독 한국 학생들만 침묵을 지키는 이유는 무엇일까요?

가장 큰 이유는 한국 학생들은 어떤 주제를 두고 자신의 의견을 말하며 진지하게 토론해 본 경험이 거의 없기 때문입니다. 그래서 대화나 토론에 참여하는 것이 매우 어색하고 어렵게 느껴질 수밖에 없습니다. 게다가 영어로 말해야 하니 더욱 더 주저하게 될 수밖에요.

그래서 저는 어학연수를 준비하는 1~3개월의 시간 동안, 영어회화 학원에 다니면서 미리 '영어로 대화하고 토론하는 경험'을 가져 볼 것을 권합니다. 그러면 실제 어학연수를 시작했을 때, 낯선 수업방식에 적응하느라 한두 달 가량의 시간을 허비하지 않아도 되니까요!

어학연수를 간 대부분의 한국 학생들은 다음 3단계를 거쳐서 영어로 대화를 하게 됩니다.

① 상대방의 영어를 듣고 머릿속에서 한국어로 번역한 다음, 그 의미를 이해한다
② 그에 대한 자신의 의견을 한국어로 생각하고 정리한다
③ 머릿속에서 다시 영작한 다음, '영어'로 전달한다

특히 영어로 대화를 해본 경험이 거의 없는 학생이라면, 짧은 문장을 말할 때도 매번 이러한 과정을 거쳐야 하니 부담스럽고 기가 죽을 수밖에 없습니다. 또 시간도 많이 걸려서 대화의 흐름을 따라가기가 어렵지요.
예를 들어 토론을 할 때, 큰 맘 먹고 1단계와 2단계를 거쳐 생각을 정리한 뒤 분주하게 3단계를 진행하고 있는데, 갑자기 주제나 흐름이 전환되어 모든 노력이 물거품이 되고 마는 것입니다.
그래서 어학연수를 갓 시작한 한국 학생들은 초기 1~2개월 동안 말을 많이 하고 싶어도 하지 못하는 상황을 처절하게 경험하게 됩니다. 그리고 이런 분위기가 오래 지속되다 보면 자신감을 상실해, 자칫 어학연수가 전혀 즐겁지 않게 느껴지지요. 처음에 누구나 겪게 되는 이 시기를 '얼마나 빨리 극복하느냐'에 따라, 어학연수의 성공 여부가 달려 있다고 해도 과언이 아닙니다.

물론 어학연수 자체가 위와 같은 상황에 대한 연습을 많이 해보려고 가는 것이긴 합니다. 그렇지만 문제는 수업 분위기와 방식에 적응하느라 정작 말 한마디 하지 못하고 아까운 시간만 흘려보내는 한국 학생들이 부지기수라는 사실입니다.
한국의 영어회화 학원에서 하루에 한 시간 정도 수업을 들으려면 월 15만 원 정도의 수강료가 드는 것으로 아는데요. 어학연수를 시작하고 나서 한 달을 헤매면 평균 100만 원 정도의 수업료가 날아갑니다. 어떻게 하시겠어요? 이건 더 이상 고민할 문제가 아닙니다!
그러니까 반드시 영어회화 수업을 짧게라도 듣고 출국하세요. 토론식 회화 수업의 분위기를 미리 경험하고, 특정한 주제에 대해 영어로 대화하는 감각을 느껴보는 것만으로도 어학연수의 시작이 달라집니다.

check 08.
미국에서 영어 공부 제대로 하기

브라이언트 파크, 뉴욕

1. 미국 어학연수는 처음 3개월이 가장 중요하다

누구나 어학연수를 준비할 때는 '정말 열심히 공부해서 투자한 만큼 영어 실력을 늘리고 돌아와야지!' 하고 다짐에 또 다짐을 합니다. 그런데 막상 미국에 도착하면 적응에 어려움을 겪으며 시간을 허비하거나, 지금껏 경험하지 못한 새로운 문화에 도취되어 공부는 뒷전으로 밀어 놓는 경우가 허다합니다. 그러면서 양심에는 찔리니 '아직 시간은 많으니까 괜찮아.' 하면서 자신을 위안하지요.

그러나 이것은 대단히 위험한 상황입니다. 미국에서의 첫 3개월을 어떻게 보내느냐에 따라 나머지 기간이 확 달라지니까요!

1
첫 3개월, 숨어 있던
능력이 폭발하는 시간!

갓 미국에 도착하면 기대와 설렘으로 인해 묘한 흥분에 휩싸이게 됩니다. 이 감정에 한번 빠져들게 되면, 마음이 들떠 공부에 제대로 힘을 쏟을 수가 없지요. 하지만 이 감정을 잘만 활용하면 우리 내면에 잠재되어 있는 엄청난 열정을 끄집어낼 수 있고, 상상할 수 없을 만큼 놀라운 집중력을 발휘하게 됩니다. 어학연수를 가서 단기간에 영어가 폭발적으로 늘었다고 말하는 학생들은 바로 이 특별한 감정을 잘 활용해서 본인도 몰랐던 잠재 능력을 100% 발휘한 경우이지요.

그러나 이 기대와 설렘, 흥분이라는 뜨거운 감정은 3개월 정도가 지나면 금세 수그러드는 특징을 가지고 있습니다. 그래서 그 시기를 그냥 흘려보내면, 폭발적인 집중력을 발휘할 수 있는 시기를 놓치게 되는 것입니다.

또 한두 달을 그저 신 나게 놀기만 하다 보면, 곧 더는 새로운 재미를 찾지 못해 심각한 지루함과 함께 허탈감, 무력감이 밀려옵니다. 향수병도 찾아오고요. 이런 부정적인 감정이 생기기 시작하면 생활도, 영어 공부도 걷잡을 수 없이 꼬이게 됩니다. 이미 좋지 않은 습관이 들어버린 뒤라서, 마음을 다잡고 공부를 시작하기란 처음보다 10배 이상 어렵지요.

그러니까 모든 것이 새롭고 열정이 넘치는 이 시기를 절대 놓치면 안 됩니다.

2
이 시기에 어학연수 내내
어울릴 친구들이 정해진다

영어는 나보다 실력이 좋은 사람과 어울려야 빨리 늡니다. 영어 실력이 전보다 좋아지면 나보다 조금 더 잘하는 사람과 어울리고, 그보다 좋아지면 또 나보다 더 잘하는 사람과 이야기를 나누면서 실력을 발전시켜야 하지요. 어학연수는 이런 도전을 반복하면서 나의 영어 실력을 꾸준히 업그레이드시키는 과정인 것입니다.

따라서 초반 3개월 동안에는 자신의 영어 실력을 최대한 끌어올리기 위해 모든 노력을 다해야 합니다. 너무 낮은 실력에서 시작하면, 나보다 영어를 잘하는 사람들과 어울릴 수 있는 기회를 잡을 수조차 없으니까요.

제가 단언하는데, 미국에서의 첫 3개월 동안 비슷한 시기에 도착한 한국인 친구들하고만 어울리면서 마치 관광 온 사람들처럼 놀러만 다니다가는 어학연수를 마치는 날까지 그 친구들하고만 어울려 다니게 될 것입니다. 시간이 지날수록 영어 실력이 비슷한 사람들끼리 어울리게 되기 마련이므로, 초반에 영어 공부에 바짝 집중해서 실력 차가 벌어져버린 친구들과는 점점 더 교류하기가 어려워지기 때문이지요. 그리고 아무리 낯설고 어색하더라도 가능하면 외국인 친구들과 어울리려고 노력해야 하는데, 기본적인 영어조차 부족하면 이 역시 쉽지 않습니다.
그러므로 첫 3개월 동안은 정말 열심히 영어 공부에 매진해야 합니다. 우선 땅부터 단단하게 다져 놓아야 한 칸, 한 칸 위로 올라갈 수 있는 계단을 놓을 수 있으니까요.

3
'오늘' 없이는
'내일'도 없다

처음 얼마간은 영어를 공부하는 것이 호락호락하지 않아서 '오늘은 좀 놀고, 내일부터 열심히 할까?' 하는 생각이 하루에도 몇 번씩 들곤 합니다. 그런데 다시 한 번 이야기하지만, 오늘 열심히 하지 않았는데 내일부터 열심히 할 수 있는 사람은 없습니다.
초반에 들떠서 놀러만 다니던 학생이 나중에 성실하게 마음을 다잡고 열심히 공부하는 것을 본 적 없고, 단지 어학연수를 다녀왔다는 이유만으로 영어 실력이 저절로 많이 늘었다는 경우도 본 적이 없습니다.

물론 미국에서 1년 정도 있다 보면, 한국에서보다야 영어 실력이 느는 것은 사실입니다. 그러나 냉정하게 평가했을 때 10명 중 2~3명만이 투자한 시간과 비용에 비례해 영어 실력이 향상되고, 7~8명은 가기 전보다는 늘었지만 미국까지 어학연수를 다녀왔다고 말하기가 무색할 정도의 실력으로 돌아옵니다. 즉, 처음 어학연수를 계획할 때 목표했던 만큼의 영어 실력을 갖추고 돌아오는 비율이 전체 학생의 20~30% 정도밖에 되지 않는다는 것입니다.

20~30%에 속할 것인지, 아니면 어쭙잖게 발음만 조금 굴릴 수 있게 된 70~80%에 속할 것인지는 철저하게 본인의 선택에 달려 있습니다. 이제 어떻게 하시겠어요? 처음 3개월 동안은 두 눈 질끈 감고 열심히 공부하는 수밖에 없습니다.

계획한 미국 어학연수 기간이 6개월이건 1년이건 간에 처음 시작하는 3개월 동안은 자신이 할 수 있는 모든 노력을 다해서, 소위 오버페이스Over pace라고 느껴질 정도로 열심히 공부하세요. 첫 3개월의 노력이 남은 기간 동안의 어학연수를 성공적으로 이끄는 견인차 역할을 해줄 것입니다.

· 카플란 마이애미 센터, 영어 레벨 테스트

2. 첫날 레벨 테스트로 수업의 질이 결정된다

거의 모든 어학원들은 개강 첫날, 수업 대신 '신입생 오리엔테이션'을 진행합니다. 신입생 오리엔테이션에서는 앞으로 어학연수를 하는 동안 꼭 준수해야 할 각종 주의사항과 현지 적응에 필요한 정보들을 얻게 되므로 반드시 참석해야만 합니다.

그리고 이날, 모든 신입생들은 반 편성을 위한 영어 레벨 테스트Placement Test/Level Test를 치르게 되는데요. 이 시험은 모든 신입생의 영어 실력을 정확하게 측정하여 각자 수준에 맞는 반에 배정하기 위해 치르는 시험입니다. 자신의 수준에 최적화된 수업을 들어야 공부 능률도 오르고 학습효과도 좋아지니까요.

1

**개강 첫날 레벨 테스트와
한국 학생 비율의 관계**

레벨 테스트는 보통 간단한 필기시험토익 수준의 간단한 독해와 문법. 어휘력을 묻는 시험과 영어 인터뷰로 진행됩니다. 대부분의 한국 학생들은 필기시험에는 강한 반면, 영어 인터뷰에서는 매우 낮은 점수를 받는데요. 문제는 필기시험 성적이 아무리 좋다고 해도 영어 인터뷰 성적이 형편없으면 결코 중간 이상 레벨에 배정되지 못한다는 사실입니다. 영어 실력이란 읽고 쓰는 능력뿐만 아니라 듣고 말하는 능력까지 모두 포함되는 것이니까요.

그 결과 유럽이나 중남미 학생들은 상대적으로 원활한 회화 실력 덕분에 주로 중간 이상의 레벨에서 어학연수를 시작하게 되는 반면, 대다수의 한국 학생들은 일본이나 중국계 학생들과 함께 중간 레벨 이하의 반에 배정되는 것이 일반적입니다. 그러고는 같은 반에 한국인이나 동양인 친구들이 너무 많다며 푸념을 하곤 하지요.

실제로 미국 내 어학원들의 한국 학생 비율을 확인해 보면, 적게는 5%에서 많게는 20~25% 정도인 것이 일반적입니다. 학생들의 컴플레인과는 달리 한국인의 비율이 그리 높지 않은 것이지요. 하지만 한국인 학생들이 많이 모여 있는 중하위 레벨에 배정되면 당연히 한국인 비율이 50~60%를 훌쩍 넘는 것으로 느껴질 수밖에 없습니다. 결국 문제는 반 배정에서 생기는 것이지요.

따라서 이런 상황이 싫다면, 레벨 테스트를 잘 치러서 중간 레벨 이상의 반에 배정되는 수밖에 없습니다. 억울하게 자신의 실력보다 낮은 레벨로 평가받는 일이 없도록, 가지고 있는 기량을 최대한 발휘해야 합니다!

2

**최대한 길게,
끈질기게 대답한다**

레벨 테스트에서 좋은 결과를 얻을 수 있는 가장 확실한 방법은 물론 한국에서 영어 공부를 충분히 하고 가는 것이지만, 보다 현실적인 방법은 인터뷰 시 답변을 최대한 길게 하는 것입니다.

영어 인터뷰를 볼 때, 한국 학생들은 어떤 질문을 받더라도 거의 단답형으로 대답을 하는 경향이 있습니다. 예를 들어 선생님이 "미국까지 오는 비행기 여행은 어땠나요?"라고 물으면, 거의 모두가 "Good."이라고 짧게 대답을 합니다. 이런 식이면 '영어를 못 하기 때문에 저렇게 짧게 말하는 것'이라고 오해할 수밖에요.

인터뷰를 진행하는 교사들은 학생의 답변을 유심히 들으면서 어떤 단어를 알고 있는지, 문장을 구성할 수 있는 기본적인 문법적 지식은 어느 정도 가지고 있는지 등을 하나하나 평가합니다. 그런데 'good'으로 끝나면 평가를 하고 말고 할 거리가 없는 것이지요. 또한 학생의 실력이 조금 부족해도 열심히 하려는 자세 자체를 높이 평가한다는 사실도 간과해서는 안 됩니다.

그러니까 개강 첫날 영어 레벨 인터뷰에서는 자신이 알고 있는 모든 영어단어를 총동원해서 최대한 길고 끈질기게 대답하세요.
비행기 안에서는 어떤 영화를 보았고, 기내식은 어땠으며, 어떤 음악을 들으며 왔는지, 긴 비행이 지루했는지 아니면 너무 설레서 즐거웠는지 등 자신의 생각과 느낌을 최대한 길게 이야기하려고 노력하는 모습을 보여줘야 합니다.
문법이 정확히 맞지 않고, 표현이 조금 어눌하더라도 상관없습니다. 영어 실력이 부족하기 때문에 어학연수를 하러 온 것이니까요.
그래야만 조금이라도 높은 레벨의 반에 배정될 수 있고, 비교적 한국 학생들이 적은 반에서 어학연수를 시작할 수 있습니다.

헤럴드 스퀘어, 뉴욕

러시안힐, 샌프란시스코

3. 수업 레벨보다 진짜 실력을 향상시키는 것이 관건이다

어학연수의 목적은 영어 실력을 내실 있게 향상시키는 것이지, 높은 레벨의 수업까지 이수했다는 증명서수료증, Certificate 한 장을 발급받아 돌아오는 것이 아닙니다. 이 점은 누구나 아는 사실이지요.

그럼에도 불구하고 생각보다 정말 많은 학생들이 자신의 실력과 맞지도 않는 높은 레벨의 반으로 옮겨 달라며 억지를 부리곤 합니다. 게다가 어학연수를 마무리하는 시기가 되면 최고 레벨까지 이수했다는 증명서를 받기 위해서, 무조건 몇 단계나 건너뛰게 해달라고 사정을 하는 학생들도 있지요. 이는 '나의 영어 실력이 얼마나 향상되었나' 보다는 '내가 어떤 레벨의 수업을 듣고 있는가'에만 지나치게 집착하기 때문인데요. 이렇게 남의 시선을 의식하는 것이 대체 무슨 의미가 있는 걸까요?
이런 자세는 어학연수를 성공적으로 진행해 나가는 데 아무런 도움이 되지 않습니다.

물론 정말 내 실력보다 수업의 수준이 낮아서, 그 수업을 듣는 것이 아무런 도움이 되지 않는다고 생각될 수도 있습니다. 그럴 때는 담임 선생님께 요청해서 레벨 테스트를 다시 받을 수 있습니다. 그러나 학생의 수준이 수업 기준에 비해 현격히 높거나 낮다면, 교사가 먼저 그 사실을 알아차리고 레벨 이동을 권유하는 것이 일반적입니다. 학생의 영어 수준을 가장 객관적이고 정확하게 알고 있는 사람이 바로 매일 학생들과 대화하는 담임 교사이니까요.

그럼에도 나와 수업의 수준이 정말 맞지 않는다고 생각된다면, 수업 교재를 이용해 자신의 영어 수준을 정확히 파악해 보는 것이 좋습니다. 만약 교재에 모르는 단어가 상당수 있고 예문 역시 책을 보지 않고는 자유롭게 말할 수 있는 수준이 아니라면, 아직은 그 다음 레벨로 올라갈 준비가 되지 않은 것이라고 판단하면 됩니다.

영어 실력이란 단순히 수강하는 수업 레벨에 의해 결정되는 것이 아닙니다. 각 레벨에서 요구하는 영어 실력을 충분히 갖추지도 못한 채 무조건 레벨만 올리려고 서두른다면, 높은 레벨의 수업을 이수했다는 증명서 한 장은 가지고 올 수 있겠지만 정작 자신의 실력은 그리 늘지 않은 난감한 상황에 처할 수 있다는 점을 잊어서는 안 됩니다.
그러니까 자신의 영어 실력을 내실 있게 쌓으면서, 수업 레벨을 한 단계 한 단계 차분하게 올려나가는 데에 집중하도록 하세요!

카플란 샌디에이고 센터

4. 수업 시간표에 따라 하루 시간 활용법이 달라진다

어학연수를 가면 한국에서처럼 매일 일정한 시간에 등교해서 정해진 일정대로 수업을 듣게 되지만, 생각보다 정말 많은 자유시간이 주어집니다. 그래서 계획성 없이 지내다 보면 금세 나태한 습관이 물들게 되고, 그런 습관이 한 번 들면 올바른 공부 리듬을 되찾기가 정말 힘들어지지요.

그렇기 때문에 처음 미국에 도착했을 때부터, 하루하루를 최대한 효율적으로 활용하겠다는 각오를 가지고 성실하게 생활하는 것이 정말 중요합니다. 그리고 이를 위해서는 어학원의 수업 시간표를 중심으로, 하루를 효과적으로 사용할 수 있는 '나만의 일정표'를 꼭 만들어 두어야 합니다.

1

어학원의 수업 시간표는 어떻게 될까?

대부분의 학생들은 하루 4교시 수업으로 구성된 일반 영어 과정 기본 수업과 하루 6교시를 공부하는 집중 영어 과정 기본 수업+선택 수업 중에 한 가지를 선택하여 수업을 듣습니다. 그런데 거의 대부분의 어학원들이 두 과정을 아래의 그림처럼 오전반, 오후반으로 편성해 운영합니다. 인지도가 높아서 학생 수가 많은 어학원일수록 이러한 시스템Double Banking으로 운영하지요.

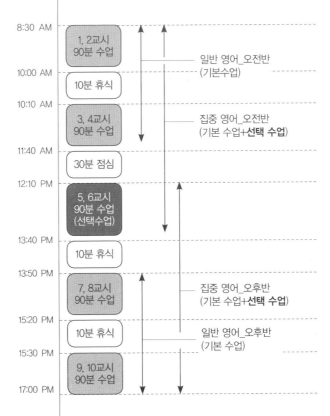

반 편성은 개강 첫날 실시하는 영어 레벨 테스트 결과에 따라 무작위로 배정되는 것이기 때문에, 학생이 처음부터 오전반과 오후반을 선택할 수는 없습니다. 그러나 다른 시

간대에 진행되는 같은 레벨의 수업에 결원이 발생하면 그 쪽으로 이동이 가능하지요.

그럼 오전반과 오후반 시간표에 따라 하루를 효과적으로 사용할 수 있는 방법은 무엇일까요?

2
오전반
시간 활용이 유리하지만
자기 절제가 필요하다

한국 학생들은 주로 오전반 수업을 선호합니다. 오후 시간을 자유롭게 활용할 수 있으니까요.

오전반은 대부분 아침 8시 30분경에 수업을 시작하기 때문에, 하루 일과를 일찍 시작한다는 장점이 있습니다. 그러나 수업의 종료 시간도 그만큼 빨라진다는 점을 고려해야 합니다. 특히 하루에 4교시만 수업이 진행되는 일반 영어 과정을 듣는다면, 점심시간 이후가 모두 자유시간인 것이지요.

자유시간이 많다는 것은 외국인 친구들과 여유롭게 관광을 다닐 수도 있고, 각종 문화생활을 충분히 할 수 있다는 면에서는 긍정적일 수 있습니다. 그렇지만 어학연수를 하는 내내, 매일같이 그렇게 생활할 수는 없는 노릇이잖아요? 그렇기 때문에 오전반 수업을 듣는 학생들은 긴 자유시간을 효과적으로 사용할 수 있도록 항상 시간 관리에 신경을 써야만 합니다.

물론 수업을 마친 뒤에는 외국인 친구들과 함께 차를 마시거나 식사를 하면서 즐겁게 영어로 대화를 하는 시간을 가지는 것이 바람직합니다. 그런 기회를 충분히 갖기 위해 어학연수를 간 것이니까요. 그러나 그런 시간도 적당한 수준에서 절제할 수 있어야 합니다. 아무리 즐겁고 좋은 시간이라 할지라도 매일 저녁시간 이후까지 지속된다면, 생활 리듬은 금세 흐트러지고 마니까요.

친구들과 즉흥적으로 어울리는 시간이 점점 늘어나면 늘어날수록, 공부하는 시간은 갈수록 줄어들 수밖에 없습니다. 그러면 영어 실력에는 발전이 없으니 공부에 재미가 생기지도 않겠지요. 그러므로 정해진 시간 이후부터는 혼자 집중적으로 공부하는 습관을 들여야만 합니다.

관광이나 문화생활은 금요일 오후부터 토요일과 일요일로 이어지는 주말 3일 동안에도 충분히 할 수 있습니다. 그러므로 오전반 수업을 듣는다면, 주중에는 공부에 소홀해지지 않도록 좀 더 긴장감을 가지고 하루하루를 성실하게 생활해야 합니다.

3
오후반
시간 활용은 제한적이지만
공부하기에 좋다

한국 학생들은 시간 활용이 제한적이라는 선입견 때문에 오후반 수업을 기피하는 편입니다. 그런데 막상 오후반 수업을 들어본 학생들은 의외로 그 시간대의 수업이 매우 만족스러웠다고 평가하는 사례가 많았습니다. 또한 자료를 봐도 오후반 학생들의 학업 성취도가 더 높은 것으로 나타나고요.

오후반 수업의 가장 큰 장점은 오전 자유시간만 이용해도 매일 서너 시간 이상을 차분하게 공부할 수 있다는 것입니다. 다른 무언가를 하기에는 애매한 시간이니만큼, 아침 일찍 일어나서 하루 3시간씩 전날 배운 내용을 복습하고 오후에 배울 내용을 예습하면, 학습 능률은 엄청나게 올라가게 됩니다. 게다가 수업을 마치는 시간이 대략 저녁 식사 시간과 맞물리므로, 방과 후 자연스럽게 외국인 친구들과 함께 저녁을 먹으며 이야기를 나누게 되지요.

또 생각과 달리 문화생활을 하는 데에도 별다른 지장이 없습니다. 뮤지컬 등의 각종 공연이 시작되는 시간 역시 저녁

시간 이후니까요.

이런 장점들이 있기 때문에 오히려 오후반 수업을 고집하는 실속파 학생들도 많이 있습니다. 그리고 한 가지 팁을 드리자면, 오전반을 유독 선호하는 한국 학생들의 성향으로 인해 오후반 수업에는 대부분 한국인의 비율이 낮은 편이랍니다. 어떤가요? 생각보다 유리한 점이 많지요?

사람마다 자기 스타일이 있으므로 오전반과 오후반 수업 중에 어떤 것이 더 좋다고 단정 지을 수는 없습니다. 중요한 것은 수업 시간표를 중심으로 나머지 하루 시간을 어떻게 가장 효과적으로 사용하느냐이지요.

오늘 하루를 알차게 보냈을 때, 내일도 그렇게 보낼 수 있습니다. 그리고 그런 하루하루가 모여서 어학연수의 전체가 된다는 사실을 절대 잊어서는 안 됩니다!

뉴욕 공공 도서관

5. 영어도 예습과 복습을 철저히 해야 빨리 는다

어학원에서 듣는 수업을 100% 효과적으로 이용하려면 매일 매일 예습과 복습을 철저하게 해야 합니다. 그리고 과제물도 정말 최선을 다해서 해야 하고요. 너무 뻔한 이야기지만 어쩔 수 없습니다. 공부에는 왕도가 없으니까요.

예습과 복습을 하지 않으면 제 아무리 수업시간에 집중한다 해도 수업 내용의 50%도 소화하지 못합니다. 너무나 당연한 사실인데도 대부분의 학생들은 이 2가지를 쉽게 간과하곤 하지요. 그렇기 때문에 어학연수를 다녀왔음에도 기대한 것보다 영어가 늘지 않는 것이랍니다.

그럼 예습과 복습, 그리고 과제를 충실히 이행하는 것이 실제 수업에서 어떤 효과를 발휘하는지 살펴볼까요?

1
예습
수업시간에 집중력을
높이는 비법

예습은 교재에 나와 있는 단어와 숙어를 외우고, 다음 수업에서 배우게 될 문법을 미리 공부하는 것에서부터 시작해야 합니다. 교재에 나온 단어의 뜻을 몰라서 수업 중에 계속 사전을 뒤지거나 간단한 문법이 기억나지 않아서 진도를 따라가지 못하면, 수업에 온전히 집중할 수 없으니까요. 하지만 가장 기본이 되는 이 2가지를 미리 준비하고 수업에 참여하면, 막힘없이 수업에 집중할 수 있습니다. 이것이 바로 예습이 중요한 이유랍니다!

또한 예습을 하면 수업에서 다루게 될 주제에 대해서도 자연스럽게 내 생각을 정리할 수 있기 때문에, 수업 중에 이루어지는 토론에도 적극적으로 참여할 수 있게 됩니다. 그리고 수업을 들으면서 예습을 통해 공부한 내용들을 다시 확인하게 되므로 학습 능률이 정말 높아집니다. 수업 시간 자체가 복습 시간이 되는 것이지요.

2
복습
수업 내용을 확실히
내 것으로 만드는 비법

복습은 이미 들은 수업 내용을 온전히 나의 것으로 소화시키는 작업입니다. 그러므로 복습을 하지 않으면 결코 영어 실력을 탄탄하게 향상시킬 수 없습니다.

그리고 그날 배운 내용은 꼭 그날 복습하는 것이 원칙입니다. 바로 그날 다시 보지 않으면, 어학연수를 하는 동안은 물론이고 한국에 돌아와서도 복습할 리 없거든요.
어학연수 기간 동안 공부했던 책과 노트는 가지고 돌아와봐야 '추억의 기록' 내지는 '어학연수의 증거품'밖에 되지 않습니다. 결국 짐만 될 뿐이에요. 그러니까 모든 자료는 그날이 지나면 바로 버린다는 각오로 복습하도록 하세요.

3
과제
수업을 1:1 과외로
바꿀 수 있는 비법

대부분의 과제는 다음 수업의 자료로 활용되는 것이 일반적입니다. 예를 들어 '다음 시간에는 자기 나라의 음식문화에 대해 각자 발표하고 토론할 테니 해당 주제에 대한 자료를 준비해 오라'는 식인 것이지요.

강제성이 있는 것은 아니므로 과제를 아예 하지 않거나, 한다 해도 매우 불성실한 수준에 그치는 경우가 많습니다. 그러나 그중에는 정말 놀라울 정도로 많은 자료를 준비해서 멋진 리포트를 제출하는 학생들이 있습니다. 그러면 과제를 하지 않은 학생들은 수업시간 내내 다른 학생들의 발표 내용을 조용히 듣고 있는 수밖에 없습니다. 토론 주제에 대한 준비가 전혀 되어 있지 않으니, 대화나 토론에 섣불리 끼어들 수도 없으니까요.

따라서 과제는 해도 그만 안 해도 그만인 것이 아닙니다. 다음 수업을 온전히 자신을 위한 개인 과외로 만들 수 있는 비법이기 때문에, 무조건 아주 충실하게 준비해야만 합니다.

아무런 준비 없이 그냥 수업에 들어가는 것은 정말 의미 없는 시간 낭비가 되기 십상입니다. 마치 관광하듯 수업에 참여해서는 원하는 결실을 맺지 못한다는 사실을 명심하고, 반드시 예습과 복습을 하는 습관을 들이세요.

예습과 복습, 그리고 과제. 이 3가지만 매일매일 성실히 이행한다면, 하루가 다르게 쑥쑥 향상되는 자신의 영어 실력에 깜짝 놀라게 될 거예요!

벌리츠 뉴욕 센터

출석률이 85%에 못 미치면, 강제 출국된다는 경고문

6. 출석률 80%는 꼭 지켜라

어학연수를 가기 전에 자신이 '출석률' 때문에 고생하게 될 거라고 생각하는 사람은 아무도 없겠지요? 그렇기 때문에 출석에 대해 심각하게 생각하지 않고, 무단으로 며칠 간 여행을 다녀오거나 쉽게 지각하는 경우가 발생합니다.

그런데 출석률이 기준 이하로 내려가면, 그 대가는 정말 치명적입니다. 학생비자는 어학 원 수업에 성실하게 참여하겠다는 조건으로 발급받은 것이니까요!

거의 모든 어학원들은 학생의 출석률이 80% 이하로 내려가면 해당 학생에게 경고장을 보내서 출석률을 끌어올릴 것을 지시합니다. 그럼에도 불구하고 학생의 출석률이 계속해 서 높아질 기미가 없으면, 그때는 결국 수업을 강제 종료시키고 미국 밖으로 나갈 것을 명령하지요. 그러면 무조건 15일 내에 출국해야 합니다.

그리고 출석률이 낮으면 어학연수 도중 어학원을 옮기는 것Transfer도 허용되지 않습니다. 최종적으로 출석률이 80%에 미치지 못한 채 어학연수를 마치게 되면, 어학원은 그 학생 의 성적이 아무리 우수해도 수료증을 발급해 주지 않습니다. 본인의 비자 관련 기록에도 어학연수를 계획대로 이수하지 못했다는 의미에서 'Non Completed'라는 불명예스러운 기록이 남게 되지요. 이 기록은 향후 미국 비자를 다시 받으려고 할 때, 불리한 영향을 미칠 수 있답니다.

또한 결석뿐만 아니라 지각도 출석률에 반영된다는 점, 잊지 마세요. 일반적으로 수업 시작 후 10분 이내에 출석여부를 확인하는데, 지각 3회는 결석 1회로 간주됩니다. 그리고 출석 확인은 하루 단위가 아니라 수업 단위로 이루어지는 것이기 때문에, 출석 체크 역시 수업 시간마다 매번 꼼꼼히 진행됩니다. 그러니까 놀러가느라 하루를 통째 결석했다가는 출석률에 어마어마한 타격을 입게 되는 것이지요.

참고로 모든 어학원의 출석률 기준이 80%로 동일한 것은 아닙니다. 최소한의 기준이 80%인 것이지, 어학원 중에는 85% 이상의 출석률을 요구하는 곳들도 있습니다. 그러므로 자신이 다니는 어학원의 출석률 기준을 반드시 숙지하고 생활해야 합니다.
그리고 무엇보다 내가 왜 미국에 온 것인지를 항상 생각하면서, 매일 매일 성실하게 생활할 필요가 있습니다. 그러면 출석률 때문에 고민할 일은 결코 발생하지 않을 테니까요!

미국 횡단 투어 중인 학생들

7. 방과 후 액티비티를 적극적으로 활용한다

학생들 사이에서 좋은 평가를 받는 사설 어학원들은 거의 모두가 방과 후 액티비티 Activities를 매우 적극적으로 운영하고 있습니다. 그 이유는 방과 후 액티비티 자체를 수업 의 일환으로 생각하기 때문이지요.

그래서 세계 각국의 요리 전문점에 가서 각 나라의 식문화에 대해 이야기를 나누기도 하 고, 각종 공연이나 스포츠 경기를 단체로 관람하러 가기도 하며, 수업 주제와 관련이 있 는 작품을 보러 박물관이나 미술관에 견학을 가기도 합니다. 때로는 주말을 이용해서 근 처의 다른 도시로 단체 여행을 다녀오기도 하고, 각종 스포츠 동아리를 꾸리는 등 학생 들이 즐겁게 참여할 수 있는 다양한 프로그램을 마련하기 위해 노력을 아끼지 않습니다.

그런데 학생들 중에는 방과 후 액티비티에 대해 그저 놀러 다니는 것 아니냐, 몰려다니 면서 괜히 돈만 낭비하는 것 아니냐며 아예 관심을 두지 않는 경우도 있습니다. 하지만 그건 100% 오해이자 착각입니다!

1
어학원 수업만큼이나 중요한 방과 후 액티비티

방과 후 액티비티는 어학연수를 하는 동안 절대 빼놓아서는 안 될 중요한 프로그램이자 영어회화 공부에 가장 큰 도움이 되는 시간입니다.

강의실에서 진행되는 수업은 아무리 재미있게 구성된다 하더라도, 다소 경직된 분위기를 띠는 것이 사실입니다. 그러나 교실을 벗어나 여러 가지 활동을 하다 보면 자연스레 긴장감이 줄어들기 때문에, 외국인과 영어로 대화하는 것을 막연히 두려워하던 학생들도 자연스럽게 입을 뗄 수 있는 아주 좋은 기회가 됩니다. 게다가 사소하고 가벼운 농담부터 사뭇 진지한 주제에 이르기까지, 정말 다양한 내용을 화제로 삼을 수 있어 좋지요.

예를 들어 메이저리그 야구 경기를 단체 관람하러 지하철을 타고 가는 중이라면, 현재 메이저리그에서 뛰고 있는 자국 선수에 대해 한 마디씩 이야기할 수 있습니다. 더 나아가 자국의 지하철과 미국의 지하철을 비교하는 이야기도 나눌 수 있고요. 또 미술관에 갈 때는 스페인 학생에게 스페인 출신 천재화가 피카소에 대해 가볍게 말을 붙일 수도 있고, 자신의 지식을 활용하여 친구들에게 설명을 할 수도 있겠지요.

저는 실제로 한 한국인 학생이 외국인 친구들 앞에서 고흐와 고갱의 우정과 경쟁에 대해 즐겁게 이야기하는 모습을 본 적이 있습니다. 정말 멋지지 않나요? 그곳이 강의실이었다면 학생들끼리 그렇게 편안하고 재미있게 대화를 나눌 수 없었을 것입니다.

그리고 대부분 선생님이 동행하기 때문에 대화 중 어색한 표현들을 그때그때 교정 받을 수 있고, 어떻게 표현하는 것이 좋을지 막연한 때는 즉시 도움을 받을 수 있어서 정말 살아있는 수업이 됩니다.

막상 어학연수를 시작하고 나면, 수업 외의 시간에 영어로 이야기를 할 기회가 그리 많지 않다는 것을 실감하게 될 거예요. 무턱대고 길에 지나가는 누군가를 붙잡고 말을 걸기도 어렵고, 요행히 상대방이 내 말을 들어준다 해도 낯선 사람과 할 수 있는 대화라고는 아주 간단한 문장 몇 마디를 주고받는 것이 전부이기 때문이에요. 영어를 사용하는 것이 익숙하지 않은 어학연수 초기에는 그만큼 마음 편하게 입을 열 수 있는 상대를 만나기가 어렵습니다.

그러므로 방과 후 액티비티를 적극 활용해서 외국인 친구들과 영어로 대화를 나누는 연습을 꾸준히 하는 것이 정말 큰 힘이 되는 것이지요.

2
과욕은 금물, 1주일에 2번씩이면 충분하다

그러나 아무리 좋다고 해도 매일매일 진행되는 모든 액티비티에 빠짐없이 참여할 수는 없습니다. 액티비티에만 집중하면 개인 공부 시간을 거의 가질 수 없게 되니까요.

또한 그 비용도 무시할 수 없습니다. 비용이 들지 않을 때가 많고 대부분 단체할인 등을 받아서 정상 가격의 절반도 안 되는 아주 저렴한 비용으로 참여할 수 있지만, 하루하루가 쌓이면 부담스러운 금액이 되기 마련이니까요.

그러므로 어학원에서 매월 초 그달의 방과 후 액티비티 스케줄을 공고하면, 그중에 본인이 꼭 참여하고 싶은 주제를 지혜롭게 선별해야 합니다. 그리고 1주일에 2회 정도씩만 꾸준히 참여할 수 있도록 계획을 세우세요. 그것이 가장 효과적인 방과 후 액티비티 활용법입니다.

방과 후 액티비티는 다음 달에도, 그 다음 달에도 계속해서 꾸준히 진행되는 것이니 처음부터 모든 프로그램을 전부 다 하겠다고 조급증을 낼 필요가 없습니다. 어학연수를 마칠 때까지 즐거운 마음으로 액티비티를 꾸준히 하는 것이 오히려 더 중요한 거예요. 뭐든 너무 과해서 좋은 것은 없습니다.

하버드 대학교의 서점

8. 어휘 양을 폭발적으로 늘리는 노하우!
'나만의 영어 단어장' 만들기

앞서도 쭉 이야기했지만, 영어로 대화를 이어가려면 뭐니 뭐니 해도 단어를 많이 알아야 합니다. 그중에서도 실생활에서 가장 많이 쓰는 단어들부터 최대한 빨리, 많이 암기해야 하지요.

그런데 시중에 나와 있는 단어집을 이용해서는 큰 효과를 보지 못합니다. 생활 속에서 사용빈도가 높은 단어들만 모아 놓았다는데도 내게 필요한 단어는 얼마 없는 것 같고 별로 도움도 되지 않거든요.

그 이유는 '나의 이야기'가 아니기 때문입니다. 그래서 내 생활에 꼭 필요한 단어들을 빨리 외우려면 '나만의 영어 단어장'이 필요합니다.

방법 01 ☑
눈에 보이는 것 중
모르는 것은 모두 적는다

준비물은 작은 수첩과 펜 한 자루가 전부입니다. 미국에 도착한 뒤, 집밖을 나설 때는 이 2가지를 늘 가지고 다니세요. 그리고 눈에 보이는 것들 중에서 영어로 뭐라고 하는지 모르는 것이 있다면, 그 즉시 수첩을 꺼내서 한글로 적으면 됩니다.

예를 들어 처음 집밖을 나설 때, 문을 열기 위해 잡는 문손잡이는 뭐라고 부를까요? 모르면 수첩에 '문손잡이'라고 적습니다. 그리고 길을 걷다가 '인도는 영어로 뭐라고 하지?' 하는 생각에 그 즉시 답이 떠오르지 않는다면 '인도'도 적어둡니다. 인도 옆에 있는 '차도'도 모르겠다면 또 수첩에 적습니다. 이런 식으로 눈에 보이는 모든 것에 대해 내가 알고 있는 단어인지 확인한 다음, 모르는 것들은 바로바로 적는 것입니다.

처음에는 그야말로 한 걸음 갈 때마다 몇 단어씩 적는 상황이 벌어질 거예요. 눈에 들어오는 거의 모든 것들을 단어장에 적어야 할 테니까요. 하지만 귀찮다고 그냥 넘어가는 일이 있어서는 절대 안 됩니다. 그리고 그날 저녁에 집에 돌아와서 하루 동안 내가 얼마나 많은 단어들을 적어 놓았는지 확인해 보세요. 그것이 바로 내 영어 실력의 현주소입니다.

방법 02 ☑
그날 적은 단어는
무조건 그날 외운다

정말 중요한 것은 그날 적은 것들은 모두 그날 한영사전을 찾아가며 확실히 암기해야 한다는 것입니다.

처음 1주일이 가장 힘듭니다. 하지만 아무리 귀찮고 힘들더라도 딱 한 달 동안은 '나만의 영어 단어장'을 철저하게 작성하고, 그날 적은 단어들을 그날 밤 모두 외우세요. 그러면 시간이 갈수록 단어장에 적는 단어의 수가 급격하게 줄어드는 것을 실감하게 될 것입니다. 그것이 바로 내 어휘력이 폭발적으로 늘고 있다는 증거이지요!

그동안 한국에서 중·고등학생용 핵심단어집, 토익용 빈출 단어집, 토플용 핵심어휘집 등으로 공부했던 것과는 비교가 되지 않을 정도로 빠른 시간 안에 어휘력이 향상되는 것을 체험하게 될 거예요. 이것은 곧 단어뿐만 아니라 전체적인 영어 실력 향상에도 엄청난 영향을 미치게 되지요.

실전 영어라는 것은 따로 있는 것이 아닙니다. 실제로 자신이 미국에서 생활할 때 자주 눈에 보이고 자주 입에 오르내리는 단어들로 구성된 영어가 바로 실전 영어입니다. 그러므로 어학연수를 통해 실전 영어를 익히고 돌아오고 싶다면, '나만의 영어 단어장' 만들기부터 꼭 실천하세요!

9. 회화 실력을 빠르게 올리는 노하우!
'영화 대사' 통째로 외우기

　　어학연수를 간 초기에는 영어로 말 한 마디를 하려고 해도 주어·동사·목적어·보어 등의 문장 형식에 인칭과 시제까지 반영해서 문장을 만들려고 하니, 입 밖으로 말하기까지가 너무 어렵습니다. 차분히 생각하면서 말할 수 있을 때는 그나마 괜찮은데, 서로 '대화'를 주고받게 되면 머릿속에서 온갖 것들이 뒤죽박죽 섞여버리지요. 그래서 입안에서만 빙빙 맴돌다 결국 말할 타이밍을 놓쳐버리고, 나중에는 아예 말하는 것이 두려워지기까지 합니다. 하지만 생활 속에서 자주 사용하는 문장들을 통째로 외워두면, 대화가 훨씬 매끄럽게 이어집니다. 복잡한 생각의 단계를 거칠 필요 없이 바로 바로 말할 수 있으니, 회화 실력이 일취월장할 수밖에요.

미국인들이 실생활에서 자주 쓰는 문장들은 우리 생활을 생생하게 반영하는 TV 드라마나 영화에서 거의 다 찾을 수 있습니다. 그래서 저는 회화 공부를 위해서 TV 드라마나 영화 속 대사를 모두 외워버릴 것을 추천합니다. 다만 같은 내용을 10번 이상 반복해서 보며 외워야 하므로, 드라마보다는 영화가 더 좋습니다.

그럼 영화를 어떻게 활용하면 좋을지 알아볼까요?

방법 01 ☑
롤모델로 삼을
배우 한 명을 선택한다

내가 가장 따라 하고 싶은 영화배우 한 명을 정해야 합니다. 한마디로 '저 배우처럼 영어를 말하고 싶다'라는 생각이 드는 배우를 선택하는 것이지요.

같은 대사를 읽어도 배우에 따라 말하는 스타일이 조금씩 다르고, 어느 지역 출신인가에 따라 사투리나 독특한 억양을 가지고 있기 마련입니다. 그러니까 아무래도 동부지역 출신으로서, 평소 정확한 발음으로 교양 있는 말을 사용하는 배우를 찾는 것이 좋습니다. 추천할 만한 대표적인 남자배우로는 톰 크루즈, 톰 행크스, 에드워드 노튼, 맷 데이먼 등이 있고 여자배우로는 줄리아 로버츠, 조디 포스터, 메릴 스트립 등이 있습니다.

방법 02 ☑
일상을 소재로 삼은
작품을 고른다

액션이나 공포물, 혹은 지나치게 전문적인 용어들이 많이 나오는 작품보다는 일상을 소재로 한 작품을 선택하는 것이 바람직합니다. 그래야만 실생활에서 주로 사용하는 표현들을 접할 수 있으니까요.

방법 03 ☑
모두 다 외울 때까지,
10번 이상 본다

처음에는 한글 자막을 켜고 전체 내용을 편안하게 감상한 다음, 2번째부터는 영어 자막을 보면서 대사에 집중해야 합니다. 그리고 3번째 볼 때부터는 대사를 일일이 받아 적으면서 문장 하나하나를 모두 외울 수 있도록 계속 반복해서 보세요.

일반적으로 같은 영화를 10번 이상 반복해서 보게 되면 자연스럽게 대사를 외울 수 있게 됩니다. 지겨워져도 중간에 다른 영화로 바꾸지 말고 모든 대사를 암기할 때까지 계속해서 시청하세요.

방법 04 ☑
표정과 몸짓까지
내 것으로 만든다

이런 상황에는 어떤 표정을 짓는지, 어떤 몸짓을 하는지, 어떤 투로 말하는지, 배우의 표정과 몸짓·말투까지 모두 주의 깊게 보아야 합니다. 영어를 정말 잘하기 위해서는 단순히 말뿐만 아니라 그 안에 담겨 있는 세밀한 느낌까지도 이해하고 전달할 수 있어야 하기 때문이지요.

따라서 배우가 대사와 함께 표현하는 표정·몸짓·음색·억양·말투까지 거울을 보고 따라하며 내 몸에 그대로 익히는 것이 좋습니다.

1년간 어학연수를 한다고 가정했을 때, 한 배우가 주인공으로 출연하는 영화 3편 정도를 완벽하게 마스터하는 것을 목표로 해야 합니다.

일단 영화 한 편을 마스터하고 나면, 다른 영화를 볼 때 본인이 이미 외웠던 표현들이 자주 등장하는 것을 느끼게 되어 자신감도 생기고 속도도 빨라지게 됩니다. 3편의 영화 속에 나오는 주인공의 대사를 통째로 모두 외우고 나면, 스스로 영어회화 실력이 정말 급성장했다는 것을 느끼게 될 거예요.

여러분도 그동안 본 수많은 할리우드 스타 중에서 내 영어 선생님이 되어줄 배우를 찾아보세요. 그리고 그 배우의 모든 것을 닮아 가면, 마치 오래전부터 미국에 살았던 것처럼 굉장히 자연스러운 영어를 구사하게 될 것입니다.

도전해 보세요! 정말 그렇게 될 테니까요.

Caffe Trieste, 샌프란시스코

10. 방과 후, 공부하기 좋은 장소는 어디일까?

짧은 기간 안에 점수를 올리는 것이 목표인 토익이나 토플 같은 수험 공부에 비해서, 어학연수 중에 하는 영어 공부는 자신의 진짜 실력을 차분하게 쌓아 나가는 장기적인 레이스입니다.

그러므로 어학연수를 할 때는 도서관이나 강의실 등 한 곳을 딱 정해 놓고 그곳에서만 공부하기보다는 여러 장소를 자유롭게 활용하며 공부하는 것이 좋습니다. 즉 언제 어디서나 집중해서 조금씩 공부하는 습관을 들이는 것이 좋다는 말이지요. 그래야만 공부에 질리지도 않고, 외국인 친구들과 여러 가지 활동을 하는 사이 틈틈이 공부도 같이 할 수 있습니다.

도서관이나 독서실 같은 닫힌 환경보다는 생활 속에서 자연스럽게 영어를 사용할 수 있는 열린 환경에서 공부하는 것이 좋습니다. 매일같이 한 곳에 혼자 틀어박혀서 공부할 거라면 굳이 미국까지 간 보람이 없잖아요. 그러니까 '내가 진짜 미국에서 생활하고 공부하고 있구나!'를 실감할 수 있는 장소, 그러면서도 공부에 집중하는 것이 방해되지 않는 장소를 찾아내는 것이 관건이겠지요.

만약 수업시간 전이라면 어학원에 일찍 도착해 빈 강의실에서 공부하는 것이 좋습니다. 그날 배울 내용들을 짧은 시간 안에 집중해서 살펴볼 수 있고, 다른 친구들이 도착하면 같이 이야기를 나누는 시간도 자연스럽게 가질 수 있으니까요.

그리고 수업이 끝나면 친구들과 근처에 있는 카페에 갑니다. 차를 마시거나 가벼운 식사 또는 간식을 먹으면서 그날 배운 내용들을 주제 삼아 대화도 나눌 수 있고, 같이 과제도 할 수 있으니까 아주 효율적이거든요. 또 대학생들이 많이 찾는 대학가 근처의 카페를 자주 찾으면, 미국인 친구들을 사귈 수 있는 기회가 생기기도 하지요.
하지만 단어 암기처럼 집중력을 요하는 경우나 영화 대사 외우기처럼 큰 소리를 내야 할 경우는 당연히 늦은 밤 집에 돌아와서 혼자 공부하는 것이 좋습니다.

그리고 한 주 동안 공부가 밀렸거나 부족했다고 느껴지는 부분들이 있다면, 주말에 가까운 공공도서관에 가서 공부해 보세요. 미국 대부분의 도시에는 대학 도서관보다 더 크고 훌륭한 공공도서관이 다운타운 한복판에 위치해 있습니다. 언제나 쉽게 찾아갈 수 있는 가까운 거리에, 영화에서나 봤던 웅장한 건축양식의 대형 공공도서관이 모든 시민을 위해 개방되어 있는 것이지요.
 웅장하기 그지없는 미국의 대형 도서관에 들어가면 자신도 모르게 왠지 공부하고 싶은 욕구가 차고 넘치게 됩니다. 주말에 늦잠을 자는 대신, 아침 일찍 도서관에 가서 오전에 집중적으로 공부하면 영어 실력이 눈에 띄게 향상되고, 점점 자신감이 붙습니다.
틈틈이 성실하게 공부하세요. 영어는 노력하는 만큼 향상되는 것이니까요.

스타벅스 1호점, 시애틀

11. 아르바이트가 어학연수를 망친다

간혹 미국에 어학연수를 하러 가서 아르바이트도 할 수 있는지 궁금해 하는 학생들이
있습니다. 생활비를 조금이라도 벌게 되면 집안의 부담을 덜 수 있으니 좋고, 미국인을
상대로 회화를 연습할 수 있다면 더 좋지 않을까 하는 생각에서 묻는 것이겠지요.
하지만 냉정한 시각으로 평가했을 때, 어학연수를 가서 아르바이트를 하는 것은 본인에
게 도움이 되기는커녕 어학연수 전체를 망쳐버릴 수 있는 미련한 행동입니다. 대체 그
이유가 무엇이냐고요?

우선 어학연수를 목적으로 미국에 입국한 경우에는 어떠한 소득활동도 할 수 없다는 것
이 공식적인 원칙입니다. 한마디로 학생비자 소지자가 돈을 받고 일을 하면 모두 불법행
위라는 것이지요. 그럼에도 실제로는 많은 유학생들이 아르바이트를 하고 있습니다.
그렇다면 그들은 과연 생활비 조달과 영어 실력 향상이라는 2가지 목적을 모두 달성했을
까요? 아니요, 그렇지 않은 경우가 대부분입니다.

만약 영어를 잘 못하는 상황이라면 당연히 영어를 사용하지 않아도 되는 곳, 또는 아주 제한적인 표현 정도만으로도 충분한 곳에서만 일하게 됩니다. 그러므로 결국 일할 수 있는 곳이라고는 한인 타운 안에 있는 한식당, 한국 베이커리, 한국 상점, 한국 서점 등 주로 한국인만을 상대하는 곳뿐이지요.

이런 환경이라면 영어 실력 향상은 고사하고 그냥 한국에서 아르바이트를 하는 것과 별반 다를 바 없습니다. 아르바이트를 하러 미국까지 간 꼴이 되고 마는 것이지요.

설령 영어 실력이 좋아서 미국인 고객을 자주 응대할 수 있는 아르바이트를 구한다 쳐도 상황은 크게 달라지지 않습니다. 학생비자 소지자를 고용하는 것이 불법임을 잘 알면서도 굳이 낯선 한국 학생을 고용할 미국인은 거의 없기 때문이에요.

즉, 한국 학생들을 고용하는 곳은 거의 대부분 한국인이 운영하는 곳이므로 결국 같이 일하는 동료들도 모두 한국 사람들로 구성될 가능성이 높습니다. 그렇다 보니 매장에 찾아온 미국인 손님을 상대하는 순간을 제외하고는 한국인들 사이에서 생활하게 되는 것이지요.

이러면 서울의 이태원에서 아르바이트를 하는 것과 무엇이 다른가요?

결론적으로 미국에 어학연수를 하러 가서 아르바이트를 하겠다는 생각은 그냥 아르바이트를 하러 미국에 가겠다는 말과 같은 것입니다.

물론 아르바이트를 통해 영어가 많이 늘었다고 자랑하는 학생들도 가뭄에 콩 나듯이 있을 수 있습니다. 그러나 제가 단언하건대, 그 학생들의 영어 실력이 향상된 진정한 이유는 정말 시간을 아끼고 자신을 다그치며 누구보다 열심히 영어 공부를 했기 때문일 것입니다. 만약 그 학생들이 아르바이트를 할 필요가 없을 정도로 경제적으로 여유가 있었다면, 어학연수를 하는 동안 남들보다 시간을 더 잘 활용하고 더 많은 것을 부지런히 경험하면서 몇 배는 더 훌륭한 성과를 만들어냈을 것입니다.

그러므로 많은 비용을 들여 어학연수를 가 놓고는, 고작 몇 푼의 생활비를 스스로 벌어 보겠다고 아르바이트를 하는 어처구니없는 행동은 하지 않기를 바랍니다.

브로드웨이, 뉴욕

check 09.
어학연수 업그레이드!
미국인 친구 사귀기

1. 어떻게 해야 미국인 친구가 생길까?

　　미국에 어학연수를 간 학생이라면 누구나 미국인 친구를 한 명쯤 사귀고 싶어 합니다. 그러면 영어도 배울 수 있고, 미국인들의 사소한 문화까지도 자연스럽게 체득할 수 있으니까요.

그러나 10명 중 9명은 그 바람을 이루지 못하고 돌아오는 것이 현실입니다.

아니, 미국에서 짧게는 몇 개월에서 길게는 1년 이상이나 생활하는데도 미국인 친구 하나 만들지 못하는 이유는 무엇일까요? 그 이유는 바로 아무런 노력도 하지 않고, 그저 좋은 친구가 '우연히' 생기기만을 기다리기 때문입니다.

미국인과 친구가 되기 위해서는 현실적인 전략을 세우고 적극적으로 다가가야 합니다. '친구를 사귀는데 전략까지 세우라고? 아니 뭐 그렇게까지….' 하고 생각할지 모르겠지만, 필요하면 해야지요! 이성적인 매력에 끌린 게 아닌 이상, 영어가 서툰 외국인에게 굳이 먼저 다가와서 말을 걸고 친구가 되어줄 리는 없습니다. 그러니까 우리가 먼저 다가가서, 그들과 교류할 수 있는 여건을 적극적으로 만들어내야 합니다!

전략 01 ☑
어학원에서 벗어나 미국인들의 생활 속으로 들어간다

어학원에만 머물러서는 결코 미국인 친구를 사귈 수 없습니다. 어학원은 외국인 학생들이 영어를 공부하기 위해 다니는 곳이므로, 영어교사나 학원 관계자가 아닌 이상 미국인을 만날 기회가 없습니다. 그러니까 미국인 친구를 사귀려면 어학원 밖으로 나가야 하지요.

가장 좋은 방법은 영어에 대한 부담이 크지 않으면서 정기적으로 참여할 수 있는 미국인들의 모임에 가입하는 것입니다.

취미나 특기를 활용하면 어렵지 않게 좋은 기회를 만들 수 있습니다. 예를 들어 운동을 잘하거나 좋아하는 편이라면, 지역 운동모임에 가입해 보세요. 취미를 공유하기 때문에 친해지기도 쉽고, 꾸준히 만나게 되니까 억지스럽지 않게 다가갈 수 있습니다. 그러면 가벼운 인사에서 시작해 차츰 대화도 나누게 되고, 머지않아 상대방의 안부를 궁금해 하는 사이가 될 수 있겠지요.

이렇게 어학원에서 벗어나 미국인들의 생활 속으로 들어가는 것이 중요합니다.

전략 02 ☑
상대의 조건에 대해 이것저것 너무 재지 않는다

연애할 상대를 찾는 것도 아니고 매일같이 붙어 다닐 단짝 친구를 구하는 것도 아니니 상대방의 나이 · 성별 · 직업 등 여러 가지 조건을 지나치게 따질 이유가 없습니다. 누구든 친구가 되어주면 고마운 상황이니까요!

물론 아무나 사귀라는 것은 아닙니다. 다만 너무 편협한 시각을 가지고 친구를 찾을 필요는 없다는 이야기지요.

비슷한 또래, 대학생 친구만을 찾기보다는 **나이가 훨씬 많은 할아버지나 할머니, 혹은 나이가 어린 이웃집 꼬마라도 괜찮다는 유연한 자세를 가져야 합니다.** 중요한 것은 나와 종종 대화를 나누는 친밀한 사이가 될 수 있는가, 영어 실력이 한참이나 부족한 나를 배려해줄 수 있는 인격을 갖추고 있는가 하는 것이니까요.

전략 03 ☑
자주 마주치는
사람 중에 친구를
찾는다

아무리 가까워지고 싶은 사람이 있다고 해도 억지로 자꾸 만나자고 하거나 일부러 찾아가는 일이 반복되면, 상대방은 금세 부담을 느끼게 됩니다. 자칫 스토커로 오해를 할 수도 있고요.

그러므로 자연스럽게 자주 볼 수 있는 사람들 중에서 친구를 찾는 것이 좋습니다. 자주 가는 식당이나 가게의 매니저, 또는 종업원처럼 서로 어색하지 않게 얼굴을 볼 수 있고, 편하게 짧은 대화라도 나눌 수 있는 사람들을 중심으로 인간관계를 맺어나가세요. 그리고 항상 먼저 인사를 하며 다가가야 합니다. 어학연수생들 중 먼저 인사를 건네는 사람은 드물기 때문에, 상대가 나를 기억하고 친밀감을 느끼게 되거든요.

이렇게 해서 일단 서로의 얼굴을 기억하고 자연스레 인사를 나눌 정도가 되는 것이 중요합니다. 그렇게만 되면 내가 어떻게 하느냐에 따라, 앞으로 얼마든지 더 좋은 관계로 발전할 가능성도 충분하기 때문이지요.

전략 04 ☑
모든 사람들과 폭넓게
친분을 쌓아간다

친구는 한 명이면 된다는 편협한 생각을 버려야 합니다. 그러다가는 거꾸로 단 한 명의 친구도 사귀지 못할 가능성이 커지거든요. 그러니까 특정한 한 명만을 집중 공략하기보다 생활하면서 만나게 되는 모든 미국인들과 폭넓게 친분을 쌓아나가야 합니다.

옆집 사람들, 자주 가는 식료품점의 주인, 미용실의 헤어디자이너, 액세서리 가게나 옷가게의 점원, 아침마다 들르는 빵집이나 커피가게 아저씨 등 누구나 나와 가까워질 수 있다는 생각으로 먼저 반갑게 인사하고 사소한 안부라도 물으세요. 참고로 제가 뉴욕에서 매우 친하게 지냈던 미국인 중에는 아침 출근길마다 베이글과 커피를 사러 들렀던 길거리 노점의 주인도 있었답니다.

이렇듯 일상 속에서 만나는 모든 미국인들과 조금씩이라도 대화를 나누게 되면, 그 대화들이 쌓이고 쌓여서 점점 가까운 사이가 될 수 있습니다.

전략 05 ☑
화젯거리를 미리 준비해서 만난다

상대방과 단둘이 있는데, 서로 인사 말고는 아무런 할 말이 없다면 끔찍하게 어색한 시간을 보내게 됩니다. 그러면 그 사람과는 다시 만나기가 꺼려질 수밖에 없지요. 그러니까 미국인 친구를 만날 때에는 대화가 끊기지 않도록, 미리 어떤 주제로 대화를 풀어갈 것인지 충분히 생각하고 만나야 합니다.

얼마 전에 꾼 꿈을 주제로 같이 해몽을 해보거나, 상대방이 지난번에 입었던 옷을 칭찬하면서 어디서 주로 쇼핑을 하는지 물어보는 등 이야깃거리를 미리 생각해 두세요. 그리고 가능하면 내가 먼저 적극적으로 대화를 이끌어 가야 합니다. 상대가 나와 보내는 시간을 즐겁고 편안하게 생각해야 내게 마음을 열게 될 테니까요.

지금까지 살펴본 5가지는 미국인 친구를 사귀기 위해 잊지 말아야 할 최소한의 기본 전략들입니다. 영어를 자유롭게 구사하지 못하는 어학연수생이 이 정도의 노력도 하지 않고 어떻게 미국인 친구를 사귈 수 있을까요?

현실은 영화가 아닙니다. 분위기를 잡고 가만히 벤치에 앉아 있는데, 낯선 미국인이 먼저 다가와서 좋은 친구가 되어주는 일은 결코 일어나지 않습니다. 하지만 차분하게 한 사람, 한 사람과의 관계에 정성을 기울이고 적극적으로 노력한다면, 어느새 미국인 친구들과 즐겁게 이야기하고 친분을 쌓아가는 자신의 대견한 모습을 발견하게 될 것입니다.

2. 최고의 친구는 어학원 선생님이다

우리 속담 중에 등잔 밑이 어둡다는 말이 있지요? 어학연수를 하는 동안 좋은 미국인 친구를 만들기 위해 부단히 노력하는 학생들에게 이 말은 정말 딱 들어맞는 표현이랍니다. 사실 어학연수생 입장에서 가장 좋은 친구는 바로 어학원에서 매일 만나는 미국인 선생님이거든요!

1

**이상한 영어도 찰떡같이
알아듣는 유일한 미국인!**

어학원에서 영어를 가르치는 선생님들은 수많은 미국인 중에서도 영어를 가장 잘 알고 교양 있게 구사하는 사람들입니다. 아무리 영어를 모국어로 사용하는 미국인이라 해도 대학에서 영문학이나 영어교육학을 전공한 어학원 선생님들만큼 영어에 대한 지식이 깊고 풍부할 수는 없습니다.

또 중·고등학교 시절에 제2외국어까지 배우는 우리와 달리 미국인 중에는 다른 나라의 언어를 배워본 사람이 적기 때문에, 외국인이 영어를 조금만 어색하게 사용하면 그 뜻을 이해하지 못하는 경우가 많습니다. 반면 어학원 선생님들은 소위 개떡같이 말해도 찰떡같이 알아듣고 잘못된 표현들을 바로 교정해주기까지 하지요.

게다가 어학원 선생님들은 대부분 해외에서 영어를 가르치며 생활해 본 경험이 있기 때문에, 다른 나라의 문화에 대해 열린 마음을 가지고 있습니다. 인종차별적인 사고방식은 고사하고 외국인을 따뜻이 배려할 줄 알지요. 또한 낯선 문화에 대한 호기심도 많아서 개인적으로 친분을 쌓아가기가 어렵지 않습니다.

그리고 가장 중요한 장점은 어학원의 선생님들이야 말로 낯선 미국인들 중에 가장 믿을 수 있고, 인격적으로 검증된 사람들이라는 사실입니다. 사실 상대가 어떤 사람인지 잘 알지 못하는 상황에서 친구가 된다는 것은 위험할 일일 수도 있습니다. 그러나 어학원의 선생님들은 충분히 신뢰할 수 있는 사람들이기 때문에, 그런 부담을 가질 필요가 없는 것이지요.

2

**성실한 학생, 괜찮은 사람이
되는 것이 우선이다**

그렇다면, 어학원의 선생님들과 친구처럼 지낼 수 있는 구체적인 방법들은 어떤 것이 있을까요?

첫째, 뭐니 뭐니 해도 수업 중에 성실한 모습을 보여야 합니다. 수업을 진행하는 교사의 입장에서 열심히 노력하는 학생에게 눈길이 가고 호감을 가지게 되는 것은 당연한 일이니까요. 평소 과제도 잘 해가지 않으면서 그저 선생님과 친해지기만을 바란다면, 그야말로 헛된 꿈을 꾸는 것이지요.

둘째, 선생님을 존중하며 항상 예의 바르게 행동해야 합니다. 미국이라고 예의범절을 무시해도 된다고 생각한다면 정말 큰 착각입니다. 형식이 조금 다를 뿐, 미국 사람들 사이에도 예절은 분명히 존재합니다.

게다가 어학원 선생님들은 외국 문화에 대한 지식이 많은 편이라서, 학생의 행동이 그 학생의 나라에서 어떤 의미를 가지는 것인지 너무나 잘 아는 경우가 많습니다. 예를 들어, 물건을 건넬 때 두 손으로 공손히 주고받는 것, 인사를 할 때 살짝 목례를 하는 것 등은 사소한 것이지만 교사로 하여금 그 학생의 인격을 높이 평가할 수 있도록 만들어주지요.

셋째, 선생님이 나에게 인간적인 호감을 가질 수 있도록 하는 것이 중요합니다. 선생님 생일에 아주 작은 선물이라도 준비해서 손수 쓴 카드와 함께 건네 보세요. 그 누구라도 마음을 열게 되어 있습니다. 그런 작은 호감의 표시들이 쌓이다 보면, 어느 날 선생님이 자기 생일파티에 초대하거나 친구들과의 주말 모임에 같이 가지 않겠냐고 제안하는 일도 생길 거예요. 그런 모임에 가면 선생님의 다른 친구들까지도 소개받을 수 있게 되므로, 미국인 친구들을 정말 많이 사귈 수 있는 멋진 기회가 된답니다.

제가 뉴욕에서 생활할 때, 보스턴에서 MBA 과정을 밟고 있던 후배 A가 자기와 가깝게 지내는 형님 한 분을 소개해준 적이 있습니다. 직접 만나보니 그 Tim이라는 형님은 50대 중반의 성격 좋은 미국인이었는데요. A와 Tim 형님은 3년 전 한 어학원에서 풋내기 학생과 영어 교사의 관계로 만나, 친한 친구 사이가 되었다고 했습니다.

두 사람은 어학연수 과정이 끝난 뒤에도 1주일에 한 번씩은 만나서 식사를 같이 하거나 차를 마셨고, A가 명문대학의 MBA 과정을 준비할 때는 Tim 형님이 원서 작성부터 효과적인 면접 방법까지 꼼꼼하게 지도해 주었다고 했지요.

저는 너무 궁금해서 Tim 형님에게 '모든 학생들과 이렇게 친하게 지내는 것이냐'고 물었습니다. 대답은 '절대 아니다'였어요. 그러나 A는 정말 성실하고 예의바른 학생이었고, 항상 재미있는 대화 주제를 가지고 와서 끊임없이 물어보고 조언을 구했으며, 나중에 다른 반이 된 이후에도 자기 생일을 잊지 않고 카드를 보내준 유일한 학생이었다는 이야기를 들려주었습니다.

이 모든 것들이 바로 A가 Tim 형님의 마음을 사로잡을 수 있었던 이유인 것이지요.

그러니까 여러분도 A처럼 어학연수 중 자신에게 주어진 크고 작은 인연을 소중하게 생각하고, 나를 가르치는 어학원의 선생님들에게 한 발 더 다가가도록 하세요. 가장 훌륭한 미국인 친구는 사실 바로 옆에 있으니까요.

후배와 Tim 형님

3. 대학가 스타벅스에 친구가 있다

반드시 같은 또래의 친구를 사귀어야만 어학연수가 풍요로워지는 것은 아닙니다. 하지만 사귈 수만 있다면 더할 나위 없이 좋은 일이겠지요. 이를 위해서는 같은 또래의 미국인들이 주로 생활하는 공간 속으로 들어가야 합니다. 호랑이를 잡으려면 호랑이 굴로 들어가야 하는 것처럼요!

그런 의미에서 대학가 근처의 스타벅스는 우리가 미국 대학생들과 만날 수 있는 최적의 장소입니다. 스타벅스가 미국의 젊은이들 사이에서 인기가 치솟았던 이유는 오랜 시간 동안 여유롭게 책을 보거나 공부할 수 있는 편안한 환경을 제공했기 때문이에요. 작은 테이블 위에 맥북을 올려놓고 아이폰으로 음악을 들으며 공부하는 대학생들의 모습은 미국의 대학가 주변 스타벅스에서 아주 흔하게 볼 수 있는 광경이지요.

제가 아는 학생들 중 가장 많은 미국인 친구를 둔 B의 이야기를 해드릴게요.

B는 대학가에 있는 스타벅스 한 곳을 정해 놓고, 매일 어학원 수업이 끝나면 그곳에 가서 공부를 했습니다. 여기까지는 누구나 할 수 있는 일이지요.

그런데 B는 여기서 그치지 않고 한 발 더 나아갔습니다. 어학원에서 그날 배운 내용을 모두 복습한 다음, 옆에서 공부하는 미국인 대학생에게 일부러 다가가 '나는 영어를 배우는 어학연수생인데, 잘 모르는 부분이 있으니 이 부분 좀 가르쳐줄 수 있나요?' 하고 아주 공손하게 부탁한 거예요. 그러면 99% 이상의 학생들이 흔쾌히 그러겠다면서 아주 자세하게 설명을 해주었다고 하더군요.

물론 이미 충분히 복습한 내용들이기 때문에 상대의 설명을 쉽게 이해할 수 있었고, 중간에 궁금한 부분이 생기면 즉석에서 물어볼 수 있어서 정말 큰 도움이 되었다고 합니다. 더욱 놀라운 것은 그렇게 도움을 준 학생들 대부분이 또 궁금한 부분이 생기면 언제든 물어보라며 자신의 이메일 주소를 알려주었다는 사실입니다.

그 이후에는 어떻게 되었을까요? 당연히 모르는 것이 있든 없든 자주 이메일을 보내면서 미국인 학생들과의 교류를 이어나갔고, 미국인 친구들의 수는 점점 더 늘어갔지요. 정말 너무나 지혜롭고 위트 있는 학생 아닌가요? B의 영어 실력이야 말할 것도 없이 금세 향상되었습니다.

미국에서 어학연수를 하는 동안 미국인 친구를 사귀려면, 이 정도는 노력해야 합니다. 정말 자기하기 나름이니까요.

4. 미국인들과 어울릴 수 있는 취미를 갖자

저는 미국에 출장을 갈 때면, 제게 상담을 받고 어학연수를 떠난 학생들을 만나보곤 합니다. 그동안 영어는 많이 늘었는지, 생활하는 데 어려움이 없는지 등이 궁금하니 학생들과 함께 식사를 하면서 이런저런 이야기를 나누는 것이지요.

몇 년 전에도 오래간만에 만난 학생들과 함께 식사를 하면서 이야기를 나눴는데요. 다들 영어가 늘지 않아 고민이다, 매너리즘에 빠진 것 같다, 향수병이 왔다 등의 고민을 쏟아내는데 유독 C만 밝고 생기가 넘쳤습니다. 그래서 미국 생활이 그렇게 좋은가 물었더니, C는 활짝 웃으며 이렇게 얘기했습니다.

"전 요즘 너무너무 재밌어요. 제가 얼마 전부터 탱고를 배우고 있는데, 거기서 미국인 친구들도 정말 많이 만났거든요."

1
댄스 학원에서
친구를 사귈 수 있다?

Peridance, 뉴욕

Dance Sport, 뉴욕

알고 보니 C는 한 달 전부터 어학원 근처의 댄스학원에서 탱고를 배우고 있었습니다. 주중에 한 번 탱고 수업을 듣고 토요일마다 댄스학원에서 주최하는 파티에 참여했더니, 미국인 친구들이 많이 생겼다며 너무 만족스러워했지요.

저는 그 말에 바로 C를 따라 나서서 탱고 수업에 등록했습니다. 워낙 몸치인데다 춤을 배워본 적도 없었기 때문에, 가장 기본인 스텝부터 하나하나 배우기 시작했습니다. 한 반에 20명 정도가 함께 했는데, 모두들 초급자였기 때문에 서로 격려하고 응원하면서 정말 화기애애하고 즐거운 시간을 보냈지요. 저는 그렇게 출장이 끝날 때까지 열심히 학원에 다녔고, 그 사이 춤도 꽤나 늘었습니다. C처럼 미국인 친구들도 많이 사귀게 되었고요.

그런데 그 긴 시간 동안, 저는 단 한 명의 한국인 학생도 보지 못했습니다. 심지어 동양계 남자는 저 하나였지요. 이렇게 좋은 기회를 왜 아무도 활용하지 않는 걸까요? 어학원 가까이에 나와 영어로 이야기를 나누고 가까워질 수 있는 미국인이 이렇게나 많은데 말이에요!

2
취미를 공유하면
훨씬 쉽게 가까워진다

댄스 학원은 춤만 배울 수 있는 곳이 아닙니다. 강사가 댄스에 필요한 스텝과 동작을 영어로 설명하는 것은 물론이고, 같이 배우는 사람들끼리도 서로의 동작에 대해 조언을 하기 때문에 끊임없이 영어로 이야기를 나누게 됩니다. 그러다 보면 얼마 지나지 않아 모두가 상당히 친해지게 되지요. 어학연수를 하면서 미국인들과 이보다 더 자연스럽게 이야기하고 친해질 수 있는 기회가 또 있을까요?

댄스 학원뿐만이 아닙니다. 평소 미술이 관심이 많다면 어학연수기간 동안 미국인들이 취미 삼아 다니는 화실이나

미술학원에 등록해서 그림을 배워보는 것도 좋습니다. 기타나 바이올린 같은 악기를 배워보는 것도 멋진 일이겠지요. 운동을 좋아하는 편이라면 지역마다 있는 운동모임에 가입해서 활동하는 것도 좋습니다.

미국인들과 함께 무언가를 배우고 한 모임의 일원으로 활동하다 보면, 자연스럽게 생활 영어를 사용하게 되고 영어 실력은 향상될 수밖에 없습니다. 그리고 억지로 친구를 찾아다니지 않아도 서로 공유할 수 있는 부분이 있기 때문에 쉽게 친해지지요. 미국인 친구를 사귈 수 있는 기회도 생기고, 영어 실력도 늘고, 자신의 또 다른 재능도 계발할 수 있으니 얼마나 효과적인 시간 활용인가요?

숙소와 어학원만 오가면 미국까지 어학연수를 하러 간 보람을 찾을 수가 없습니다. 정말 미국인들 사이에 섞여서 생활해 보고, 그들과 충분히 교류를 해봐야 미국에 간 의미가 있는 것이지요. 그러므로 영어수업 이외의 다른 활동에도 관심을 가지고, 직접 참여해 보는 것이 바람직합니다.
1주일에 한두 번 정도면 충분해요. 시간적으로도 경제적으로도 큰 부담이 되지 않으니 주저하지 말고 도전해 보세요. 남들은 경험하지 못하는, 업그레이드된 어학연수의 세계가 열릴 테니까요!

5. 단골가게 주인과 친구 되기

이번에는 단골가게 하나를 잘 만들어서 정말 큰 도움을 받은 D의 이야기를 소개하겠습니다.

한국에서 의상디자인을 전공한 D는 어학연수를 마치고 미국의 패션 관련 대학원에 진학하고 싶어 했습니다. 그래서 뉴욕에서 어학연수를 하는 중에도 패션 분야의 유행과 정보를 놓치지 않기 위해, 틈틈이 여러 매장들을 돌아보곤 했지요.

그러던 어느 날, D는 소호 SOHO에서 작은 모자가게 하나를 발견했습니다. 모자 하나하나의 디자인도 독특했고, 매장 내부의 인테리어 역시 아주 매력적이었지요. 앞으로 1주일에 한두 번씩은 그 가게에 들러야겠다고 생각한 D는 용기를 내서 가게의 주인에게 말을 걸었습니다.

"저는 한국에서 의상디자인을 공부한 학생인데, 뉴욕의 패션스쿨 대학원에 입학하고 싶어서 지금 뉴욕에서 영어를 공부하는 중이에요. 그런데 이 가게의 모자들이 너무 매력적이라서 자주 보러 오고 싶은데, 괜찮을까요?"

1
수많은 사람 중에 '특별한' 사람이 된다는 것!

그 뒤의 이야기는 어떻게 되었을까요?

그 인사 하나로 D는 가게 주인에게 아주 특별한 손님으로 기억되었고, 그 이후 정말 1주일에 두세 번씩 가게를 찾으며 주인과도 친분을 쌓아 나갔습니다. 머지않아서는 독특한 제품이 들어오거나 특별히 잘 나가는 제품이 생기면, 빨리 와보라며 주인이 먼저 연락해주는 사이로 발전했지요. 그리고 한 달쯤 지났을 때, 가게 주인이 모자 공장에 갈 일이 있는데 같이 가지 않겠냐고 연락을 해왔습니다. 덕분에 D는 모자를 만드는 공정을 직접 볼 수 있었고, 모자 디자이너들과 디자인에 대해서도 상당히 많은 이야기를 나눌 수 있었습니다. 더군다나 며칠 뒤에는 아예 그 공장에서 무보수 견습생 자격으로 일할 기회도 얻게 되었어요. 정말 굉장하지 않나요?

이야기는 여기서 끝나는 것이 아닙니다. D는 1년 뒤 자신이 원하던 뉴욕 최고의 패션스쿨 대학원에 당당히 합격했습니다. 입학원서를 넣을 때 그동안의 경력들을 모두 적었고, 모자가게 주인과 모자 공장 디자이너에게 받은 추천서도 제출했습니다. 가게 주인에게 말을 건 작은 용기가 정말 상상할 수 없는 결과를 만들어낸 것이지요!

2
인연은 만드는 것보다 발전시키는 것이 더 중요하다

D의 경우처럼 대단한 결과를 위한 것은 아닐지라도, 나만의 단골가게를 하나쯤 만들어두는 것은 여러모로 도움이 됩니다. 늘 먹는 점심 한 끼라도 맛집 기행을 다니듯이 여러 식당을 돌아다니지 말고, 깨끗하고 친절해 보이는 곳 하나를 정해 놓고 꾸준히 다녀보세요. 미국에서 어학연수를 할 때는 인연을 만드는 것도 중요하지만, 그 인연을 유지하면서 더 좋은 관계로 발전시켜 나가는 것이 보다 더 중요

합니다.

그러니까 여러분도 미국에서 생활하는 동안 관심 있는 분야와 관련된 매장에 가서 보다 적극적으로 물어보고, 기꺼이 도움까지도 줄 수 있는 그런 열정을 발휘하기 바랍니다. 미국인들은 대부분 매우 적극적인 성향을 가지고 있기 때문에, 스스로 열심히 하고 정열을 보이는 사람에게는 쉽게 마음을 여는 편이라는 사실을 잊지 마세요!

MAKE A
CHERRY
BLOSSOM
TREE

뉴욕 Randall's Island 벼룩시장 봉사활동

6. 미국인들의 자원봉사 활동에 동참해 보자

미국을 상징하는 두 가지 정신을 꼽는다면 프론티어Frontier, 개척 정신과 발룬티어 Volunteer, 자원봉사 정신을 들 수 있습니다.

미국은 한없이 자유롭고 심각하다 싶을 정도로 개인주의 문화가 팽배한 곳이지만, 사회 전반을 살펴보면 신기하게도 타인과 이 사회를 위한 '자원봉사' 문화가 촘촘하게 자리 잡혀 있습니다. 공원 화단에 물을 주고 관리하는 일부터 학교의 낡은 페인트칠을 벗겨내고 새롭게 단장하는 일, 노숙자들에게 무료 급식을 나눠주는 일, 노인들의 말동무가 되어주고 요양을 보조해주는 일, 컴퓨터 활용법처럼 생활에 꼭 필요한 기초 지식을 가르치는 일, 부모가 늦게까지 일해야 하는 가정의 아이들을 위해 방과 후 프로그램과 주말 레크리에이션 행사를 돕는 일 등. 자원봉사자들이 없다면 과연 이 사회가 제 기능을 유지할수 있을까 싶을 정도로 많은 사람들이 자원봉사 활동에 적극적으로 참여하고 있지요.

저는 우리 학생들이 반드시 미국인들의 자원봉사 활동에 최대한 많이 참여해 보아야 한다고 생각합니다. 왜냐하면 1석 3조의 효과를 얻을 수 있기 때문이에요.

첫째, 건전하고 심성 고운 미국인들과 교류할 수 있는 최고의 기회가 됩니다. 자원봉사 활동에 꾸준히 참여하는 사람들 대부분은 누구보다 사회참여 의식이 강하고, 교육 수준이 높으며, 심성이 착하다는 특성이 있습니다. 또 낯선 사람에게도 호의적이며 남을 돕는 것에서 즐거움과 보람을 느끼기 때문에, 영어 실력도 부족한 외국인 학생이 함께 봉사에 참여하는 것을 보면 큰 호감을 나타냅니다. 그래서 몇 번만 함께 하면 자연스럽게 좋은 친구 관계로까지 발전할 수 있게 되지요.

둘째, 좋은 일을 하는 동시에 해외봉사활동 경력까지 쌓을 수 있습니다. 자원봉사 활동을 주관하는 단체들은 참가자가 요청하는 경우, 봉사활동 내용과 시간 등이 기록된 증명서를 발급해줍니다. 참고로 일정 시간 이상의 자원봉사를 완수하는 경우에는 미국 대통령 명의의 표창장까지도 발급해주는 단체도 있습니다. 봉사활동을 증명서나 표창장을 받기 위해서 하는 것은 아니지만, 이런 매력적인 제안을 굳이 마다할 필요는 없겠지요?

셋째, 미국의 발전된 사회 문화를 직접 체험하고 습득할 수 있습니다. 최근 우리나라에도 자원봉사 문화가 빠르게 확산되고 있습니다만, 아직까지는 미국의 수준과 상당한 격차가 있는 것이 사실입니다. 우리가 어학연수를 가는 이유가 비단 영어 하나 때문만은 아니잖아요? 이처럼 우리에게는 아직 부족하지만 그 나라에서는 이미 활성화되어 있는 좋은 요소들을 몸소 경험하여 받아들임으로써, 자신의 세상 보는 시야를 더욱 크게 확장시키는 것은 참 중요한 일입니다.

이런 긍정적인 이유들 때문에 아이클레버 유학원의 뉴욕지사에서는 미국 최대 봉사활동 단체인 '뉴욕 케어스New York Cares'와 협조하여 자원봉사 활동 참가를 적극적으로 서포트하고 있습니다. 거의 매주 '미국인들의 자원봉사 활동에 동참하는 프로그램'을 진행하여, 참가를 희망하는 학생들에게 각자의 영어 실력에 맞는 자원봉사 활동을 연결해 주고, 주말에는 처음 봉사에 나서는 학생들을 직접 인솔하여 함께 참여하고 있지요. 한 번 참가해 본 학생들은 대부분 그 즐거운 매력에 빠져들어, 매주말마다 적극적으로 동참하곤 한답니다.

다른 친구들은 쇼핑이나 맛집 탐방을 하며 주말을 소비하고 있을 때, 미국인 친구들과 함께 보람 있는 활동을 하는 내 모습을 상상해 보세요. 정말 알찬 어학연수를 실천하는 것이 아닐까요?

INFORMATION

인터내셔널 센터 뉴욕(ICNY)

7. 어학원과는 또 다른 어덜트 스쿨 Adult School 활용하기

미국의 주요 도시에는 대부분 어덜트 스쿨 Adult School 이 운영되고 있습니다. 이 기관들은 정부의 보조금과 자신의 재능을 기부하는 자원봉사자들의 노력으로 운영이 되는 것이기에, 소정의 기부금만 내면 누구나 이용할 수 있습니다.

교육의 주요 대상은 영어를 잘하지 못해 불편을 겪고 있는 외국인들인데요. 어학연수를 간 학생들도 어학원에서 배우는 수업과는 별도로 이곳에서 제공하는 영어교육 프로그램에 참여할 수 있습니다.

실제로 방문해 보면 어학연수생들 외에도 나이 많은 할아버지와 할머니, 주부 등 정말 다양한 연령대의 사람들이 뒤섞여 영어를 배우고 있는 것을 볼 수 있지요.

제가 예술 분야 전문 신문사에서 근무하고 있던 Sera를 소개받을 수 있었던 것은 뉴욕의 대표적인 어덜트 스쿨 중 하나인 ICNY International Center in New York 를 통해서였습니다.

당시 Sera는 24세라는 나이답게 에너지가 넘치는 사회 초년생이었어요. 다른 사람들을 위해 무언가 좋은 일을 하고 싶다는 생각에 ICNY에 자원봉사자로 등록을 해놓은 상태였지요. 그리고 저는 뉴욕에 장기 출장 중이었는데, 업무 외 시간을 활용해서 영어를 조금 더 공부하고 싶다는 생각에 1:1 회화 파트너를 찾고 있었습니다. 그때 마침 제게 상담을 받고 뉴욕에서 어학연수를 하고 있던 학생 중 한 명이 ICNY에 가면 1:1 회화 파트너를 소개받을 수 있다는 좋은 정보를 알려주었습니다. 저는 당장 인터넷으로 정보를 확인한 다음 직접 ICNY에 방문했고, 1주일 뒤 Sera를 만나게 되었지요.

Sera는 책을 많이 보는 편이었고 세계사와 국제관계 같은 분야에 관심이 많았기 때문에, 1주일에 한 번 있는 1:1 회화 미팅 때마다 정말 심각하기 그지없는 주제들을 가지고 이야기를 나누곤 했어요.

저는 주로 한국에 관한 이야기를 했습니다. 고구려의 광개토대왕 이야기를 시작으로 구한말과 일제강점기 이야기, 한국의 기성세대와 젊은이들의 시각 차이 등 다큐멘터리에 나올 법한 주제들을 모두 다루었지요. 그리고 Sera는 자신의 대학생활, 미국의 대통령 선거와 국제정치, 환경문제, 제3세계에 대한 미국인으로서의 시각, 세계경제문제 등에 대한 이야기들을 화제로 삼곤 했습니다. 너무 심각한 주제 탓에, 마치고 나면 둘 다 머리가 멍멍해졌다며 웃을 정도였습니다.

물론 처음 Sera를 만났을 때만 해도, 제 영어 실력은 그리 높은 수준이 아니었습니다. 모든 대화가 순조롭게 진행되기 어려웠지요. 그렇지만 매 순간 최선을 다해서 그 내용들을 이야기하려고 노력했고, 5개월이 흐른 뒤 한국으로 돌아올 때쯤에는 실력이 눈에 띄게 향상되었습니다.

미국에 유학이 아니라 출장을 간 저도 시간을 쪼개 쓰면서 노력했는데, 어학연수를 간 학생들은 왜 이런 좋은 기회들을 활용하지 않는 것일까요?

지금까지 살펴보았듯 어덜트 스쿨을 통해 얻을 수 있는 장점들은 정말 많습니다. 제가 Sera를 알게 되었듯이 1:1 회화 파트너를 소개받을 수도 있고, 다양한 사람들과 함께 영어 수업을 부담 없이 들을 수도 있습니다.

그리고 어덜트 스쿨에서 자원봉사를 하는 미국인 중에는 Sera처럼 의식 있는 젊은이들도 있지만 대부분 교사나 변호사, 회계사 등 전문직에 종사하다가 은퇴한 할아버지, 할머니가 많은 편입니다. 이런 분들은 대체로 인격이 훌륭하고 학식과 상식이 풍부하기 때문에, 영어 이외에도 정말 다양한 분야에 대해서 폭넓은 지식을 전해준답니다.

이런 좋은 기회를 그냥 놓쳐서야 되겠어요? 그러니까 자신의 숙소나 어학원에서 가까운 어덜트 스쿨을 알아보고, 꼭 적극적으로 활용해 보세요!

어덜트 스쿨과 어학연수 기관의 차이

단, 어덜트 스쿨에 다니겠다는 목적으로 어학연수를 갈 수는 없습니다. 어덜트 스쿨은 봉사단체이지 정식 교육기관이 아니라서 I-20를 발행하시 못하기 때문이에요. 따라서 어덜트 스쿨은 어학연수를 하는 동안, 어학원 수업 이외의 시간을 효율적으로 활용하는 용도로 이용해야 합니다.

8. 이메일이 관계를 특별하게 만들어준다

아무리 친한 친구 사이라고 할지라도 평소에 자주 이메일을 주고받는 것은 흔치 않은 일입니다. 그렇기 때문에 오히려 이메일을 받은 사람은 특별한 감정을 느끼게 되고, 그것이 반복되면 아주 각별한 사이로 발전하게 되지요.

물론 최근에는 페이스북이나 트위터 등의 SNS가 보편화되어 있지만, 그래도 깊이 있는 교류를 만드는 데는 아직 이메일만큼 유용한 수단이 없다는 사실을 기억해야만 합니다. 특히 어학연수를 하고 있는 중이라면, 읽기와 쓰기 능력도 키울 겸 이메일을 적극적으로 활용하는 것이 좋습니다.

이번에는 제 후배인 E의 이야기 하나를 소개하겠습니다.

어학연수를 하면서 미국의 대학원 입학을 준비하고 있던 E는 정말 다행히도 원하던 학교로부터 합격 통지를 받았습니다. 오랜 기간을 준비했던 일이기 때문에 정말 뛸 듯이 기뻤지요. 하지만 곧 한 가지 고민이 생기고 말았습니다. 바로 계약기간이 4개월이나 남은 숙소 문제였습니다.

E는 학기가 시작되기 전까지 한국에 가서 가족들과 지내다가 돌아오고 싶었지만, 그러자면 집을 쓰지도 않으면서 한 달에 150만 원이나 되는 돈을 무려 4개월이나 더 내야 하는 상황이었거든요. 게다가 E가 다니게 될 대학원은 다른 도시에 있었으므로, 계약을 유지하고 있을 필요도 없었습니다.

며칠이나 끙끙대며 고민하던 E는 제게 도움을 청했고, 저는 안 돼도 하는 수 없으니까 일단은 집주인에게 정중하게 사정을 이야기하고 그의 의견을 묻는 것이 좋겠다고 이야기했습니다. 또 전화보다는 집 주인이 찬찬히 생각할 시간을 가질 수 있는 이메일을 추천했고요.

다행히 E는 그동안 중요한 일이 있을 때마다 집 주인에게 이메일을 보낸 적이 있다고 했습니다. 그래서 E는 미국에서 1년 반 동안 갈고 닦은 영어 실력을 총동원하여 집주인에게 이메일을 썼습니다.

ㄴ 지난 1년 반 동안, 낯선 미국에서 좋은 집을 구해 사용할 수 있어서 너무 편안하고 행복했습니다. 좋은 환경 덕분에 열심히 공부할 수 있었고, 그 결과 며칠 전 원하는 대학원에 합격했다는 소식을 듣게 되었습니다. 당신에게 정말 감사하게 생각합니다.

한 가지 부탁드릴 것이 있습니다. 대학원에 입학할 때까지 가족들과 지내고자 한국에 다녀오고 싶은데, 그러기 위해서는 4개월이나 집을 비워두어야 합니다. 계약대로라면 그동안 저는 4개월 치의 월세를 모두 드려야만 하는데, 부담이 되는 것이 사실입니다.

당신이 허락한다면, 계약기간이 아직 4개월이나 남아 있지만 1개월 치의 월세를 드리는 조건으로 이번 달에 아파트 임대 계약을 종료했으면 합니다. 혹시 원하지 않는다면, 4개월 동안 저를 대신해서 살 수 있는 다른 사람을 찾아보도록 하겠습니다. ㄴ

이메일을 보낸 뒤, E는 너무 터무니없는 내용을 보낸 것은 아닌지, 지금까지 쌓아온 자신의 성실한 이미지를 오히려 망치게 되는 것은 아닌지, 소위 자기 이익만을 챙기는 'Ugly Korean' 취급을 당하는 것은 아닌지 노심초사했습니다. 그런데 몇 시간도 지나지 않아 집주인에게 답장이 왔습니다.

ㄴ 정말 좋은 학교에 합격한 것을 진심으로 축하합니다. 내 아들도 그 대학원에 입학하고 싶어 했지만 할 수 없었는데, 당신이 대신해서 가주었으니 나도 정말 기쁘군요.

나는 당신이 지난 1년 반 동안 단 한 차례도 월세를 밀리지 않았다는 사실과 항상 납부일 전에 미리 입금을 해주었다는 사실을 기억하고 있습니다. 그리고 지난 2번의 크리스마스와 한 번의 추수 감사절, 그리고 나의 생일에 축하 이메일을 보내주었다는 사실도 잊지 않고 있습니다. 당신 같은 학생이 나의 집에서 생활하고 공부했다는 것이 오히려 나에게 축복이었고 감사한 일이었습니다.

앞으로 남은 4개월의 계약 기간에 구애받지 말고, 원하는 날짜에 집을 비워도 좋습니다. 당신의 대학원 합격을 축하하는 나의 작은 선물입니다. 」

그 메일을 보고, 저와 E는 만세를 부르며 덩실덩실 춤을 췄습니다. 그리고 저는 그 메일을 몇 번이나 다시 읽고 E를 진심으로 존경하게 되었습니다.

E는 부동산 중개인을 통해 집을 임대했기 때문에 집주인이 나이 지긋한 미국인 아저씨라는 사실과 그의 이름, 주소, 전화번호, 이메일 정도만을 알 뿐 실제로 얼굴을 본 적도 없었습니다. 그런데 집주인에게 크리스마스와 추수감사절, 그리고 생일에 이메일을 보냈다는 말이잖아요? 어학연수를 하면서 그렇게까지 열심히 미국인들에게 다가가려고 노력했으니 대학원에 합격할 수 있었던 것은 당연하고, 집주인에게도 깊은 감동을 줄 수 있었던 것입니다.

모든 노력은 언젠가 예상하지 못했던 순간에 큰 결실이 되어 반드시 돌아옵니다. 이메일 하나를 보내는 데 큰돈이 드는 것도 아니고, 많은 시간이 소요되는 것도 아니잖아요. 어학연수를 하는 동안 알게 된 미국인이 있다면, 그 사람이 같은 또래건 어학원 선생님이건, 아니면 내가 살고 있는 집의 주인이건 자주 이메일을 보내도록 하세요. 말로만 인사하는 관계보다 10배 이상의 강한 유대관계를 만들어낼 수 있으니까요. 그것이 바로 이메일의 힘이랍니다.

성경에도 이런 구절이 있답니다.
'눈물을 흘리며 씨를 뿌리는 자는 기쁨으로 거두리로다.'(시편 126:5)

check 10.
어학연수 후
미국대학 입학하기

1. 나도 미국 대학생이 될 수 있을까?

한국에서 고등학교를 졸업한 학생이 미국의 4년제 대학에 신입생으로 입학하기 위해서는 기본적으로 우리나라의 대학수학능력시험에 해당하는 SAT 점수와 고등학교 내신 성적인 GPA 점수, 그리고 토플 점수를 제출해야 합니다. 그중 SAT는 미국 고등학교의 교과과정을 반영한 시험이므로, 좋은 성적을 받기 위해서는 탄탄한 영어 실력을 바탕으로 1~2년 이상의 충분한 기간을 투자해야 합니다. 토플은 최소한 iBT 80점 이상이 필요한 것이 일반적이고. 거기에 인지도가 높은 대학들은 자기소개를 담은 에세이Essay와 봉사활동. 수상내역 등 그동안의 각종 대외활동을 증명할 수 있는 서류들도 요구하는 편이지요.

겨우 몇 달 간의 준비로 미국의 4년제 대학에 입학하기란 결코 쉬운 일이 아닙니다. 거의 불가능에 가깝지요. 우리나라 과학고나 외국어고 등의 특목고에서 미국 대학 진학을 위해 1학년 때부터 별도의 유학반을 만들어 지도하는 것도 바로 이런 이유 때문이에요.

따라서 미국의 4년제 대학에 진학하고 싶다면, 일반적인 전형절차를 통해 신입생으로 입학하는 것이 아니라 자신에게 유리한 특별한 방법을 찾아 현실적으로 준비해야만 합니다.

그럼 한국에서 대학을 다니다가 미국 대학으로 편입하는 것은 어떨까요?

결론부터 말하자면 이 역시 그리 쉬운 것은 아닙니다. 미국 대학들은 외국 대학에서 이수한 학점을 거의 인정하지 않기 때문입니다. 전공이 조금이라도 달라지면 아예 학점을 인정하지 않는 경우가 대부분이고, 전공이 같아서 학점을 인정받을 수 있다 하더라도 매우 한정된 범위에 국한되기 때문에 우리나라에서처럼 3학년 편입 같은 개념은 없다고 보아야 하지요. 또 외국인인 만큼 영어 실력을 증명할 수 있는 토플 점수는 필수이고, 인지도가 높은 대학들은 신입생 선발 때와 마찬가지로 SAT 점수와 각종 대외활동을 증명할 수 있는 서류들 역시 추가적으로 요구하고 있습니다.

결국 미국의 4년제 대학에 진학하려면 SAT와 토플 점수를 만들거나, 아니면 그것이 없어도 입학할 수 있는 특별한 방법을 찾아야 합니다. 우리에게 가장 현실적인 방안은 'SAT와 토플 점수가 없거나 부족해도 미국 4년제 대학에 입학이 가능한 방법'을 찾는 것이겠지요. 그런 방법이 과연 있을까요?

네, 있습니다. 바로 '커뮤니티 칼리지를 활용하는 방법'과 '패스웨이 프로그램을 통해 입학하는 방법'이지요. 이 2가지 방법은 외국인이 미국 대학에 입학할 수 있는 가장 안전하고 확실한 방법입니다. 지금부터 그 방법을 소개하겠습니다.

2. 커뮤니티 칼리지 Community College 활용하기

커뮤니티 칼리지 2년 수료 ⇒ 4년제 대학 3학년으로 편입
[2+2프로그램]

최근까지 가장 많은 학생들이 선택해온 방법입니다. 한국에서 고등학교를 졸업한 뒤, 어학연수를 가서 기본적인 영어 실력을 갖추고 미국의 2년제 대학인 커뮤니티 칼리지 Community College에 입학합니다. 그리고 2년 과정을 수료한 다음, 최종 목표였던 4년제 대학에 3학년으로 편입하는 것이지요.

커뮤니티 칼리지는 미국 내 다른 대학들에 비해 입학 조건이 까다롭지 않은 편입니다. 그렇다 보니 쉽게 입학할 수 있고, 2년 동안 성적관리만 잘하면 서부지역 최고의 명문인 UC 버클리 UC Berkeley나 동부지역 최고의 인기 대학인 NYU New York University처럼 신입학으로는 도전할 수조차 없는 좋은 대학에도 그리 어렵지 않게 편입할 수 있습니다. 정말 괜찮은 방법 아닌가요?

1
커뮤니티 칼리지 수료 후 편입할 수 있는 대학들

우리나라는 4년제 대학의 수가 약 210개 남짓하지만, 미국은 2,770여 개나 됩니다. 커뮤니티 칼리지 과정을 수료하면, 하버드를 비롯한 미국 최고의 명문대학들까지 포함하여 이 모든 대학에 편입 지원이 가능합니다.

다만 어떤 학교에 편입할 수 있는가는 커뮤니티 칼리지에서의 생활에 따라 달라집니다. 4년제 대학의 3학년으로 편입하려고 할 때, 앞선 2년 동안의 성적이 지원 가능한 대학의 수준을 결정짓고 합격 여부를 좌우하는 가장 큰 기준이 되기 때문입니다.

커뮤니티 칼리지에 다니는 한국 학생들은 대부분 4년제 대학으로의 편입을 목표로 하기 때문에, 자체적으로 스터디그룹을 만들어서 여러 정보를 공유하며 열심히 공부하는 편입니다. 반면 미국인 학생들은 편입을 고려하지 않는 경우도 많아서, 성실하게만 공부한다면 그들과의 경쟁에서 우위를 차지하고 좋은 학점을 유지하는 것이 그리 어렵지 않습니다. 또 학교 내의 학생 서비스센터에서도 최대한 많은 학생이 좋은 대학에 편입할 수 있도록 각종 정보를 제공하기 때문에, 여러 가지 도움을 많이 받을 수 있지요. 그래서 매년 많은 한국 학생들이 유명 4년제 대학으로 편입하는 데 성공하고 있습니다.

2
커뮤니티 칼리지의 일반적인 입학 조건

• 고등학교 졸업증명서, 성적증명서

커뮤니티 칼리지에 입학하기 위해서는 고등학교 과정을 졸업해야만 합니다. 한국에서 고등학교를 졸업한 것도 인정이 됩니다. 성적증명서도 제출해야 하지만 고등학교 내신 성적을 의미하는 GPA 점수가 입학 여부에 거의 영향을 미치지 않는 편이므로, 내신 성적이 좋지 않다고 해서 걱정할 필요는 없습니다.

• **토플 성적(합격기준 iBT 50점 내외. 단, 조건부 입학은 면제)**

커뮤니티 칼리지 역시 외국인 학생은 토플 성적을 제출해야 합니다. 그러나 그 기준점수가 iBT 50점 내외인 경우가 대부분입니다. iBT 50점은 토익으로 치면 450~500점에 해당하는 수준이므로, 약 6개월 정도의 어학연수면 충분히 만들 수 있는 점수입니다.

만약 원서접수 시까지 필요한 토플 점수를 만들지 못했다면, 커뮤니티 칼리지 내의 부설 어학원에 먼저 입학해서 1년 동안 어학 과정을 이수하는 '조건부 입학제도'를 이용하면 토플 성적 없이도 입학이 가능합니다.

• **SAT 점수 필요 없음**

커뮤니티 칼리지는 한국에서 고등학교를 졸업한 학생들에게 가장 큰 장애가 되는 SAT 점수를 요구하지 않습니다.

3
커뮤니티 칼리지
입학 시 주의할 점

커뮤니티 칼리지는 입학 시 토플 성적 기준이 낮기 때문에, 자칫 영어 실력을 충분히 갖춰야 한다는 사실을 간과하기 쉽습니다. 그러나 커뮤니티 칼리지는 외국인 학생만을 대상으로 하는 특수 대학이 아닙니다. 그러므로 미국인 학생들과 함께 수업을 들으며 그들과의 경쟁에서 좋은 학점을 유지하기 위해서는 영어 실력을 탄탄하게 갖춘 다음에 입학해야만 하지요.

그래서 많은 학생들이 커뮤니티 칼리지에 입학하기 전, 사설 어학원이나 해당 커뮤니티 칼리지 부설 어학원에서 6개월 정도 별도의 어학연수를 수행하고 있습니다. 물론 커뮤니티 칼리지에서 수업을 들을 만한 수준까지 실력이 향상되지 않는다면, 어학연수 기간을 조금 더 늘리는 게 낫습니다. 수업을 따라가지 못하면 안 되니까요.

커뮤니티 칼리지에 입학한 뒤에는 흔들리지 않고 공부하는 것이 중요합니다. 최종 목표인 대학에 입학한 것이 아니라 커뮤니티 칼리지에서의 성적을 바탕으로 4년제 대학에 '편입할 자격'이 주어지는 것이다 보니, 학생들은 상당한 부담감을 갖게 됩니다. 만약 학과성적을 만족스럽게 받지 못하면 학점을 만회하기 위한 추가 시간이 필요하게 되고, 그 결과 목표로 한 4년제 대학 편입이 늦춰질 수밖에 없기 때문이에요.

하지만 이런 부담감은 큰 목표를 이루기 위해 감수해야 하는 것입니다. 스스로 흔들리지 않고 목표를 향해 성실하게 나아간다면, 결국 희망했던 좋은 대학에 편입할 수 있습니다. 충분히 실현 가능한 방법이므로 용기를 가지고 도전해 보세요!

노스이스턴 대학교 캠퍼스, 보스턴

3. 패스웨이 프로그램 Pathway Program 활용하기

패스웨이 프로그램 ⇒ 4년제 대학에 바로 입학 [1+3 프로그램]

패스웨이|Pathway 프로그램은 불과 6~7년 전부터 미국의 몇몇 주요 대학들을 중심으로 운영되기 시작한 새로운 입학제도입니다. 우수한 국제 학생들을 유치하기 위해 만들어진 '외국인 특별전형 제도'이기 때문에, 오히려 미국인 학생들은 이 제도를 이용할 수 없습니다. 현시점에서 미국 내 랭킹 5% 내외의 대학에 SAT 성적 없이 낮은 토플 성적으로도 신입생으로 입학할 수 있는 유일한 방법이므로 주목해야 합니다.

1
패스웨이 프로그램의
3가지 특징

패스웨이 프로그램은 다음과 같이 눈에 띄는 장점 3가지를 가지고 있습니다.

첫째, 패스웨이 프로그램으로 4년제 대학에 입학하면, 캠퍼스 안에서 다른 일반 학생들과 똑같이 생활하면서 처음 1년 동안은 어학연수 과정과 함께 대학 1학년 과정에 해당하는 교양 과목들을 수강하게 됩니다. 초기에는 영어 수업만을 집중적으로 하고, 학생의 영어 실력이 어느 정도 향상되면 쉬운 교양 과목부터 점진적으로 수강 과목 수를 늘려가는 방식인데요. 덕분에 영어가 서툰 외국인 학생들도 어렵지 않게 학업에 적응할 수 있습니다.

둘째, 처음 1년 동안 이수한 교양 과목의 학점 취득을 인정해줍니다. 그래서 실질적으로 어학연수를 하는 동시에 대학 1학년 과정의 학점도 일부 이수하게 되지요. 바로 이 점이 기존의 다른 대학들이 진행해 온 '조건부 입학제도'와 가장 큰 차이입니다. 조건부 입학제도는 자체 어학 과정을 이수하는 조건으로 입학 시 필요한 토플 성적을 면제해주는 것일 뿐, 어학 수업을 받는 동안에 교양 과목을 비롯한 정규 수업에 참여해서 학점을 이수할 수는 없습니다.

셋째, 한국에서 대학을 다닌 학생이 패스웨이 프로그램으로 입학하면, 국내에서 취득한 학점 일부를 인정받을 수 있습니다. 그래서 마치 편입하는 것과 같은 효과를 얻을 수 있으며, 졸업까지 소요되는 시간도 상당히 절약할 수 있습니다.

2
패스웨이 프로그램으로 입학할 수 있는 대학들

현재 패스웨이 제도를 가장 공신력 있게 운영하고 있는 대표적인 곳은 나비타스Navitas 그룹, 카플란 인터내셔널 패스웨이Kaplan International Pathway 그룹, 인투INTO the global education partners 그룹, 스터디Study 그룹, 그리고 쇼어라이트Shorelight 그룹에 속해 있는 대학들입니다.

【나비타스 그룹】
낮은 성적으로도 인지도 높은 동부 명문 주립대 입학 가능

- 매사추세츠 주립대학교University of Massachusetts, 약칭 UMass : 총 5개 캠퍼스 중 보스턴, 다트머스, 로웰 캠퍼스에서만 운영
- 아이다호 주립대학교 University of Idaho : 아이다호 주를 대표하는 명문 주립대, 모스코에 소재
- 뉴햄프셔 대학교University of New Hampshire : 미국대학랭킹 100위, 뉴햄프셔 주 더럼에 소재한 명문 주립대
- 플로리다 애틀란틱 대학교Florida Atlantic University : 플로리다 주 보라카톤에 소재한 유명 주립대

【카플란 인터내셔널 패스웨이 그룹】
학교 랭킹이 높은 유명 대학들로 구성되어 있음

- 노스이스턴 대학교Northeastern University : 미국대학랭킹 40위, 매사추세츠 주 보스턴 시내에 소재한 명문 사립대
- 페이스 대학교Pace University : 뉴욕 맨해튼 월스트리트에 소재한 유명 사립대
- 털사 대학교University of Tulsa : 미국대학랭킹 106위, 오클라호마 주 털사에 소재한 유명 사립대. 특히 엔지니어링이 유명
- 애리조나 주립 대학교Arizona State University : 미국대학랭킹 115위, 애리조나 주 템피 인근에 소재한 유명 주립대. 총 5개의 캠퍼스 중 선택 가능하며, 특히 레이크 하바수 캠퍼스는 연간 학비가 1000만 원 대로 매우 저렴함

【인투 그룹】

유명 주립대학 위주로 구성되어 있음

- 오리건 주립대학교 Oregon State University : 오리건 주 코밸리스에 소재한 유명 주립대
- 사우스 플로리다 주립대학교 University of South Florida : 플로리다 주 템파에 소재한 유명 주립대
- 콜로라도 주립대학교 Colorado State University : 콜로라도 주 포트 콜린스에 소재한 유명 주립대
- 조지 매이슨 대학교 George Mason University : 버지니아 주 페어팩스에 소재한 유명 주립대
- 워싱턴 주립 대학교 Washington State University : 미국대학랭킹 140위, 워싱턴 주 풀먼에 소재한 유명 주립대
- 일리노이 주립 대학교 Illinois State University : 미국대학랭킹 171위, 일리노이 주 시카고에서 2시간 거리에 소재한 주립대. 입학이 쉬움
- 드류 대학교 Drew University : 미국대학랭킹 116위, 뉴저지 주 매디슨에 소재한 유명 사립대
- 서퍽 대학교 Suffolk University : 미국대학랭킹 177위, 보스턴에 위치한 사립대. 입학이 쉬움

【스터디 그룹】

명문 주립대 및 학비가 저렴한 사립대로 구성되어 있음

- 버몬트 주립대학교 University of Vermont : 버몬트 주 벌링턴에 소재한 명문 주립대. 공립대학 계열의 아이비리그 소속 대학으로 불림
- 제임스 매디슨 대학교 James Madison University : 버지니아 주 해리슨버그에 소재한 명문 주립대
- 루즈벨트 대학교 Roosevelt University : 일리노이 주 시카고에 소재한 사립대
- 베일러 대학교 Baylor University : 미국대학랭킹 78위, 텍사스 주 웨이코에 소재한 유명 사립대

• 텍사스 A&M 대학교Texas A&M University : 텍사스 주에 소재한 유명 주립대. 코퍼스크리스티 캠퍼스 입학 가능

【쇼어라이트 그룹】
고교내신 5등급 이상이면 최상위 유명 주립대 메인 캠퍼스 및 인기 사립대 입학이 가능하고, 대학성적 GPA 3.0(4.5만점) 이상이면 편입도 가능

• 아메리칸 대학교American University : 미국대학랭킹 78위, 워싱턴 D.C.에 소재한 유명 사립대
• 사우스캐롤라이나 대학교University of South Carolina : 미국대학랭킹 106위, 사우스캐롤라이나 주 컬럼비아에 소재한 유명 주립대
• 퍼시픽 대학교University of the Pacific : 미국대학랭킹 106위, 캘리포니아 주 스톡턴에 소재한 유명 사립대
• 오번 대학교Auburn University : 미국대학랭킹 115위, 앨라배마 오번에 소재한 유명 주립대
• 유타 대학교University of Utah : 미국대학랭킹 119위, 솔트레이크 시티에 소재한 유명 주립대. 합리적인 학비로 한국 학생들에게 인기
• 데이턴 대학교University of Dayton : 미국대학랭킹 127위, 오하이오 주 데이턴에 소재한 유명 주립대
• 캔자스 대학교The University of Kansas : 미국대학랭킹 129위, 캔자스 주 로렌스에 소재한 유명 주립대
• 일리노이 대학교University of Illinois at Chicago : 미국대학랭킹 129위, 일리노이 주 시카고 다운타운에 소재해서 인기가 많은 주립대
• 루이지애나 주립 대학교Louisiana State University : 미국대학랭킹 140위, 루이지애나 주 배턴루지에 소재한 유명 주립대
• 애들피 대학교Adelphi University : 미국대학랭킹 147위, 뉴욕 주 가든시티에 소재한 유명 사립대. 맨해튼에서 1시간 거리라서 인기가 많음

- 센트럴 플로리다 대학교University of Central Florida : 미국대학랭 킹 164위, 플로리다 주 올랜도에 소재한 유명 주립대
- 플로리다 인터내셔널 대학교Florida International University : 미국 대학랭킹 187위, 플로리다 주 마이애미에 소재한 유명 주립대

최근 패스웨이 프로그램의 인기가 높아지면서, 실제 운영 상의 내용은 전혀 다른데도 이름만 패스웨이 프로그램이라 고 붙여서 학생들을 유치하는 대학들이 늘어나고 있습니 다. 그러므로 위에서 이야기한 다섯 그룹에 속해 있는 대학 인지를 먼저 정확하게 확인하고 지원해야 합니다.

3
패스웨이 프로그램의 입학 조건

• 고등학교 졸업증명서, 성적증명서

패스웨이 프로그램으로 미국 대학에 입학하기 위해서는 고 등학교 졸업증명서와 성적증명서를 제출해야 합니다. 이미 국내 대학에 입학해서 학점을 이수한 경우에는 고등학교 자료 이외에 대학 재학증명서와 성적증명서를 함께 제출 하여 국내에서 이수한 학점 중 일부를 인정받을 수도 있습 니다.

패스웨이 프로그램에 합격하기 위해서는 내신 성적이 일 정 수준 이상이어야 합니다. 각 대학마다 요구하는 기준은 다르지만, 최소한 고등학교 내신이 6등급 이내여야 합격할 수 있습니다.

• 토플 성적(합격기준 iBT 60~70점 내외. 단, 조건부 입 학으로 대체 가능)

패스웨이 프로그램에 지원하기 위해서는 토플 iBT 60~70 점 내외의 점수가 필요합니다. 그러나 패스웨이 대상 대학 들은 토플 점수가 부족한 학생들에게도 기회를 제공하기

위해, 해당 캠퍼스 내의 자체 어학기관에서 영어 프로그램을 먼저 이수한다는 전제 하에 조건부 입학도 허용하고 있습니다.

• SAT 점수 필요 없음

패스웨이 프로그램으로 입학할 수 있는 대학들은 한국에서 고등학교를 졸업한 학생들에게 SAT 점수를 요구하지 않으므로 매우 유리합니다.

4
패스웨이 프로그램으로
입학 시 주의할 점

패스웨이 프로그램은 해당 대학의 명성에 비추어 보았을 때, 거의 거저 입학하는 것과 같다고 말할 수 있을 정도로 외국인 학생들의 입학 조건을 특별히 완화해 놓은 제도입니다. 그러나 입학 이후에는 1년이라는 짧은 기간 내에 영어를 완벽하게 소화해내야 할 만큼 강도 높은 어학과정이 진행됩니다. 또 미국인 학생들과 함께 듣는 교양수업에도 일부 참여해야 하고요. 물론 대부분의 학생들은 해당 대학의 다양한 지원 프로그램의 도움을 통해 패스웨이 과정을 잘 마치고 2학년으로 진학합니다만, 그럼에도 불구하고 먼저 **패스웨이 프로그램을 경험한 학생들은 한결같이 입을 모아 '입학 전에 영어공부를 아주 많이 해놓아야 한다'**고 강조합니다. 대학의 수준이 높은 만큼 미국인 학생들을 따라 가려면 피나는 노력을 해도 부족하다는 것을 절감하고 있기 때문이지요.

따라서 패스웨이 프로그램으로 입학하게 되었다고 할지라도, 입학 전에 최소 6개월 정도는 사설 어학원 등에서 미리 어학연수를 하는 것이 좋습니다. 자체적인 어학 과정이 포함돼 있다고 방심했다가는 중간에 스스로 포기하거나 성적 부진으로 중도 탈락하게 될 수도 있으니까요.

Ashcan Studio of Art 뉴욕

4. 예술 관련 분야 대학 입학하기

　　회화, 디자인, 패션, 건축 등 예술 관련 분야의 미국 대학에 입학하고자 하는 학생들은 합격의 당락이 실기 능력을 나타내는 '포트폴리오'와 영어 실력을 증명하는 '토플 성적'에 달려 있다는 것을 잘 알고 있습니다. 그러나 문제는 이 2마리 토끼를 최단기간 내에 한꺼번에 잡는다는 것이 결코 만만치 않다는 사실이지요.

그래서 대부분의 학생들은 국내에서 포트폴리오와 토플 점수를 준비해서 미국의 대학이나 대학원에 지원합니다. 합격통지서를 받고 나서 미국으로 가는 것이 안전하다고 생각하니까요.

그러나 정작 미국의 유명 예술대학에 합격한 학생들 중 대다수는 한국이 아니라 미국에서 포트폴리오 준비했고, 입학 관련 제반사항들을 모두 진행했습니다. 물론 어학연수를 하면서 토플 점수도 마련했고요.

물론 한국도 아닌 미국까지 가서 붙을지 떨어질지 모를 입시를 준비한다는 것은 엄청나게 부담스러운 일입니다. 하지만 합격에 소요되는 시간을 줄이고 합격 가능성을 최대한 끌어올리기 위해서는 이미 합격한 수많은 선배 유학생들의 경험과 노하우를 귀담아 들어야 합니다.

1
**포트폴리오는
미국의 포트폴리오
전문 미술학원에서!**

뉴욕에는 매년 미국의 예술 관련 대학에 수많은 합격자를 배출해 온 '포트폴리오 전문 미술학원'들이 스튜디오 형태로 운영되고 있습니다. 그런데 이러한 학원에서 포트폴리오를 준비한 학생 중 대부분이 목표한 대학에 어렵지 않게 합격했고, 입학 시 장학생으로까지 선발된 비율이 매우 높았다는 사실은 우리에게 시사하는 바가 매우 큽니다.

포트폴리오를 꼭 미국까지 가서 준비해야 하는 이유는 무엇일까요? 그것도 포트폴리오 전문 미술학원에서요?

첫째, 강사진의 대부분이 미국 현지의 유명 예술대학을 졸업했거나 현재 그 대학에서 강사로 활동하고 있습니다. 그러므로 각 대학별 특성과 해당 분야의 최신 트렌드를 정확하게 파악하고 있는 것은 너무나 당연한 일이지요. 이것은 한국의 어떤 미술학원도 절대 따라갈 수 없는 특징입니다.

둘째, 그런 전문적인 지식을 바탕으로 학생 개개인의 특징과 성향에 맞는 대학들을 세밀하게 추천해줍니다. 이로써 합격 가능성을 최대한 높이는 것이지요.

셋째, 학생이 지원하고자 하는 대학을 정하면 해당 대학이 요구하는 포트폴리오의 조건, 그 대학 교수진이 선호하는 스타일, 그 분야의 최신 동향 등을 정확히 반영해 '차별화된' 포트폴리오를 제작할 수 있도록 지도합니다.

넷째, 대부분의 학생들이 여러 대학에 동시 지원하기 때문에, 포트폴리오를 제출할 때는 원본 대신 별도의 스캔본이나 촬영본을 제출합니다. 그래서 완성된 포트폴리오의 특성과 장점이 최대한 부각될 수 있도록 촬영본을 잘 만드는 것이 합격의 당락을 좌우하는데요. 미국 내 포트폴리오 전문 미술학원들은 이러한 사실을 잘 알고 있기 때문에, 최고의 촬영기술을 동원해 학생의 포트폴리오보다 더 훌륭한 제출 자료를 제작해줍니다.

다섯째, 높은 합격률을 자랑하는 곳일수록 학생이 대학의 입학 담당자와 원활하게 연락할 수 있도록 꾸준히 조언하고 도움을 줍니다. 많은 학생들이 간과하는 부분인데, 원서를 접수했다고 다 끝난 것이 아닙니다. 제출한 포트폴리오를 비롯하여 여러 가지 서류들이 심사 도중 분실되어 불합격 처리되는 경우가 의외로 많기 때문에, 자신의 입학원서 접수 상황과 합격심사 진행상황을 꾸준히 확인하는 것이 매우 중요합니다. 따라서 합격자 발표가 날 때까지 입학 담당자와 꾸준히 연락을 유지하는 것이 합격률을 현격히 높이는 숨은 비결이지요.

미국에 가서 포트폴리오를 준비하려면 비용적인 면에서 상당한 부담을 감수해야 하는 것은 사실입니다. 하지만 결과적으로 합격에 소요되는 시간을 최대한 단축시킬 수 있고, 장학생으로까지 선발되면 투자한 모든 비용을 충분히 상쇄하고도 남으니 오히려 매우 현명한 선택이 되는 것이지요. 멀리 보고, 용감하게 결단을 내려야 합니다.

2
토플 시험은 미국에 가서 봐라!

물론 시간과 비용을 가장 절약할 수 있는 최선의 방법은 국내에서 6개월 내에 목표하는 토플 점수를 획득한 뒤, 나머지는 미국에 나가서 포트폴리오 준비에 전념하는 것입니다. 그러나 평소 영어공부를 하지 않던 학생이 국내에서 단기간에 iBT 80~90점을 획득한다는 것은 현실적으로 어려운 일입니다. 대부분의 경우 목표 점수가 나오지 않아 계획이 계속 지연되고, 결국 미국 유학 자체를 포기하는 일이 벌어지지요.

토플 시험을 위한 강의는 미국보다 한국의 영어학원들이 더 효과적으로 잘 가르친다는 말이 있습니다. 맞는 말입니다. 국내 학원들은 높은 점수를 획득할 수 있는 기본 지식과 핵심 요령들을 집중적으로 강의하니까요. 그러나 그런 시험용 족집게 강의는 3개월 정도만 들으면 충분합니다. 나머지는 결국 본인의 공부 여하에 달린 것이잖아요?

그래서 선배 유학생들은 한국의 영어학원에서는 3개월 정도만 열심히 공부하고, 곧바로 미국에서 어학연수를 하면서 홀로 토플을 공부하고 꾸준히 시험을 치를 것을 추천합니다. 경험을 통해 이것이 최선의 방법임을 알고 있으니까요. 특히 토플 시험 영역 중 Speaking과 Listening 파트는 현실적으로 혼자 공부해서 단기간 안에 향상시킬 수 있는 부분이 아닙니다. 따라서 미국에서 어학연수를 하면서 꾸준히 점수를 올려나가는 것이 좋습니다.

그리고 한 가지, 중요한 사실이 있습니다. 비단 국내에서 토플 성적을 획득하여 미국 대학에 합격했다 하더라도, 대부분은 입학 전에 미리 입국해서 최소 3~6개월 정도는 어학연수 기간을 거칩니다. 토플 시험을 위한 영어공부만으로는 실제 유학생활을 버텨낼 수 없기 때문이지요.

이렇듯 어학연수는 어차피 거쳐야하는 과정이므로, 하루라도 빨리 미국으로 출발해 포트폴리오를 준비하면서 토플을 공부하는 것이 보다 실속 있고 현명한 선택입니다. 재론할 필요가 없는 것이지요.

3
예술 관련 분야
미국 대학의 입학 조건

• 고등학교 졸업증명서와 성적증명서. 혹은 대학 재학증명서와 성적증명서

대학에 입학하기 위해서는 고등학교 졸업이 필수 요건이기 때문에, 입학원서 접수 시 고등학교 졸업증명서와 성적증명서를 제출해야 합니다. 만약 국내 대학에서 같은 분야를 전공한 경우에는 대학 재학증명서와 대학 성적증명서를 제출할 수 있는데, 그런 경우에는 신입학이 아닌 편입학으로 간주되어 국내 대학에서 이수한 학점의 일부를 인정받을 수도 있습니다.

참고로 포트폴리오의 비중에는 미치지 못하지만, 고등학교나 대학의 내신 성적을 의미하는 GPA 점수 역시 합격 여부에 영향을 미칩니다. 일반적으로 내신 3~4등급 이상이면 무난한 점수라고 평가되는데요. 다만 유명 종합대학들은 상대적으로 GPA 점수에도 비중을 많이 둡니다. 그러나 예술 분야가 특화되어 있는 대학들은 포트폴리오에 보다 많은 비중을 두기 때문에 GPA 점수는 최소한의 지원 요건 정도로만 평가하는 편입니다.

• 포트폴리오

예술 관련 분야 입시에서 합격 여부를 결정짓는 가장 중요한 요소는 단연 포트폴리오입니다. 지원자의 실기능력을 판단할 수 있는 유일한 자료이므로 그 비중이 절대적일 수밖에 없지요. 포트폴리오는 그 주제와 형식, 구성 요소와 제출 분량이 대학마다 모두 다르기 때문에, 지원하는 대학이 요구하는 조건에 맞게 꼼꼼히 준비해야 합니다.

• 토플 성적(일반적인 요구 점수 : iBT 80~90점 내외)

포트폴리오를 제출해야 하는 전공 분야에서 토플 점수가 가지는 의미는 '지원 요건 충족' 정도입니다. 즉, 지원자의 토플 점수가 해당 대학의 입학 기준 점수에 부합되는지 여부만을 판단하는 것일 뿐, 점수가 현격히 높다고 해서 합격 가능성이 높아지는 것은 아니란 이야기지요.

• SAT 점수는 보통 요구하지 않음

FIT나 파슨스 Parsons처럼 예술 분야가 특화되어 있는 대학들은 일반적으로 SAT 점수를 요구하지 않습니다. 그러나 예외적으로 컬럼비아 대학교 Columbia University나 뉴욕 대학교 New York University와 같이 유명한 종합 대학들의 경우는 SAT 점수를 별도로 요구하기도 합니다.

PART 04.

학생 만족도가
가장 높은 어학원
Best 14

★ 학생 만족도가 가장 높은
★ 어학원 Best 14

1 카플란
KAPLAN International

어학원 성격	사설 어학원 회화 중심
한 반 최대 수강인원	최대 15명 평균 10~12명
시설 수준	★★★★★
위치(도심 접근성)	★★★★★
교사 수준	★★★★★
수업 프로그램의 다양성	★★★★★
방과 후 액티비티 지원	★★★★★
한국인 학생 비율	뉴욕 : 평균 23%, 그 외 지역 : 평균 10~15%
학비 수준	월 평균 150~180만 원대 프로그램에 따라 다름
수업 중 센터 이동	가능
운영 센터 수	총 18개 단독 센터 14개, 대학 캠퍼스 센터 4개

· **동부지역 :** 뉴욕 2, 보스턴 2, 워싱턴 D.C. 1,
　필라델피아 1, 마이애미 1

· **서부지역 :** 시애틀 2 하이라인 커뮤니티 칼리지 캠퍼스
　포함, 포틀랜드 1, 샌프란시스코 2 버
　클리 포함, 샌디에이고 1, 산타바바라 1
　산타바바라 시티 칼리지 캠퍼스, 로스앤젤레
　스 3 골든 웨스트 칼리지. 위티어 칼리지 캠퍼스
　포함

· **중부지역 :** 시카고 1

최상	★★★★★
상	★★★★
중	★★★
하	★★
최하	★

KAPLAN INTERNATIONAL ENGLISH

독보적인 위치를 점하고 있는 대표적인 사설 어학기관

미국 어학연수를 준비하다 보면 '카플란'이라는 이름을 꼭 한 번은 듣게 됩니다. 그만큼 카플란은 미국 어학연수 분야에서 단연 독보적인 위치를 점하고 있는 사설 어학원입니다. 실제로 수업 프로그램이나 운영 방식 등 모든 면에서 미국 내 수많은 어학원들의 벤치마킹 대상이 될 뿐만 아니라 미국 어학연수 기관을 비교·평가하는 기준이 되고 있지요.

카플란이 이러한 명성을 갖게 된 이유는 특별히 부족한 부분을 찾기 어려울 정도로, 모든 영역에서 고르게 최고 수준을 유지하고 있기 때문입니다.

그중에서도 카플란의 가장 큰 특징이자 장점으로 꼽을 수 있는 것은 미국 어학연수를 통해 경험할 수 있는 모든 프로그램을 꼼꼼히 운영하고 있다는 사실입니다.

카플란은 수업 기간에 따라 '단기/장기/방학' 과정을, 하루 레슨 수에 따라 '일반/집중' 과정을, 그리고 수업 프로그램의 내용에 따라 '기본/비즈니스/인턴십/테솔/토플/캠브리지 시험 준비' 과정을 운영하고 있어서 미국 내 어학원들 중 수업 선택의 폭이 가장 넓답니다.

게다가 미국 전역에 걸쳐 21개나 되는 센터를 운영하고 있기 때문에, 어학연수 도중 지역을 옮겨서 공부하고자 하는 학생들에게는 아주 유리한 조건입니다. 또한 사설 어학원임에도 불구하고 일부 센터를 대학 캠퍼스 내에 설치함으로써, 미국 대학의 캠퍼스 생활을 체험하면서 어학연수를 하고자 하는 학생들에게도 아주 만족스러운 환경을 제공하고 있습니다.

말 그대로 카플란은 '학생이 원하는 모든 것'을 제공하는 어학원인 것이지요.

실제로 카플란에 다니는 학생들을 대상으로 어학원에 대한 만족도를 조사해 보면, 전반적으로 상당히 만족스럽다는 답변이 주를 이룹니다. 직접 경험한 학생들의 평가이므로, 그 어떤 자료보다 신뢰할 수 있겠지요?

그러므로 카플란은 미국 어학연수를 준비할 때 기본적으로 꼭 고려해야 할 어학원이랍니다.

2 EC

어학원 성격	사설 어학원 회화 중심
한 반 최대 수강인원	최대 15명 평균 12명
시설 수준	★★★★★
위치(도심 접근성)	★★★★★
교사 수준	★★★★★
수업 프로그램의 다양성	★★★★★
방과 후 액티비티 지원	★★★★★
한국인 학생 비율	평균 20%
학비 수준	뉴욕 : 월 평균 150~170만 원대 프로그램에 따라 다름 그 외 지역 : 월 평균 140~160만 원대 프로그램에 따라 다름
수업 중 센터 이동	가능
운영 센터 수	총 7개 모두 단독 센터 · **동부지역 :** 뉴욕 1, 보스턴 1, 워싱턴 D.C. 1, 마이애미 1 · **서부지역 :** 샌프란시스코 1, 샌디에이고 1, 로스앤젤레스 1

**카플란과 엠바시의
장점을 고루 받아들여
신흥 강자로 떠오른
어학원**

EC는 미국 어학연수 분야에서 양대 산맥을 형성하고 있는
카플란과 엠바시라는 전통적인 강자들에게 도전장을 내밀
고 있는 새로운 사설 어학원입니다.

유럽에 본사를 두고 있는 EC가 짧은 역사에도 불구하고 많
은 미국 어학연수생들로부터 좋은 평가를 받을 수 있었던
것은 카플란과 엠바시의 모든 장점을 골고루 믹스하여 벤
치마킹하는 데 성공했기 때문입니다.

우선 EC는 학생들이 자신의 필요에 따라 수업 프로그램을
자유롭게 선택할 수 있도록, 미국 내에서 진행되는 모든 어
학 과정을 개설하고 있습니다. 또 미국의 주요 도시 6곳에
센터를 운영함으로써, 어학연수 도중에 지역을 옮겨서 공
부하고자 하는 학생들을 지원하고 있지요.

여러 장점 중에서도 EC가 다른 어학원들과 특별히 차별화
되는 장점은 '매우 쾌적한 시설'이라고 말할 수 있습니다.
지리적으로도 아주 편안한 장소에 위치하고 있을 뿐만 아
니라, 신흥 어학원인 만큼 모든 센터의 내부 시설이 최신식
으로 조성되어 있거든요. 특히 강의실의 벽이 통유리로 되
어 있는 부분은 시각적으로도 아주 시원해 보이는 효과가

있고, 학원 전체의 시스템이 투명하게 오픈되어 있다는 인상을 심어줍니다.

이 같은 인테리어 구조는 실제 수업 분위기에도 긍정적인 영향을 미치는 것으로 보입니다. EC에 다니는 학생들의 평가를 종합해 보면, 학원 자체의 열린 구조로 인해 학생들 간의 거리는 물론 선생님과의 거리 역시 가깝게 느껴지고 수업 중에도 편안한 마음으로 모두가 적극적으로 대화에 참여하는 분위기가 자연스럽게 조성된다고 합니다.

EC는 몇 년 전까지만 해도 아시아계 학생들에게는 거의 인지도가 없었던 탓에 한국인 학생의 비율도 현격히 낮았습니다. 그러나 EC에 대한 관심이 고조되면서 한국인 학생의 비율은 다른 어학원들과 비슷한 20~25% 정도까지 금세 올라가버렸지요.

그러나 미국 어학연수 분야에 후발주자로 진출한 만큼 EC의 모든 강사진과 스태프들이 좋은 어학원으로서의 명성을 꾸준히 쌓아 나가고자 최선을 다하고 있고, 운영 시스템이나 환경 또한 부족한 면이 없으니, 어학연수를 준비할 때 충분히 고려해볼 만한 어학원이랍니다.

3 엠바시
Embassy English

어학원 성격	사설 어학원 회화 중심
한 반 최대 수강인원	최대 15명 평균 10~12명
시설 수준	★★★★★
위치(도심 접근성)	★★★★★
교사 수준	★★★★★
수업 프로그램의 다양성	★★★★★
방과 후 액티비티 지원	★★★★★
한국인 학생 비율	평균 10~15%
학비 수준	뉴욕 : 월 평균 140~180만 원대 프로그램에 따라 다름 기타 지역 : 월 평균 130~160만 원대 프로그램에 따라 다름
수업 중 센터 이동	가능
운영 센터 수	총 3개 모두 단독 센터 · **동부지역** : 뉴욕 1 · **서부지역** : 샌프란시스코 1, 샌디에이고 1

★ 학생 만족도가 가장 높은 어학원 Best 14

![Embassy English]

**'스마트 보드'라는
최첨단 장비를 이용해서
수업의 즐거움을
배가시킨다**

'엠바시'는 여러 가지 면에서 카플란과 어깨를 맞대고 선의의 경쟁을 벌이는, 미국의 가장 대표적인 어학원 중 하나입니다. 방송인 박경림 씨가 엠바시에서 어학연수를 했다는 사실이 소개되면서 널리 알려지기 시작했고, 몇 년 전 원더걸스가 미국 진출을 앞두고 이곳에서 어학연수를 하면서 더더욱 유명해졌지요.

엠바시 역시 수업 기간에 따라 '단기/장기/방학' 과정을, 하루 레슨 수에 따라 '일반/집중' 과정을, 그리고 수업 프로그램의 내용에 따라 '기본/비즈니스/인턴십/토플/캠브리지 시험 준비' 과정을 운영하고 있어서 수업 선택의 폭이 매우 넓은 편입니다.

또한 미국 내 3개 주요 도시의 다운타운 중심부에 쾌적한 시설을 갖춘 센터를 운영하고 있기 때문에, 어학연수 도중 지역을 이동하고자 할 때도 불편함이 없다는 장점이 있습니다.

엠바시가 다른 어학원들과 차별되는 가장 큰 특징은 바로 '스마트 보드 The Smart Board'라는 최신식 전자칠판을 가장 먼저 도입해서 활용했다는 사실입니다. 스마트 보드는

일반 칠판과 다르게 수업 중 필요한 자료를 인터넷 검색을 통해 즉시 칠판 화면에 띄움으로써 각종 동영상과 사진, 음악 등의 멀티미디어 자료를 자유자재로 활용할 수 있는 놀라운 장비입니다. 당연히 수업이 매우 생동감 넘치게 진행되고, 학생들의 집중력과 이해도도 매우 높아지지요. 실제 엠바시에 다니는 학생들의 이야기를 들어보면, 스마트 보드 덕분에 자칫 지루하거나 딱딱할 수 있는 영어 공부를 항상 흥미진진하게 할 수 있어서 아주 만족스럽다는 평가가 주를 이룹니다.

이처럼 엠바시는 학생들이 항상 조금 더 편리하고 즐겁게 공부할 수 있는 새로운 시스템을 도입하고자, 다른 어학원보다 한 발 앞서 노력하는 곳입니다.
그러므로 이러한 요소들이 자신의 공부 스타일에 잘 맞고 많은 도움이 될 것이라는 확신이 든다면, 엠바시를 적극적으로 고려하는 것이 좋겠지요?

4 세인트 자일스
St. Giles International

어학원 성격	사설 어학원 회화 중심
한 반 최대 수강인원	최대 12명 평균 10명
시설 수준	★ ★ ★ ★ ★
위치(도심 접근성)	★ ★ ★ ★ ★
교사 수준	★ ★ ★ ★ ★
수업 프로그램의 다양성	★ ★ ★ ★ ★
방과 후 액티비티 지원	★ ★ ★ ★ ★
한국인 학생 비율	평균 15~25%
학비 수준	뉴욕 : 월 평균 90~120만 원대 프로그램에 따라 다름 샌프란시스코 : 월 평균 90~110만 원대 프로그램에 따라 다름
수업 중 센터 이동	가능
운영 센터 수	총 2개 모두 단독 센터 · **동부지역** : 뉴욕 1 · **서부지역** : 샌프란시스코 1

St Giles International

**학생들의 호평을 등에 업고
미국 어학연수 분야에
새롭게 등장한 별**

'세인트 자일스'는 본래 샌프란시스코에 센터가 딱 하나뿐이었던 작은 사설 어학원이었습니다. 그러나 세심하고 다양하게 갖추어진 프로그램과 내실 있는 커리큘럼이 많은 학생들 사이에서 입소문이 나기 시작했고, 그 결과 2011년 여름에는 뉴욕 맨해튼 한가운데에 또 하나의 센터를 오픈하게 되었습니다.

그 후 뉴욕 센터에서 공부한 학생들로부터 긍정적인 평가가 쏟아져 나오면서, 지금은 수강신청을 대기해야 하는 현상까지 발생하고 있습니다. 가히 미국 어학연수 분야에 새로운 별이 등장했다고 말할 수 있는 상황인 것이지요.
세인트 자일스가 다른 어학원들과 확연하게 구별되는 장점은 크게 3가지 정도를 꼽을 수 있습니다.

학생이 오전반과 오후반 수업을 선택할 수 있다

학생들 대부분이 오전반을 선호하기 때문에 어학원들은 보통 이러한 불균형을 해소하기 위해 랜덤 방식으로 반을 배정하는 데 반해, 세인트 자일스는 오전반과 오후반의 수업료를 차등하여 학생 스스로 수업시간을 선택하도록 하고 있습니다. 이 방식은 학생들에게 많은 공감을 얻었고, 자연스럽게 수업시간 배정을 두고 발생하는 여러 가지 잡음들

을 사라지게 만들었습니다.

한 반의 최대 정원이 12명으로 제한된다

대부분의 사설 어학원들은 한 반 최대 정원이 14~15명이
고, 대학부설 어학원들의 경우는 최대 18~20명입니다. 그
에 비해 세인트 자일스는 한 반 정원을 최대 12명으로 제한
해, 비교적 소규모 클래스로 운영하고 있습니다.

수많은 장점에도 불구하고 학비가 저렴한 편이다

세인트 자일스는 센터 위치나 시설, 수업 분위기 면에서도
결코 다른 어학원들에 뒤떨어지지 않습니다. 그럼에도 학
비가 비싸기는커녕 오히려 저렴한 편에 속하기 때문에, 학
생들에게 인기를 얻고 있습니다.

이처럼 여러 가지 알찬 장점들로 인해, 세인트 자일스에 대
한 학생들의 관심은 끊이지 않고 있답니다.

5 컨버스
CONVERSE International School of Languages

어학원 성격	사설 어학원 회화 중심
한 반 최대 수강인원	최대 8명 평균 6~7명
시설 수준	★ ★ ★ ★ ★
위치(도심 접근성)	★ ★ ★ ★ ★
교사 수준	★ ★ ★ ★ ★
수업 프로그램의 다양성	★ ★ ★ ★ ★
방과 후 액티비티 지원	★ ★ ★ ★ ★
한국인 학생 비율	평균 10%
학비 수준	샌디에이고 센터 : 월 평균 130~170만 원대 프로그램에 따라 다름 샌프란시스코 센터 : 월 평균 160~230만 원대 프로그램에 따라 다름
수업 중 센터 이동	가능
운영 센터 수	총 2개

· **서부지역 :** 샌디에이고 1, 샌프란시스코 1

International School of Languages

최대 8명 정원, 양질의 수업과 고른 국적 분포가 강점인 어학원

컨버스는 아직 우리나라에 널리 알려진 어학기관은 아니지만, 캘리포니아에서 가장 유명한 도시인 샌디에이고와 샌프란시스코에 최신식 센터가 있고, 두 곳을 합쳐 70여 개의 강의실을 보유한 상당히 큰 규모의 어학원입니다. 이미 어학연수를 하고 있는 학생들 사이에서는 수업의 질이 매우 높고, 분위기가 고급스러우며, 어학연수를 하기에 좋은 환경이라는 소문이 나 있는 곳이지요.

그 이유는 크게 3가지로 정리할 수 있습니다.

한 반 최대 인원 8명, 소수정원으로 운영한다

먼저 컨버스가 다른 어학기관들과 차별되는 가장 큰 특징은 바로 한 반 인원을 최대 8명으로 제한하는 '소수정원제' 운영방식입니다. 실제 수업인원은 6~7명에 불과하고 오후 선택수업의 경우에는 겨우 4명 정도만 참여하기 때문에, 학생들은 매우 집중도 높은 어학연수를 경험하게 됩니다. 당연히 만족감도 엄청나게 높을 수밖에 없지요.

학생들의 국적 분포를 고르게 유지시킨다

또 스위스를 중심으로 유럽 출신 학생들이 주를 이루긴 하지만 브라질, 멕시코, 사우디아라비아, 한국, 일본 등 학생들의 국적이 어느 한 곳에 크게 치우치지 않는다는 점도

큰 장점입니다. 한 발 더 나아가, 영어 실력에 따라 반을 편성할 때도 특정 국가 학생들이 한 강의실에 편중되지 않고 다양한 국가의 학생들이 고루 섞일 수 있도록 관리하는 시스템을 갖추고 있다는 점이 컨버스의 가치를 높여주는 또다른 요소이지요.

강사진의 수준이 높아서 고급 영어를 배울 수 있다
그리고 학식과 경험이 풍부한 교사들이 많아서 다른 어학기관들에 비해 고급스러운 영어 표현을 배우기에 좋다는 평가를 받고 있습니다. 그런 이유로 컨버스에는 기업체의 임원이나 경영 실무자를 대상으로 하는 별도의 프리미엄 과정(한 반 정원 4명으로 제한)도 운영되고 있답니다.

컨버스는 이처럼 어학연수를 하는 학생의 입장에서 불만족스러운 부분을 찾기가 더 어려운 일이 아닐까 생각될 정도로 최상급 수업 환경을 제공하고 있습니다. 두 센터 모두 미국 어학연수를 통해 수강할 수 있는 모든 종류의 프로그램들이 개설되어 있고, 위치 면에서나 시설 면에서나 전혀 부족함이 없으니까요. 그러니 캘리포니아에서 어학연수를 하고 싶다면, 컨버스를 진지하게 고려해볼 필요가 있습니다.

★ 학생 만족도가 가장 높은
★ 어학원 Best 14

6 샌디에이고 주립대학교
UC San Diego-EIP

어학원 성격	대학부설 어학원 회화보다는 읽기와 쓰기 중심
한 반 최대 수강인원	최대 20명 평균 15~17명
시설 수준	★★★★★ 대학 캠퍼스 내
위치(도심 접근성)	★★★ 샌디에이고 외곽의 La Jolla 비치에 위치
교사 수준	★★★★★
수업 프로그램의 다양성	★★★★★
방과 후 액티비티 지원	★★
한국인 학생 비율	평균 30~40%
학비 수준	월 평균 150~160만 원대 프로그램에 따라 다름
수업 중 센터 이동	불가능
운영 센터 수	1개

UC San Diego
EXTENSION INTERNATIONAL PROGRAMS

테플 과정으로 가장 유명한 서부지역 최고의 명문대학 부설 어학원

샌디에이고 주립대학교University of California San Diego. 이하 UCSD의 부설 어학원인 EIPExtension International Program는 미국 서부지역에서 가장 인기 있는 대학부설 어학원입니다.

그 이유는 서부지역 최고의 명문대학으로 손꼽히는 UCSD 의 아름다운 캠퍼스에서 공부할 수 있는데다가, 다른 대학 부설 어학원들과 확실히 차별되는 UCSD-EIP만의 여러 가지 장점들을 활용할 수 있기 때문입니다.

UCSD-EIP의 가장 큰 특징은 다른 대학부설 어학원들과 달리 수업료가 매우 합리적이라는 것입니다. 인지도 높은 일반 사설 어학원의 학비와 비슷한 수준이니까요. 또 일반 어학연수 과정부터 영어교사 자격 과정인 테플TEFL 과정 및 비즈니스 영어 과정까지, 매우 다양한 프로그램을 폭넓게 운영하고 있다는 점도 다른 대학부설 어학원들과 확연하게 구별되는 특징입니다.

그리고 UCSD가 위치한 라호야La Jolla 비치는 캘리포니아 에서 가장 아름다운 풍광을 자랑하는 대표적인 휴양지입니다.

이 모든 조건들이 샌디에이고의 연중 화창하고 온화한 기후 조건과 함께 시너지 효과를 일으켜서 전 세계의 많은 학생들이 UCSD에서의 어학연수를 꿈꾸게 만드는 것이지요.

그러나 이러한 장점들로 인해 UCSD-EIP에서 공부하는 한국인 학생의 비율은 언제나 상당히 높은 편입니다. 특히 테플 과정으로는 미국에서 제일가는 교육기관이기 때문에, 자연히 이 과정을 이수하려는 수많은 한국 학생들이 집중적으로 모여들고 있습니다. 그 결과 테플 과정을 수강하는 학생의 대부분이 한국인이라고 할 정도로, 한인 비율은 항상 최고 수준을 기록하고 있습니다.

또 대학부설 어학원이라는 근본적인 특징 때문에 수업의 초점이 회화 능력 향상보다는 읽기와 쓰기 위주의 아카데믹한 부분에 맞추어져 있다는 점도 학생들이 반드시 알아두어야 할 사항입니다.

그러므로 어학연수 초기에는 사설 어학원에서 회화 능력을 충분히 배양한 뒤 중반부 이후부터 UCSD-EIP의 차별화된 특별 프로그램에 참여하여 영어 실력을 극대화시킬 수 있도록 계획한다면, 가장 이상적인 결과를 얻을 수 있을 것입니다.

★ | 학생 만족도가 가장 높은
★ | 어학원 Best 14

7 ELS
ELS Language Centers

어학원 성격	대학 내 사설 어학원 회화+아카데믹한 수업 병행
한 반 최대 수강인원	오전 수업 : 최대 15명 평균 12~13명
	오후 수업 : 최대 20명 평균 15~18명
시설 수준	★ ★ ★ ★ 대학 캠퍼스 내
위치(도심 접근성)	★ ★ ★ 대학 캠퍼스 대부분이 도시 외곽에 위치함
교사 수준	★ ★ ★ ★ ★
수업 프로그램의 다양성	★ ★ ★ ★ ★
방과 후 액티비티 지원	★ ★ ★
한국인 학생 비율	평균 15~25%
학비 수준	월 평균 130~170만 원대 프로그램에 따라 다름
수업 중 센터 이동	가능
운영 센터 수	총 58개 단독 센터 4, 주변 대학과 연계해 대학 시설을 이용하는 단독 센터 6, 대학 캠퍼스 센터 48

· **지역별 편중 없이 미국 내 거의 모든 주, 모든 주요 도시마다 자체 센터 운영**

대학부설의 장점과
사설의 장점을 모두
누릴 수 있는 어학원

ELS는 전 세계에서 가장 큰 규모를 가지고 있는 초대형 어학원입니다. ELS 센터가 없는 곳이라면 어학연수를 하는데 적합하지 않은 지역이라는 말이 있을 정도로, 미국 내 거의 대부분의 주洲, 주요 도시마다 총 58개나 되는 센터를 운영하고 있습니다.

특히 ELS가 다른 어학원들과 명확하게 구분되는 이유는 사설 어학원임에도 대학 캠퍼스 안에 위치하고 있다는 점이에요. 그래서 '대학 내 사설 어학원'이라고 불리는 것이지요. 그렇다 보니 ELS는 사설 어학원의 가장 큰 장점인 회화 중심의 수업을 듣는 동시에 대학 부설 어학원에서 공부하는 것처럼 미국의 대학 생활까지 체험할 수 있어서 장점이 2배, 1석 2조의 효과를 누릴 수 있답니다.

그런데 주의해야 할 점이 하나 있습니다. 미국의 대학들은 대체로 캠퍼스의 규모가 크면 클수록 도시 외곽 지역에 위치하고 있습니다. 그렇기 때문에 ELS라고 해도 대도시에 소재한 경우에는 대학 캠퍼스와는 전혀 무관한 단독 센터로 운영되고 있습니다. 반면 대학 캠퍼스 안에 소재한 ELS 센터들, 즉 '대학 내 사설 어학원'의 장점을 모두 갖추고 있는 곳들은 중소도시 규모 이하의 한산한 지역에 위치하고

있지요.

그러므로 ELS의 특징을 최대한 활용하고 싶다면, 대도시보다는 중소도시 이하의 시골 지역에 있는 센터를 선택하는 것이 지혜로운 방법입니다.

미국도 대도시에는 많은 어학원들이 몰려 있지만, 중소도시 이하 지역에서는 인지도 있는 양질의 어학원을 찾기가 쉽지 않습니다. 그러나 ELS라면 어떤 지역에 있는 센터라고 하더라도 프로그램의 우수성과 높은 교사 수준, 시설의 편의성을 확실히 신뢰할 수 있습니다. 그러므로 대도시로 어학연수를 가는 경우가 아니라면 ELS를 주목할 필요가 있답니다.

8 뉴욕 대학교
NYU-ALI

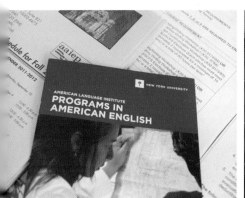

어학원 성격	대학부설 어학원 회화보다는 읽기와 쓰기 중심
한 반 최대 수강인원	최대 18명 평균 15명
시설 수준	★ ★ ★ ★ ★ 초호화 빌딩에서 수업하나 NYU는 캠퍼스 없음
위치(도심 접근성)	★ ★ ★ ★ ★ 본교 건물들과 달리 월스트리트에 별도 위치
교사 수준	★ ★ ★ ★ ★
수업 프로그램의 다양성	★ ★ ★
방과 후 액티비티 지원	★ ★
한국인 학생 비율	평균 30~40%
학비 수준	봄/가을학기 : 월 평균 220만 원대 여름학기 : 월 평균 250만 원대
수업 중 센터 이동	불가능
운영 센터 수	1개

 NEW YORK UNIVERSITY

뉴욕을 상징하는 NYU에서
어학연수를 하는 것의 매력

뉴욕 대학교New York University, 이하 NYU의 부설 어학원인 ALIAmerican Language Institute는 미국 내의 그 어떤 대학부설 어학원보다 인기가 많은 곳입니다.

아무래도 NYU라는 대학 자체가 세계의 중심인 뉴욕을 상징하는 이미지를 강력하게 가지고 있는데다가, 다른 대학들에 비해 예술적이고 문화적 다양성을 존중하는 학풍을 지닌 점이 매력적으로 느껴지기 때문이겠지요. 또 이곳에서 공부하게 되면, 가장 뉴요커New Yorker스럽게 뉴욕 맨해튼에서의 생활을 즐길 수 있다는 점 역시 학생들에게는 커다란 매력으로 작용합니다.

그런데 반드시 알고 있어야 하는 NYU만의 특징이 있습니다. NYU는 특이하게도 명확하게 구분되는 자체적인 캠퍼스가 없다는 사실이에요. NYU의 건물들은 맨해튼 내 이스트빌리지East Village 지역의 다른 건물들과 특별한 구역 구분 없이 섞여 있습니다. 말 그대로 맨해튼과 자연스럽게 융합되어 있는 타운Town형 대학인 셈이지요. 특히 NYU의 부설 어학원인 ALI이하 NYU-ALI는 맨해튼 남쪽의 월스트리트Wall Street에 위치한 별관 건물에서 수업을 진행합니다. 그렇다 보니 NYU-ALI에서 어학연수를 하게 되면, 마치 일반

사설 어학원에서 공부하는 것 같은 느낌을 받을 수도 있다는 점을 미리 알고 있어야 합니다.

NYU-ALI는 대학부설 어학원이기 때문에 수시로 개강을 하지 않고 봄, 여름1, 여름2, 가을 학기로 구분하여 1년에 4차례만 개강합니다. 따라서 어학연수 일정을 NYU-ALI의 개강 일정에 맞추어야 합니다. 그런 이유로 유럽이나 중남미계 학생들보다는 한국을 비롯한 아시아계 학생들의 비율이 압도적으로 높은 편입니다. 학비 또한 일반 사설 어학원에 비해 비싼 편이고요.
그럼에도 불구하고 NYU-ALI에서의 어학연수가 많은 학생들에게 꾸준히 인기 있는 이유는 NYU 출신 교수진이 진행하는 최고 수준의 수업이 보장된다는 점, 또 NYU가 가지고 있는 세련된 이미지와 학문적 분위기를 직접 경험하면서 자연스럽게 자신의 것으로 체득할 수 있다는 점 때문일 것입니다.

이름 하나만으로도 전 세계의 많은 젊은이들에게 매력적으로 다가가는 NYU에서 영어를 공부하면서, 언제나 활기 넘치는 월스트리트에서 생활하고 싶다면 NYU-ALI를 선택하세요.

9 벌리츠
Berlitz

어학원 성격	사설 어학원 회화 중심
한 반 최대 수강인원	최대 6명 평균 4~6명
시설 수준	★★★★★
위치(도심 접근성)	★★★★★
교사 수준	★★★★★
수업 프로그램의 다양성	★★
방과후 액티비티 지원	★★
한국인 학생 비율	평균 0~35% 센터별로 차이가 큼
학비 수준	월 평균 200만 원대
수업 중 센터 이동	가능
운영 센터 수	총 9개 모두 단독 센터
	· **동부지역** : 뉴욕 1, 보스턴 1, 워싱턴 D.C. 1, 마이애미 2
	· **서부지역** : 샌프란시스코 1, 로스앤젤레스비벌리힐스 1, 샌디에이고 1
	· **중부지역** : 시카고 1

최대 6명 정원,
마치 1:1처럼 진행되는
소규모 수업이 강점

미국을 대표하는 언어학자 벌리츠 박사가 1870년에 설립한 '벌리츠'는 가장 오래된 언어연구 전문기관이자 어학 교육기관이라는 역사와 전통만으로도 큰 차별성을 가지고 있지만, 학생들이 주목하는 이유는 다음 2가지 특징 때문입니다.

1:6 수업으로 진행되는 소규모의 반 편성

미국에서 일반 영어 과정을 이 정도의 소규모 반으로 운영하는 대형 사설 어학원은 거의 벌리츠 뿐이라고 해도 과언이 아닙니다. 한 반의 최대 수강인원이 6명이기 때문에 마치 1:1 수업 같은 분위기가 조성되어, 모든 학생들이 수업에 집중하게 되지요. 그 결과 학생들의 영어 실력이 단기간에 향상될 수밖에 없습니다.

학생 구성이 독특하다

벌리츠는 본래 일반 대학생보다는 기업체의 임원이나 파견 직원, 교환교수나 외교관 등 업무적으로 영어가 필요한 사람들이 주로 공부하는 어학원이었습니다. 그러나 수업의 질이 상당히 우수하고 학습 효과가 매우 높다는 사실이 알려지면서 점차 일반 학생들까지도 벌리츠에서 공부하기 시작한 것이지요. 지금도 벌리츠에서 공부하는 학생들의 면

면을 살펴보면, 일반 학생부터 변호사 · 회계사 · 외교관까지 직업이 아주 다양하고 연령대의 폭도 매우 넓은 편입니다.

다만 벌리츠는 다른 사설 어학원들과 달리 방과 후 액티비티를 거의 지원하지 않습니다. 아무래도 다양한 직업, 다양한 연령대의 사람들이 함께 공부하다보니, 방과 후 액티비티를 일괄적으로 운영하기에는 무리가 있는 것이지요.

하지만 다양한 구성원들 덕분에 수업이 흥미로워지고 인맥의 폭도 넓어진다는 장점이 있어서, 생각 외로 많은 학생들이 방과 후 액티비티 지원에 대해 큰 불만을 가지지 않는답니다. 대신 벌리츠의 학생들은 자발적으로 그룹을 만들어 액티비티를 하고 있습니다.

따라서 벌리츠는 소규모 수업에 관심이 있고 어학원이 제공하는 방과 후 액티비티에 큰 욕심이 없다면, 진지하게 고려해볼 만한 곳입니다.

10 컬럼비아 대학교
COLUMBIA University–ALP

어학원 성격	대학부설 어학원 회화보다는 읽기와 쓰기 중심
한 반 최대 수강인원	최대 18명 평균 15명
시설 수준	★ ★ ★ ★ ★ 대학 캠퍼스 내
위치(도심 접근성)	★ ★ ★ ★ ★ 뉴욕 맨해튼 소재
교사 수준	★ ★ ★ ★ ★
수업 프로그램의 다양성	★ ★
방과 후 액티비티 지원	★ ★
한국인 학생 비율	평균 30~40%
학비 수준	월 평균 380만 원대
수업 중 센터 이동	불가능
운영 센터 수	1개

♛ COLUMBIA UNIVERSITY
IN THE CITY OF NEW YORK

뉴욕 맨해튼에서 아이비리그 대학을 경험할 수 있는 특별한 어학원

컬럼비아 대학교 Columbia University의 부설 어학원인 ALP American Language Program는 1911년, 미국에서 최초로 개설된 외국인을 위한 영어 과정이라는 역사성을 가지고 있습니다.

컬럼비아 대학교는 미국 최고의 명문대학들로 구성된 아이비리그 Ivy League 소속 8개 대학 중에서 유일하게 뉴욕 맨해튼 한복판에 위치하고 있습니다. 따라서 ALP에서 어학연수를 한다는 것은 미국 최고의 명문대학에서 미국 대학생들과 똑같이 아름다운 캠퍼스를 누비며 영어를 공부하는 동시에, 세계 최고의 도시인 뉴욕에서의 생활을 만끽할 수 있다는 것을 뜻합니다. 정말이지 어마어마한 장점이지요.

또 ALP의 교수진들은 대부분 컬럼비아 대학교를 비롯한 미국 내 최고의 명문대학 출신들로 구성되어 있습니다. 이렇게 우수한 교수진의 지도 아래 최고 수준의 영어 수업을 들을 수 있다는 것 또한 ALP의 큰 장점입니다.

따라서 세계의 심장이라고 불리는 뉴욕에서, 그리고 세계 최고의 명문대학에서 부러울 것 없는 최고급 어학연수를 경험하고 싶다면 컬럼비아 대학교의 부설 어학원 ALP를 추천합니다.

다만 다른 어학원들에 비해 학비가 매우 비싼 편이고, 대학 부설 어학원의 특징상 개설된 프로그램의 종류가 다양하지 않기 때문에 학생이 기호에 따라 수업의 종류를 선택할 수는 없다는 점은 아쉬운 부분입니다.

그리고 매주 월요일마다 입학할 수 있는 사설 어학원과 달리 개강일이 1년에 6차례로 고정되어 있기 때문에 모든 어학연수 스케줄을 학교의 일정에 맞추어서 계획해야 합니다. 이런 이유로 3개월 정도로 짧게 어학연수를 하고자 하는 유럽계 학생들보다는 장기 어학연수를 선호하는 아시아계 학생들의 비율이 상당히 높은 편이라는 사실도 참고하는 것이 좋습니다.

11 FLS
FLS International

어학원 성격	대학 내 사설 어학원 회화+아카데믹한 수업 병행
한 반 최대 수강인원	최대 15명 평균 10~12명
시설 수준	★ ★ ★ ★ 대학 캠퍼스 내
위치(도심 접근성)	★ ★ ★ 대학 캠퍼스 대부분이 도시 외곽에 위치함
교사 수준	★ ★ ★ ★ ★
수업 프로그램의 다양성	★ ★ ★ ★ ★
방과 후 액티비티 지원	★ ★ ★ ★ ★
한국인 학생 비율	평균 10~15%
학비 수준	월 평균 150~160만 원대 프로그램에 따라 다름
수업 중 센터 이동	가능
운영 센터 수	총 5개 단독 센터 1, 대학 캠퍼스 센터 4

· **동부지역 :** 보스턴 단독 센터 1, 뉴저지 세인트 피터스 유니버시티 1, 필라델피아 체스트넛 힐 칼리지 1

· **서부지역 :** 로스앤젤레스 시트러스 칼리지, 새들백 칼리지

2

INTERNATIONAL

강도 높고 긴 수업시간,
특성화된 취미 프로그램
캠프가 장점

FLS는 사설 어학원이면서도 주로 대학 캠퍼스 안에 위치하고 있는 '대학 내 사설 어학원'으로 유명합니다. 그래서 한국인이 거의 거주하지 않는 미국의 작은 소도시에서 평범한 미국 대학생들과 함께 생활하면서, 회화 중심의 수업을 충분히 들을 수 있다는 점이 장점이지요.

단, 보스턴과 라스베이거스 지역의 경우에는 대학 캠퍼스가 아닌 단독 센터로서 운영되고 있습니다. 그러나 다운타운 한복판에 위치하고 있다는 지리적 장점 때문에, 대도시에서 다양한 문화생활을 충분히 하기 원하는 학생들에게는 오히려 좋은 기회가 되고 있습니다.

그 외에도 FLS는 2가지의 차별화된 특징을 가지고 있습니다.

주당 수업시간을 가장 많이 선택할 수 있다

대부분의 어학원들이 1주일에 최대 28 레슨 lessons까지 수강할 수 있는데 비해, FLS는 최대 36 레슨까지 수강이 가능합니다. 특히 미국 대학 진학을 목표로 어학연수를 하는 학생들의 경우에는 필수적으로 주당 36 레슨의 강도 높은 수업을 이수하게 합니다. 공부를 아주 열심히 시키는 것이지요.

각 센터별로 특성화된 취미 프로그램을 운영한다

각 센터별로 색다른 취미 프로그램을 특별 캠프 형식으로 운영해, 어학연수가 영어 공부 뿐만 아니라 다양한 액티비티와 함께 더욱 풍성해질 수 있도록 유도하고 있습니다.

- 캘리포니아 Saddleback College 센터 : 방과 후 서핑 Surfing 캠프 여름 시즌
- 보스턴 센터 : 방과 후 농구 캠프

또한 동부와 서부를 나누어 이루어지는 '미국 명문대학 투어 캠프'도 운영하고 있는데, 미국 유학을 생각하는 중·고등학생들에게도 매우 인기가 많답니다. 따라서 적극적인 성격의 학생이라면, 공부 외에도 많은 것을 배우고 체험할 수 있는 FLS에 대해 긍정적으로 생각해볼 필요가 있습니다.

12 CEL
College of English Language

어학원 성격	사설 어학원 회화 중심
한 반 최대 수강인원	최대 12명 평균 7~8명
시설 수준	★★★★
위치(도심 접근성)	★★★★★
교사 수준	★★★★
수업 프로그램의 다양성	★★★★★
방과 후 액티비티 지원	★★★★
한국인 학생 비율	평균 7%
학비 수준	월 평균 115~140만 원대 프로그램에 따라 다름
수업 중 센터 이동	가능
운영 센터 수	총 3개 모두 단독 센터

· **서부지역 :** 샌디에이고다운타운, 퍼시픽 비치 2, 로스앤젤레스산타모니카 비치 1

저렴한 학비와
낮은 한국인 비율로
유명해진 실속파 어학원

CEL은 1년 내내 화창하고 따뜻한 캘리포니아 특유의 멋진 날씨를 즐기며 어학연수를 하기에 참 좋은 기관입니다.

샌디에이고 다운타운 센터는 도시 중심부에 있어 대중교통이 매우 편리하고, 퍼시픽 비치 센터는 아름다운 해변까지 걸어서 5분이면 도착하는 곳에 위치해 있습니다. 또 수많은 할리우드 영화의 배경이었던 로스앤젤레스 최고의 명소 산타모니카 비치에도 센터를 운영 중이기 때문에, 방과 후 외국인 친구들과 함께 해변에서 일광욕을 하며 대화하거나 서핑을 즐기는 것이 일상이 될 수 있는 환경이지요.

CEL은 샌디에이고와 로스앤젤레스 지역의 다른 어학원들에 비해 합리적인 학비와 소규모로 운영되는 클래스, 질 높은 수업으로 유럽 학생들 사이에서는 꾸준히 인기가 높았던 어학원입니다. 전체 학생 수의 50~60%가 유럽 학생들일 정도이지요. 하지만 최근 들어 아시아계 학생들 사이에서 CEL의 독특한 발음 교정 수업이 영어 실력 향상에 큰 도움이 되었다는 평가가 퍼져나가면서, 전통적으로 대형 어학원을 선호해온 한국, 일본, 대만 등의 학생들에게도 가성비가 훌륭한 어학원으로 주목 받기 시작했습니다. 따라서 아직까지 한국 학생의 비율이 10%도 채 안 되는 상황이

오히려 최고의 매력 포인트가 될 수 있는 어학원입니다.

CEL은 가장 기본적인 영어회화 과정인 일반영어 과정 외에도 토플 및 캠브리지 시험 준비과정, 그리고 토플 시험 없이 바로 미국 대학에 입학이 가능한 대학연계 패스웨이 Pathway 과정 등 다양한 프로그램을 제공하고 있습니다. 참고로 CEL 샌디에이고 다운타운 센터는 미국 내 TOEFL 및 TOEIC 공인시험센터이기도 합니다.

따라서 연중 온화한 캘리포니아의 날씨를 배경으로 해양 스포츠를 즐기며 가성비 높은 어학연수를 목표로 하는 학생이라면 CEL을 진지하게 고려할 필요가 있습니다.

★ 학생 만족도가 가장 높은
★ 어학원 Best 14

13 워싱턴 대학교
University of Washington–IELP

어학원 성격	대학부설 어학원 회화보다는 읽기와 쓰기 중심
한 반 최대 수강인원	최대 20명 평균 14~15명
시설 수준	★★★★★ 대학 캠퍼스 내. 다운타운 센터 선택도 가능
위치(도심 접근성)	★★★★★
교사 수준	★★★★★
수업 프로그램의 다양성	★★
방과 후 액티비티 지원	★★
한국인 학생 비율	평균 30~40%
학비 수준	월 평균 170만 원대 프로그램에 따라 다름
수업 중 센터 이동	가능
운영 센터 수	총 4개

· **서부지역 :** 시애틀 4본교 캠퍼스 센터 1. 다운타운 센터
1. 시애틀 외곽의 분교 센터 2

W
UNIVERSITY of
WASHINGTON

**미국 북서부지역에서
가장 인지도 높은
대학부설 어학원**

워싱턴 대학교University of Washington, 이하 UW는 '미국 서부지역 최초의 주립대학'이라는 역사성과 함께 미국 내 4,500여 개의 대학 중에서 50위 안에 들어갈 정도로 우수한 실력을 자랑하는 명문대학입니다. 게다가 시애틀 다운타운에서 버스로 20분이면 갈 수 있는 아주 가까운 거리에 너무나도 아름답고 웅장한 캠퍼스를 가지고 있기 때문에, 어학연수를 하기에 최적의 조건을 갖추고 있다고 평가되고 있지요.

즉, UW의 부설 어학원인 IELPInternational & English Language Programs에서 어학연수를 하면, 시애틀 다운타운에서 다양한 문화생활을 충분히 즐길 수 있는 동시에 세계 최고 수준의 완벽한 캠퍼스에서 미국 대학생들과 똑같이 생활하고 공부할 수 있는 기회를 얻게 되는 것이지요.

참고로 UW는 시애틀 시내에 있는 본교 캠퍼스 외에도 시애틀 도심 한복판에 다운타운 센터를 별도로 운영하고 있으며, 시애틀 외곽 지역에 2개의 분교 캠퍼스를 더 가지고 있습니다. 대부분의 학생들은 아름답기로 유명한 본교 캠퍼스에서 어학연수를 하는 편인데, 시애틀 중심지에서 생활하기를 희망하는 경우에는 다운타운 센터에서 어학과정을 진행하기도 합니다.

또 UW-IELP는 대학부설 어학원임에도 불구하고 학생의
필요와 기호에 따라 자유롭게 선택할 수 있는 다양한 프로
그램들을 운영하고 있습니다. 게다가 동급의 다른 명문대
학 부설 어학원들이 상당히 높은 수준의 학비를 요구하는
데 비해, UW-IELP의 수업료는 합리적인 수준이라는 점도
큰 장점이지요.

그러나 이러한 여러 가지 장점에도 불구하고 대학부설 어
학원 특유의 한계로 인해, UW-IELP도 읽기와 쓰기 위주의
수업을 진행하다 보니 회화 중심의 재미있는 수업을 선호
하는 유럽이나 중남미계 학생들보다 한국인 학생을 비롯한
아시아계 학생들의 비율이 압도적으로 높다는 사실은 아쉬
운 부분으로 지적이 됩니다. 특히 최근 UW가 많은 한국 대
학들과 자매결연을 함으로써 한국인 교환학생들을 대거 유
치하고 있기 때문에, 한국인 비율이 점점 더 높아지고 있다
는 점도 알아두어야 할 부분입니다.

그럼에도 불구하고 UW-IELP는 여전히 많은 학생들이 관
심을 가지고 있는 대학부설 어학원입니다. 스타벅스의 고
향이자 미국 내에서 가장 차분하고 분위기 있는 도시 시애
틀에서 최고의 캠퍼스 생활을 경험하며 어학연수를 하고자
희망한다면, UW의 IELP가 유일한 정답이니까요.

14 레너트
RENNERT International

어학원 성격	사설 어학원 회화 중심
한 반 최대 수강인원	최대 10명 평균 8~9명
시설 수준	★★★★
위치(도심 접근성)	★★★★★
교사 수준	★★★★★
수업 프로그램의 다양성	★★★★★
방과 후 액티비티 지원	★★★★★
한국인 학생 비율	뉴욕 : 평균 15~20%, 마이애미 : 평균 5%
학비 수준	뉴욕 : 월 평균 120~150만 원대 프로그램에 따라 다름 마이애미 : 월 평균 110~140만 원대 프로그램에 따라 다름
수업 중 센터 이동	가능
운영 센터 수	총 2개 모두 단독 센터 · **동부지역** : 뉴욕 1, 마이애미 1

**최대 10명의 소수정원제,
적극적인 액티비티 지원,
단기 테솔 과정이 유명**

'레너트'는 카플란, 엠바시와 함께 뉴욕에서 가장 인기 있는 사설 어학원 중 하나입니다. 특히 한국 학생들 사이에서 인기가 매우 높은 편인데요.

그 이유는 다른 어학원들에 비해 강의실이 매우 작아서 수업의 집중도가 상당히 높아지며, 한 강의실 당 최대 수강인원을 10명 이내로 제한해 모든 학생들이 수업에 적극적으로 참여하게 되기 때문입니다. 실제로 레너트에 다녀 본 학생들은 이러한 레너트만의 차별화된 시스템이 회화 능력을 향상시키는 데 매우 효과적이었다고 평가합니다. 그 결과 레너트의 인기는 계속해서 상승하고 있지요.

또 레너트는 방과 후 액티비티를 가장 적극적으로 운영하는 어학원으로도 유명합니다. 매일매일 진행되는 레너트의 방과 후 액티비티는 그 종류가 다양하고 수준 또한 높아서, 대부분의 학생들이 자발적으로 참여합니다. 게다가 레너트의 규모가 다른 어학원들에 비해 그리 크지 않다 보니, 이 활동을 통해 학생들의 유대 관계가 더욱 돈독해지는 긍정적인 효과도 발생하지요.

또한 미국에서 단기간 안에 테솔 자격증을 취득하고 싶다

면 레너트를 선택해야 합니다. 미국은 호주나 캐나다와 달리 3개월 안에 테솔 자격증을 취득할 수 있는 '단기 테솔 프로그램'을 운영하는 어학기관이 거의 없습니다. 그러나 레너트는 단 6주라는 짧은 기간 동안 압축적이고 강도 높은 테솔 프로그램을 운영함으로써, SIT 재단 명의의 공신력 있는 테솔 자격증을 발행하고 있습니다. 미국 테솔 자격증을 원하는 학생들 대부분이 레너트를 선택하는 이유가 바로 이것이지요.

레너트는 기본적인 영어 수업뿐만 아니라, 학생들이 관심을 가지고 있는 다양한 문화·예술 분야의 수업을 동시에 들을 수 있는 프로그램을 운영하는 것으로 유명합니다. 'Arts plus English' 프로그램이 그것인데요. 음악·미술·요리·댄스·영화·패션·사진·미용·보석 가공 등 다양한 분야의 전문 교육기관들과 연계해 집중적으로 가르치기 때문에, 학생이 노력만 한다면 영어는 물론이고 그 외의 다양한 분야까지도 경험할 수 있는 곳이 바로 레너트인 것이지요.

따라서 미국에서 어학연수를 하면서 단순히 영어만이 아니라 할 수 있는 모든 영역에 도전해 보고 싶다면, 두말할 필요 없이 레너트를 최우선으로 고려해야 합니다.

레너트 뉴욕 센터의 학생들